若 水 之 道

——工业 4.0 智能平台构建策略

连明源　于万钦　著

电子工业出版社

Publishing House of Electronics Industry

北京 · BEIJING

内 容 简 介

如何走向工业 4.0 正是目前的热门话题，但企业究竟面对哪些具体挑战，如何找到最适合的发展方向和发展模式，进行管理转型，已是企业亟待解决的问题。本书对此展开了前瞻性的探讨，阐述了工业 3.0 和 4.0 的典型特征，介绍了企业推进管理转型的思路。针对企业走向工业 4.0 的具体策略和方法，介绍了具体的业务能力分析指标、业务架构设计，以及一体化企业协同平台的设计要点和发展方向。

企业仅仅了解什么是工业 4.0 还远远不够，真正需要的是在企业内部形成一种随需而变、自主变革的能力，犹如善治之水，达到因形而循、因势而动、无所不克的境界，这是本书的真正价值所在。

本书可供制造企业相关领导、架构师，以及研究机构、高等院校相关人士学习，还可供对工业 4.0、中国制造 2025、智能制造有兴趣的各界人士参考。

图书在版编目（CIP）数据

若水之道：工业 4.0 智能平台构建策略 / 连明源，于万钦著.—北京：电子工业出版社，2016.9

ISBN 978-7-121-28721-3

Ⅰ. ①若…　Ⅱ. ①连…②于…　Ⅲ. ①制造工业－工业企业－自动化系统－研究－中国　Ⅳ. ①F426.4

中国版本图书馆 CIP 数据核字（2016）第 204331 号

策划编辑：许存权
责任编辑：许存权
印　　刷：北京天宇星印刷厂
装　　订：北京天宇星印刷厂
出版发行：电子工业出版社
　　　　　北京市海淀区万寿路 173 信箱　邮编　100036
开　　本：720×1 000　1/16　印张：18　字数：376 千字
版　　次：2016 年 9 月第 1 版
印　　次：2016 年 9 月第 1 次印刷
定　　价：58.00 元

前　言

　　进入21世纪,互联网技术的快速发展正在深刻地影响着人类的生活方式,无论是在市场上拼搏的企业家,还是在校园内孜孜汲取知识营养的学生,无论是深谋远虑的政治家,还是小小网店的店主,无论你是谁,都会身不由己地裹挟在互联网世界的大潮之中,这只能说明我们每一个人都需要适应这个世界的变化,需要随着这个世界一起进步。但不管互联网技术如何发展,好像人类并没有变得更紧密、更和谐。举例来说,自认为最民主、最文明的国家居然可以肆无忌惮地占领其他国家的领土。与此同时,在这个地球上,又突然冒出了很多恐怖分子,他们居然愿意牺牲自己的生命,去做一些被公认为最丑陋、最缺乏人性的事情。为什么会出现这样令人难以置信的现象呢?

　　从社会心理学最基本的观点出发,只要存在不同的社会群体,就会形成不同的社会文化,而且,如果没有外来的共同威胁,或者说没有形成共同的利益目标,这些不同社会群体之间会很自然地形成相互独立、甚至相互排斥的意识形态。而且,人类发展的历史告诉我们,如果没有强权的介入,或者说没有共同的外来威胁,要想在不同的国家和地区之间形成共同意志,是一件十分困难的事情。如果把人类作为一个完整的生命体来看待,则对于上述疑问,仍然可以用心理学的基础理论来加以说明。很显然,人类相对于其他类型的生命体,只是在如何提高智商方面取得了很多不可思议的进步,例如,人类通过互联网技术,正在全方位地消除各种沟通障碍,各种新技术概念也可谓层出不穷,如中间件、云计算、3D打印、大数据、转基因生物技术等。但这些新技术在如何改善人类自身的品格方面似乎并没有起到太多作用,人类世界似乎还仍旧处于相互争斗不息的低级阶段。因此,作为结论,我们可以断言,人类要在地球上生活得更好、更长久，仅仅改善智商还不行，还必须同时改善人类的品格才行。

上面开场白的话题确实太大了一点，还是来说一说大家都非常关注的企业管理转型的话题。实际上，任何企业在面对市场时，都是一个个具有生命特征的独立个体，需要适应外部市场的变化，也需要不断改进自身的组织基因，同样需要不断改变自身的智商和品格，以使企业能保持和持续加强这种适应外部市场变化的能力。所以，上述基于心理学理论的结论同样适用于企业自身的发展。近年来，国家经济如何实现转型升级、传统制造业如何走向工业4.0，显然已成为大家的热门话题。但对于大多数企业而言，更重要的是要找到最适合自己的发展方向和发展模式，即应根据当前市场的竞争需要来推动企业的管理转型。这和培养一名世界顶尖的短跑运动员一样，我们只能根据他当前的身体条件来制订训练计划，绝对不能做任何拔苗助长的蠢事。所以，对于一个希望在市场中脱颖而出的企业来说，最重要的不是关注工业4.0是什么样子，而应掌握如何根据市场动态不断调整自身经营模式的方法，并根据当前市场竞争的实际需要，制定企业的管理转型策略。因此，对于大多数我国的传统制造企业来说，首先应以工业3.0为目标推进企业管理转型，本书也将围绕这一目标逐一展开。当然，我们也将在如何走向工业4.0方面展开一些前瞻性研讨。

《论语》中有这样一句话："天下有道，丘不与易也。"虽然，这只是孔子老先生的一种感叹，但确实能体现很多有志难为者的复杂心境。目前，很多企业虽然已经意识到构建智能化管理模式的重要性，但真正要具体实践这样的理念、真正要推动具体的管理改进活动时，总是会不自觉地陷入一种欲行又止的尴尬境地。据作者自身的实践和观察，认为这并不是一种异常现象，反倒认为，如不改变当前企业的知识结构、组织形态、权责机制和管理方式，则上述现象应该是一种很自然的结果。老子先生也曾这样说："为学日益、为道日损，损之又损，以至于无为，无为则无不为。"对老先生的这段话应该这样来理解，你研究的越多，则能够破除的成规弊端就越多，如能不断地破除各种弊端，就能达到"大道至简"的自由状态，在这样的状态下，很多事情就可以迎刃而解。所以，如果只是明白了企业应该走向工业4.0，那远远不够，还需要破除各种妨碍我们变革的陋习和弊端，还需要学习掌握各种顺势而为的机构和资源重组的方法，还需要研讨并实践面向不同转型目标的业务和系统架构的设计方法，还需要克服各种影响流程连通、信息同步的技术瓶颈，形成一种能根据内外环境的变化随时做出正确和敏捷应对的自主变革能力，犹如善治之水，达到因形而循、因势而动、无所不克的境界。这便是我们希望和制造企业的同行们进行深入交流的主要内容。

2011 年，电子工业出版社曾出版了我和于万钦先生合著的《自主变革的基石——制造业管理技术及 SOA 实践》一书，该书就企业如何实现自主变革的话题，以及如何确保全新的 SOA 系统架构理念有效地应用于各种现代管理理念的实践之中，展开了一系列探索性的研究。其中，在'流程整合和业务协同管理'的章节中，初次提出了协同流程（在此统一修改为协同平台）和协同管理的概念，但在该书中，限于篇幅，没能系统地阐明企业级协同平台和协同管理的具体方法，提到一些案例和方法也只是点到即止、未予细考。甚至在某些方面，还存在一些逻辑不够严密，容易引起误导效应的地方。尽管该书以探索交流的文风为主，没有强求理论权威之意，但毕竟留下了一些需要进一步加以论证的课题。为此，希望通过本书，消除之前可能犯下的"含混不清为人指路"的错误，力求达到有所弥补、"已尽人事"的效果。

本书将介绍企业管理转型的推进方法和实战思路，并深入讨论企业一体化协同平台的设计要点和发展方向等。另外，随着上层中间件、云服务和大数据等新兴技术的出现，企业的业务变革在系统架构改进方面的敏捷化似乎也不再是遥不可及的事情，而是应该立即探讨如何部署的实战课题。所以，本书还将重点阐述这类技术对于企业加速推进管理转型的巨大影响。本人投入精力最多，而且自认为最有实用价值的部分是本书的第 2、4、5 章的内容，读者可以从中了解到企业在提升智能化协同管理能力的过程中，必将面临的业务架构优化设计、系统整合，以及各种基础管理改进的课题，其中的各种实战性案例，相信对于那些正在为加速企业管理转型而上下求索的企业管理者一定会有所帮助。当然，本书将始终围绕如何提高企业的智商和品格这一主题进行讨论。

最后，必须向各位读者说明这样一个事实，本书中关于上层中间件及工业 4.0 系统架构方面的技术性说明，大部分取材于重庆斯欧信息技术公司总经理于万钦和重庆简仪信息技术公司总经理张凯先生所归纳的技术资料，并非本人的研究成果。而且，自己在研究关于上层中间件的各种特点时，也得到了他们的热情指导。所以，在这方面，他们才是真正的专家，读者如需要在技术层面进行进一步的交流，可以和他们取得联系。当然，为了让这些难以理解的技术问题变得浅显易懂，为了说明这种技术对于加速走向工业 4.0 的重大意义，本人自己也做了一些研究。但正是被他们在系统集成技术领域大胆探索的精神所感染，被他们极具突破效应的研究成果所启示，才产生了撰写本书的想法，所以，特在此向他们表示最诚挚的谢意！

　　另外，我还要在此表明这样一个观点，那就是对于希望尽快走向工业 3.0 或 4.0 的企业而言，所谓的企业管理转型，实际上就是一个企业管理机器的优化设计和运维方式的改进过程。而企业管理机器的设计是一门极具挑战性的设计技术，这是因为，管理机器中的某些执行单元都具有自己的独立意志，我们很难让"它们"按照既定的规则执行业务。所以，不但要掌握这种企业管理机器的设计方法，还应充分研究如何避免这种独立意志在业务执行过程中产生扰乱作用的具体方法，而且，还要促使这种自由独立的意志在主动发现企业能力短板，以及推进管理创新方面得到充分体现。只有在这方面加大研究力度，并形成全新的系统性理论，我国的企业管理技术和信息系统技术才能摆脱在人家后面亦步亦趋的落后局面。正是因为这点，本书将重点研究企业级协同管理模式的方法，将充分融合企业管理、系统技术、生命科学，以及社会心理学等多门学科的研究成果，我们希望能在这方面坚持研究并有所斩获，也希望能在这方面得到同行专家的指导、响应和支持，大家一起来完善这门有关企业业务架构和运维机制设计的全新学科，为我国传统制造企业加速走向工业 4.0 作出自己的贡献。

连明源

目 录

CONTENTS

第 1 章　企业的智商和品格

近年来，我国的传统制造业如何实现转型升级、如何走向工业 4.0，已成为大家的热门话题。但这里面存在着一个非常值得大家有所警觉的认识误区。大家应该还记得当年 IBM 在中国大肆吹嘘 SOA 的光景，他们吹着、吹着，最后居然吹出了智慧地球这样的结论。当然，最近和云计算、大数据、API 等新技术相关的各种包装概念也很高大上，有一点非让人神往一番不可的效果。但是，我们对此必须保持足够的清醒，必须清楚地知道他们鼓吹这些时尚概念的终极目的。是的，无论是 SOA，还是云计算，还是大家热议中的工业 4.0 或智能制造，都是我国传统制造企业应该了解的先进概念。但希望大家不能认为，告诉我们这些概念的人仅仅是为了帮助我们走向现代化，这些外来的概念，都只是一些朦胧的目标说明而已，只是一些为了达成某种商业利益的战略性举措而已，这和我们日常看到的很多炫目的广告，实际上并没有什么两样。我们必须清楚，在这个世界上，任何人都不会主动告诉我们快速赶超他们的最佳实践之路。也许他们会告诉我们一部分所谓的最佳实践的结果，但绝不会告诉我们怎样才能自主实现这种最佳实践的实战思路。因此，无论出现任何令人遐想的时尚概念，我们都不应奉若神明、亦步亦趋。对于我国大多数企业而言，最重要的是要找到自己当前最适合的发展方向和发展模式，即应根据当前市场的竞争需要，来推动企业转型升级。为此，面对工业 4.0 的各种解说，一定要回想一下前几十年的信息化实践历程。尽管他山之石，可以攻玉，但前车之鉴，也须牢记。这和当年咱们的中国革命领袖们，在接受血的教训后，不再盲从苏共的成功路线，明智地选择中国自己的革命之路一样。

如果我国工业 2025 规划的目标是要赶超世界先进水平的话，则仅仅实现智能制造并不能从根本上解决传统制造企业的转型升级问题。尽管智能制造对于我国传统制造企业的转型升级十分重要，但智能制造充其量只能在生产制造环节产生较好的降本增效作用，其产生的推动力，肯定不足于帮助我国传统制造业实现弯道超车。作者在 1992 年东渡日本"进行敌后侦察"时，就已经看到无数的机器人和智能设备什么的，但如今的日本又怎样呢，该出现的衰退景象不是仍然出现了吗。对此，对于我国制造企业的转型而言，最强劲的推动力主要应该来自产品方向和业务模式的持续创新，而不仅仅只是智能制造。因此，我们的关注重点，应该在如何才能在制造企业内部持续激发创新动力的方面。具体地说，就是要在设计企业的业务架构时，除了要精心构建处处以客户为中心的一体化企业协同平台之外，还必须同时考虑目标管理、知识管理和能力管理的设计要素，在研究基于数据整合技术的信息服务方式时，则应充分关注可视化管理所具有的、能够激发内部竞争力的设计效果。总之，要想方设法确保我们的执行层、管理层和经营决策层都能始终保持既规范执行、又持续创新的理想状态。

所以，对于一个希望在市场中脱颖而出的企业来说，最重要的不是去关注工业 4.0 是什么样子，而应学习掌握根据市场动态不断调整自身经营模式的方法，并能随时根据当前市场竞争的实际需要，及时、有效地制定企业管理转型的具体目标和实施策略。企业只要能做到这一点，无论是实现工业 3.0 还是 4.0，甚至其他更高的目标，那都是是否需要的问题，不存在其他了不起的地方。因此，我们非常同意管理大师布鲁克的观点，企业维持生存的基本功能只有两个，一是产品销售，二是管理创新。但对于制造企业而言，如何才能具体把握这两点呢？

一个个企业，就像一个个在市场中挣扎前行的生命体，自然世界的生命体可谓千姿百态、无奇不有，为了生存，所有生命体都必须找到适合自己的生活方式，为了生存，它们随时需要寻觅新的方向，为了生存，它们还必须在生命基因的持续优化方面作出不遗余力的努力。但生命体努力向前的本质，就是为了在这个星球上继续生存，并不存在任何其他目标。从企业经营管理的层面来理解，就是需要根据企业在市场中的生存条件，努力做到随需而变，及时实现企业的自主变革。所有成功企业最显著的特征之一，就是具有敏捷应对市场变化的能力，这里所说的"敏捷应对"能力，应该包含两个层面的内容，一是能够迅速发现并解决企业不能满足市场和客户需求的问题,二是企业具有不断提升这种发现和解决问题能力的机制,如果说前者反映出的是企业作为一个生命体所具有的"智商"的话,后者则反映企业的"品格",根据心理学的基础理论,通常可采用智商和品格这两个要素,来区分个体或社会群体适应外部世界能力的不同。所以,也可根据这两个要素来认识和评价不同的企业,这里提到的企业的"智商和品格",主要用来反映企业业务架构的优劣,分析和研究企业业务架构的主要目的,是要确定企业的执行层、管理层和经营层的作业方式,其中,最能反映现代化企业的"智商和品格"的地方,在于管理层和经营层的作业方式。如在企业管理层和经营层的作业方式中,表现出任何不协调、不平衡的症状,一定会影响企业在市场竞争环境中的应变能力。这相当于人类大脑的中枢神经元组织存在着某种损伤或发育不良的问题,必然会导致诸如智力不全、动作不协调、沟通障碍等精神疾病一样。在人体的奥秘中,除了神奇的大脑组织以外,还充满了各种令人叹为观止的宇宙奇迹。例如,在人体的肌肉组织中,存在着"快肌纤维"和"慢肌纤维"两种最典型的骨骼肌组织,前者会根据五官的感应和大脑的指令,产生快速集聚和释放机体能量的化学反应,最大限度地调动机体运动,以达到保护自身的目的,这一点和企业敏锐应对市场需求的场景十分相似,这就要求企业流程本身具有特殊的感知能力和迅捷的行动能力;而后者则承担着各种人体持久负荷作业的功能,这和企业需要持续为市场提供产品和服务的职能十分相像,它需要持续地得到富氧血液的能量供给,为了保持这样的能力,机体需要通过持续的锻炼和营养的平衡摄入来实现。同理,企业流程的每一个节点单元,也需要维持必要的作业能力,为了确保这样的能力能始终符合市场的需要,就需要不断地评估、优化和重组流程。总之,作为一个需要长期应对市场竞争风险的生命体,任何企业都希望自己拥有优越的智商和优良的品格,同时希望能加强和保持自身机体的"快速化学反应能力和富氧血液的供给能力"。在此应该强调的是,尽管企业内部组织结构复杂、部门职能分工不一,但一个企业在面对市场时,都只能表现出独立、完整的个体特征,也就是说,在应对市场的需求变化时,所有部门都必须协调一致地行动,企业作为一个整体才能表现出良好的生存能力。所以,完全可以采用研究生命科学的方法，来分析和研究企业应对市场变化的能力，而企业的这种能力，从表象来看，就是关于企业各个专业单元之间的协同作业能力。说到底，这种能力就是企业"智商"的外在体现，企业的"智商"主要体现在如下三个层面。

（1）市场动态的感知能力

企业为了适应外部市场，首先必须增强自身认识市场演变规律的能力。而所谓的市场，是由企业的各种类型客户所构成的，因此，企业必须尽可能地去贴近客户、认识客户，必须尽可能地掌握客户需求的各种信息，一句话，就是要找到充分融入和感知市场的方法，这也是为什么 IBM 最近又在包装什么"认知计算"、"认知商业模式"等新概念。而在如今的互联网时代，如何准确获取和快速响应在线客户需求的能力，进一步发展基于互联网的客户关系管理技术，显然应该成为所有制造企业必须面对的全新课题。

（2）企业内外的一体化协同能力

为了确保企业具有快速响应市场需求的能力，还应全面加强企业内部的一体化协同能力，具体的思路就是要推动一体化的企业级协同平台的构建，以达到"迫使"企业的执行层、管理层和经营决策层能及时参与到面向客户的流程作业中来，全面消除各层级之间、各部门之间的协同作业瓶颈。这样的平台可称之为 IECP（Integrated Enterprise Collaborative Platform），构建具有高度协同能力的 IECP 平台，应该是提高"企业智商"的关键步骤之一。另外，随着互联网＋、共享经济和跨界合作等全新商务模式的出现，越来越多的传统企业开始意识到，企业要迅速拓展市场，要更敏捷地响应客户需求，要为客户提供更个性化的产品和服务，还必须全面加强合作企业之间、企业和政府之间、企业和客户之间的协同关系。为此，企业必须明确当前符合自己实际条件的转型升级方向和具体思路，必须学习掌握企业管理机器的设计方法，必须关注与上述 IECP 平台的开发、部署、运维管理相关的方法论。也就是说，我们要作出自己的抉择，否则，即使所有企业的制造现场都实现了所谓的工业 4.0，仍然会发现，我们的企业依然还是处在需要他人指点的受教地位，依然需要他山之石，方能有所作为。

（3）管理层和经营层的实时决策能力

企业在努力适应市场变迁的过程中，最为重要的是及时发现和克服自身经营短板的能力，以及及时、准确地作出管理转型甚至战略转型的决策能力，而这种能力,完全取决于企业的管理层和经营层是否具有及时获取和准确分析各类信息的能力。为此，企业需要开始关注数模分析、商业智能（BI）、新媒体交互以及大数据分析等各种可视化技术的应用和推广。

总之，企业要提高自身的智商，必须随时关注上述三个方面基础能力的建设目标，随时关注企业业务架构和系统架构的持续改进活动。但问题在于，除了要在上述三个方面改进智商以外，企业还需要表现出怎样的品格和个性，才能在激烈的市场竞争中，始终立于不败之地。企业在面对市场时应该表现出的品格，和我们每一个人在面对社会时所应表现出的品格非常相似。如我们每一个人能够始终表现出虚怀若谷、上善若水的品格，自然也就不会流于浅薄和无知。企业也一样，如企业内部具有及时发现自身业务能力短板、自主优化业务架构以及时时处处都为客户着想的理念和机制,则这个企业自然不会在面对市场需求的变动时，表现出不应有的麻木和迟钝，乃至最终被市场淘汰。

实际上，改善企业智商和品格的本质，归根结底，就是提高企业的自主变革能力。而企业的自主变革主要有两个方向，一是战略转型，二是管理转型，但随时进行战略转型的企业少之又少，而可以肯定，只有持续坚持推进管理转型的企业，才具备及时并且从容推动战略转型的能力。这是因为能够持续推动管理转型的企业，必然具有灵敏的市场变化感知能力，必然具有敏捷的市场需求应对能力，甚至如管理大师德鲁克所说的,具有一种由企业引导市场的力量。在绝大多数情况下，企业在其专业化管理水平发展到一定阶段时，必然会把企业管理转型的变革目标锁定在提升企业级的协同能力方面，必然会关注打造一体化企业协同平台的发展课题。大家一定理解变革不宜操之过急的道理，即所谓欲速则不达，需要因势而动。但在论语中有这样一段话:"子曰:苟有用我者，期月而已可也，三年有成 "，它表达了孔子老先生的一种踌躇满志的心境。所以，人们都希望自己的理想能尽快实现，如果说其中存在着差异，那只是因为存在能力的差异而已。与此同理，企业为了能在风云多变的市场竞争中立于不败之地，当然希望自己能在走向工业 4.0 的竞赛中名列前茅。为此，很多企业都在推动管理转型，但"三年有成者"却寥寥无几，大都未见实质性的转变。作者所在的企业也是如此，虽然历任的 CEO 也是"居而不倦，为之以忠"。当然，也有一些在管理基础能力方面取得长足进步的先进企业，如家电行业的海尔，电讯行业的华为，汽车行业的上海通用等。从一些专家评论来看，应该相信这些企业都在一定程度上达到了自己推动管理转型的目标，但在这些成功企业光鲜的背后，一定有各自难以为之自豪的地方，可能有一天，我们会看到一些曾经非常风光的企业，会悄然无声的消亡，如 Nokia、Motorla 等。这是因为，企业要实现真正完美的管理转型，成为一个整体上都处于高度专注且反应敏捷的创新型企业，并不是一个很现实的近期目标。最终可以得出这样的结论，企业最终都会朝着这个方向努力，但谁能更快地实现蜕变，谁会被市场淘汰，则是一个永远无法预知之谜，因为企业内部环境和企业外部环境一样，随着时间的变化，它也会发生变化。总之，如何才能加速推进企业管理转型，如何才能有效构建企业级的协同管理模式，如何才能构建出符合企业发展需要的 IECP 平台，如何才能真正做到持续改善企业的智商和品格，是值得国内企业家专心研究的重要课题，这也是本书取名为《若水之道——工业 4.0 智能平台构建策略》的原因。为了有效地展开此后的研讨，下面先来讨论一些重要的概念。

1.1 企业管理转型的任督二脉

任何企业的发展都会经历不同的阶段，例如，传统制造业走向工业 4.0 的过程，实际上就是企业推动管理转型的过程。目前，大多数专家都认为，我国绝大多数企业还处于工业 2.0 的发展阶段，当前的主要转型目标是走向工业 3.0，本书也同意这样的看法。在该阶段，企业能否从粗放、经验型、按专业职能分工的管理模式，成功地转变为企业整体面向客户、一体化的协同管理模式，是企业能否真正跻身现代化管理企业行列的重要标志。这一点与所有练习中国武功的武术迷、希望有一天能打通任督二脉的愿望非常相似。我国的传统制造业只有在企业级的协同管理模式上有所突破，企业才有可能真正开始考虑如何走向智能化制造的问题。但是，企业采取怎样的行动、掌握怎样的方法，才能尽快达到工业 3.0 的标准？或者说，企业提升企业管理转型能力的任督二脉又在哪里，请看如下阐述。

1.1.1 企业管理转型的基本定义

关于企业管理转型有各种各样的定义，对其本质的认识也不尽相同，就如同我们理解初级阶段的社会主义这个概念一样，若要解释清楚，而且一定要形成某种放之四海而皆准的定义，实在勉为其难，但可以通过简单、列举其特征的方法，来解释某些逻辑外延十分繁杂的概念。例如，可以简单地说，初级阶段的社会主义的特征之一，就是由农村人口占很大比重的社会形态，转变为非农村人口占多数的社会形态。由于本书探讨的重点在于如何加快企业向工业 3.0 转型的问题，所以可以通过描述工业 3.0 应有的特征，来引出企业管理转型的定义。在此，先假设达到工业 3.0 标准的企业应该具有如下管理特征：

- 所有的流程都具有快速响应客户需求的特征；
- 所有的流程能够克服部门之间和平台之间的技术瓶颈；
- 所有的流程的执行和运行异常都会被及时发现和纠正；
- 所有的流程设计具有不断提升业务能力的管理效果。

针对以上特征，给出结论：要在企业内部建立能敏捷应对市场需求和内部业务变革需求的管理模式，必须解决企业内部的企业级协同管理机制以及构建一体化企业协同平台的方法论问题。也就是说，如能同时解决这两个方面问题，所谓的管理转型也就是顺水推舟的事情了。鉴于以上讨论，在此给出如下管理转型的定义，但必须再次强调的是，这只是一个走向工业 3.0 的管理转型的定义。

所谓企业管理转型，就是要在企业内部建立和不断完善面向客户的企业级协同平台，逐渐消除流程作业中的各种"例外"现象，以及跨部门、跨平台协同管理中的技术瓶颈，形成以客户需求（而非公司领导意志）为导向、能力管理为目标的管理决策机制，实现全流程作业的高度协同。

为了便于记忆和理解，对于以上定义，仍可以根据前述关于生命个体的"智商和品格"的定义来加以说明。显然，如能够消除企业内部跨部门、跨平台协同管理中的各种作业瓶颈，实现全流程作业的高度协同，则企业在面向客户需求的各种变化时，自然会表现出反应敏捷、应对准确的"高智商"。如果企业内部具有健全、企业级的协同管理机制，就能确保企业对于各种协同作业中存在的问题，始终都能保持清醒的意识和迅捷的反应能力，自然也就能表现出从善如流、坚忍不拔、嫉恶如仇的良好"品格"。

在以上的定义中，最核心的概念应该是关于"面向客户"的具体内容。制造企业的使命在于为广大客户生产并销售令人满意的产品。为此，企业的经营管理模式应该以面向客户的业务流程为基础，企业所有的业务模式都应基于这样的前提来设计。也就是说，企业在市场竞争中所能表现出的"智商"，在很大程度上，首先来自于对客户的认识，如客户的需求、客户的喜好、客户的分布、客户的投诉、客户的演变规律等，成功的企业无不在这方面表现出了特有的才能。所以，为了提高企业的"智商"，搭建以客户为中心的业务流程，显然应成为未来企业重点关注的课题之一。第二个概念就是所谓"企业级"的协同平台，所谓的企业级应该是指其本身的设计属于企业级的顶层设计，而不是各个专业流程的勉强拼接，其日常的运行管理也要求处于一种整体的管控模式之下。最后，应该强调的是，企业不同层级除了都需要进入严格执行的紧张状态外，还需要进入持续关注能力的状态。但是，在经历了长期的专业化管理发展的企业内部，是否能够随时意识到自己客户的存在，是否能够很容易建立起具有"面向客户"特征的企业级流程，是否能够在企业内部形成强劲的创新动力，答案是"很难"，这也是所有传统制造企业都将面临的难题，这也是很多发达国家也会出现衰退的重要原因之一。

1.1.2　工业 2.0 的后遗症

在讨论达到工业 3.0 管理转型的目标之前，先来认识一下企业在走向工业

3.0 前的某些特征，如在制造企业有过一段经历，则对如下各种现象肯定不会感到陌生，只是平时可能无暇去关注其中的原因罢了。这些现象是专业化管理发展的必然结果，也是企业从工业 2.0 走向工业 3.0 必然要面对的挑战。

1．企业的关键业务缺乏浑然一体的企业级协同管理能力

企业内部虽然存在名义上的企业级流程，但部门与部门之间的作业流程仍处于互不连通的状态，跨部门的业务交接经常需要依靠临时的沟通来实现，如发行联络票，或临时召集会议等。这种企业级流程由于缺乏系统化的执行和管控能力，其协同效果，完全取决于各部门当事人的素质和能力，完全取决于参与者的即兴发挥，由此产生的业务过程失控现象可谓屡见不鲜。而管理层和经营层的领导，也不能做到真正地身临其境，对于各种流程运行中的异常执行和运行能力不足的问题，总是表现出事后诸葛亮式的智慧。总之，企业的不同业务模块之间，如存在着流程的连通障碍，则对于企业而言，其本质就是在其内部存在着"经脉不通"的病灶。因此，企业作为一个整体，当然无法表现出敏捷应对市场变化的能力。

2．企业关键业务的主流程通常缺乏明确的责任管理部门

在很多企业内部，对于关键业务的企业级流程，大都没有明确责任主管部门，也就不会形成明确的面向这种企业级流程的顶层设计和运维管理机制。有一些企业，虽然名义上指定某个部门总体负责企业管理体系的建设活动，但这样的部门并不会对企业级流程的整体运行效果负责，也不会对部门之间存在的协同问题负责，他们要么只是在经营分析会上提出要求，要么干脆什么也不干。有的企业，还会出现很多部门都在推动流程体系建设的现象，例如，质量保证部门从质量体系的标准出发推动管理体系的建设，财务部门则从风险管控的要求出发，组织相关部门编写各类程序文件，而人力资源部门有时也会根据自身的管理需求，要求相关部门进行流程梳理、重组和优化等。总之，绝大多数企业内部，还只是处于重视立法的阶段。其实，对于关键业务的企业级流程的管理，不能满足于程序文件的编制和及时修订，企业内部各种企业级流程是

否健全、有效，是企业能否敏捷应对市场竞争的前提条件。因此，企业内部必须建立专业化的顶层设计和运维管理部门，才是现代企业必须优先应对的挑战。也就是说，不但要有立法机制，还要在企业内部建立一套完整的执法流程和执法效果的评估机制，但是，在这一点上，绝大多数企业内部尚未形成共识。

3．企业的质量体系似乎只是一些形式上的东西

我国很多企业，推行 16949 质量体系已经有很长时间，但质量控制水平似乎起伏不定，各种业务能力指标也未能得到持续提升，甚至出现起伏不定的现象。尽管每年定期地进行内审和外审，也都在努力地改进各种不符合质量体系的不良现象。但给人的印象是，这样的质量体系似乎并没起到实质性的驱动作用。为什么会出现这样的情况？难道是质量体系建设的推进部门不够称职吗？结论当然是 NO，其真实的原因，不是因为已建立的质量体系标准存在缺陷，而是因为确保按照这一质量标准体系推动工作的业务架构存在某种先天不足。虽然都在乐此不疲地应对与此相关的工作，但人们并没有意识到，人们都只是习惯性地关注自己专业领域以内的问题，没有把主要精力放在各业务模块之间的协同作业方式的持续改进上，如果企业内部没有一个有机地消除各种协同管理瓶颈的管理机制，就无法保证团队之间始终保持良好的协同状态，因此，各种同样的协同作业问题照样会出现。

4．企业无法维持业务能力持续提升的势头

企业内部有的人忙的要死，有的则很清闲，特别是年轻员工都显得很无聊，感觉成长很慢。一些不甘寂寞的便很快就想跳槽了。不仅如此，一些业务骨干也会因各种各样的原因而决定跳槽，于是，只要某个部门的骨干跳槽了，该部门的业绩在较长的一段时间内便会出现明显的下降，这是因为替代的新人缺乏跨部门沟通业务的能力。但是，即使已产生了较大的负面影响，企业有关部门的领导依然会坚持那种"缺了谁，地球照常会转"的阿 Q 式观点。他们决不会意识到，企业级业务流程的某个岗位或某个业务模块的协同作业能力的明显下降，正是因为他们自己的协同管理意识和指导能力不足所造成的。这里并

不是说，企业的管理干部必须对跳槽现象本身承担全部责任，但他们必须具有客观评价流程运行和岗位执行状态的能力，必须对现有业务流程的设计水平和运作效果承担全部的管理责任。因此，这一现象的根本原因，是因为在设计企业的业务架构时，并没有考虑，或并不知道如何将能力管理的设计要素纳入设计过程之中。

5. 业务架构经常发生变化，但关键业务的运作效率却不升反降

销售部门在发愁，因为新来的老总和之前的老总一样，毫不犹疑地对组织机构和作业模式做出了很大调整，刚刚调整好的程序文件和岗位职责又要全部重新编写，这也就意味着，很多已经驾轻就熟的业务流程和作业标准又要变更。当然，人们更加担心的是全新的业务架构是否能产生有利于企业和个人发展的效果。在很多情况下，人们的这种担心总是会被接踵而来的事实所证实，这种现象，在很多希望快速发展的企业内部是经常发生的。应该说，积极推动企业内部的变革不是坏事，但必须尊重生命体发展的自然规律。首先，应掌握关于机体平衡发展的原理，任何有机体内部组织的急剧变动不能超过某个限度，否则有可能造成重大的机体损伤。所以，业务变革和机构重组，必须有一个精心策划和徐徐图之的过程，犹如善治之水，顺势而为而已。在当前阶段，我们可以组织有关工业 3.0、甚至 4.0 的研讨活动，但并不等于需要马上动手构建全数据驱动的业务模式。另外，很多企业都会希望通过组织一些企业文化活动来提升员工的士气，例如，设置一些鼓舞人心的口号和组织一些文艺活动等。但这同样属于常识性的错误，员工的士气和不断创新的意识，只能来自员工自身的觉悟过程，只能来自员工对企业经营和管理模式的长期体验。因此，企业文化层面的先进理念，必须具体体现在业务流程的设计之中。例如，绩效考核、能力评估以及尊重知识产权的管理理念，都必须通过具体的业务流程来体现，但很多 CEO 却似乎并不了解这其中的因果关系和设计方法。其次，应掌握顺其自然，适者生存的道理，企业随时需要根据市场意志（但不应该只是根据某个领导意志）的变化而变化，不变则没有发展。但很多 CEO 习惯于简单接受各种外来的最佳实践理论的影响，最常见的现象，就是以为只要导入据

说非常先进的 ERP 或 CRM 系统就可实现企业的根本转变。殊不知，这些系统只是在搭建企业业务架构时需要考虑的某些技术因素而已，并不能代替业务架构设计本身。对于面对激烈市场竞争的企业而言，根据自身实际条件出发的业务架构分析和设计能力，以及持续推动自主变革的能力，才是企业生存和发展之根本。

6．经营层和管理层似乎都不在状态

企业能否良性发展主要取决于经营层和管理层的准确决策能力，而准确的决策需要大量业务数据的支持，无论是关于业务过程控制或绩效评价的决策，还是关于业务模式或经营策略变更的决策。但大多数企业的各级领导却似乎更愿意在一种不确定的环境中展示自己的才华，因为，在不确定的环境下，就可以在面临责任追究时，随时找到对自己有利的借口和托词，甚至可以虚报业绩、欺瞒上级，达到一种进可得利、退可自保的自由境界，所以，这些缺乏见识、但自以为是的中高层领导对于打造必要的基础管理能力就不会太感兴趣。其实这些领导在按职能管理过程中，逐渐积累起来的所谓职场打拼要诀，恰恰就是企业推动管理转型的最大障碍。不过，这种现象并不完全是他们的责任，因为，大多数企业本身并没有对打造企业级协同管理模式和智能化的 IECP 平台的主体责任作出明确地界定，并制定出相应的考核标准。更何况，如何才能获取用于支持决策的数据，是一项技术性很强的系统工程，根本不在这些领导能够自由驾驭的范围之内。于是，很多管理层的领导也就只能满足于在自己熟悉的专业领域发挥权威性的指导作用，始终不会意识到他们的真正责任，是在于不断优化企业关键业务的业务架构，建立和持续优化具有面向客户特征的企业级协同平台，让企业作为一个整体，在多变的市场面前，表现出优越的"智商"和良好的"品格"。

以上这些现象，在我国大多数企业内部，应该都有所反映。这便是上述所谓粗放的、经验型的专业分工管理模式必然导致的结果。当然，还有很多可以展开的话题，但为了避免空谈，还是来谈谈如何做的问题。对于上述经验型或职能型管理模式所带来的消极现象，可以得出如下两个相对重要的结论。

首先，是管理机制上的问题。在企业实现管理转型的目标之前，企业对于关键业务的企业级流程本身，尚未在公司内部建立企业级的专业协同管理机制。各部门是根据自己对业务的理解来设计和调整业务流程的，因此，部门之间的流程存在连通不畅，部门之间应如何协同，尚缺乏统一、清晰的规则。所以，各部门的流程执行状态好像很正常，但作为企业级的流程执行状态则可能很不正常，也没有人对这些企业级流程运行效果进行专业化地监控和评价，也就是说，这些企业级流程运行过程中出现的能力异常现象，通常只能在财务部门的阶段性统计报表上会有所反应，但最终也会因为难以追溯原因而不了了之。这是因为，企业并不是根据端到端的业务流程的管理需要来设计或调整组织机构的，因此，在跨部门协同作业的责任界定方面，各个部门似乎都具有很大的自由度。

其次，是技术层面的问题。目前大多数企业的业务流程系统技术还处于人工流程、单一系统流程或简单 OA 流程的阶段，在这样的阶段，即使已对部门之间，或业务模块之间的协同作业做出了非常明确的规定，但由于部门之间不存在行政管理的隶属关系，彼此都缺乏影响对方行为方式和意志的手段，所以，很难保证部门之间的协同作业不出问题，而一旦出现问题，依然需要通过低效的、委婉的协调方式来解决，依然需要用大量的时间资源来维持"团结"的氛围，并解决协同问题。为此，必须设法提高部门之间协同作业的执行力度。而要保证团队之间的协同作业顺畅快捷，确实必须克服这种流程连通层面的技术瓶颈，尽快构建完成一体化企业协同平台。说到这里，我们可以回顾一下前一小节提到的面向工业 3.0 的管理转型的定义，以便加深理解工业 3.0 的转型目标和工业 2.0 实际现状之间的对照关系。

1.1.3　再议制造企业的本质

凡是关注企业管理技术的企业管理人员，也许都知道管理大师布鲁克关于企业本质的论述，他认为企业的本质主要体现在两个方面，一个是产品销售，因为企业要生存，必须为之全力以赴；第二个是创新，企业如不在产品定位、服务方式以及经营模式等方面有所创新，则企业的生存能力肯定会走下坡路。因此，企业在推动转型升级的过程中，就是要强化这两方面的基本能力。我们必须承认这样一个事实，那就是，即使处于工业 2.0 发展阶段的企业，都会自觉地关注这两个基本功能，这种本质，与企业处于什么阶段并无关联。因此，在当前讨论工业 4.0 的热潮中，似乎存在如下两个容易让企业产生错觉的问题。

1. 工业 4.0 是一个宽泛的目标，还是企业当前生存和发展的必选课题

工业 4.0 也好，工业 2025 规划也罢，显然是想告诉企业未来应该选择的方向，并描绘了一幅让人有点浮想联翩的场景。但这种智能化的联想其实非常容易，美国人拍了很多令人遐想不断的科幻电影，随便从里面摘取一点素材，都可进一步加强上述远景规划的动人效果。我们没有必要反对谈论目标，但我们千万不能谈着谈着，就忘了企业当前必须清醒认识的现实。即使工业 4.0 就是我们应该努力争取的目标，也不能把它作为企业当前转型升级的研究重点，企业还必须随时为了生存而奋斗，还应该把注意力集中在如何提升自己的生存能力方面，还应该关注如何才能强化上述两个基本功能方面，还应该把主要精力放在如何把现有的产品做好，如何才能不断开发出更多的符合市场需要的全新产品，以及如何才能有效地拓展营销渠道等实战课题上。

2. 有关工业 4.0 的讨论，对于当前企业能带来什么具体的结论

关于工业 4.0 的讨论主题中，令人印象较深的是关于各种智能制造的概念和实施内容，但采用机器人帮助人类提升制造能力，根本就不是一个新鲜事。20 世纪 90 年初，在那个年代，日本很多企业，就已大量采用机器人和各种智能执行装置。但当时的日本企业之所以要大量采用机器人和智能装置，是因为当时的日本企业处于需要同时兼顾大幅度扩大产能和大幅度降低人力成本的经营目标。说到底也是为了生存，为了能够在当时的国际竞争环境中生存下来。目前，我国企业也面临同样的问题，但我们千万不要以为投入智能化设备就能给企业带来根本的改观，千万不要以为这是一个无须纠结的选择。其实，对于一个需要投入智能化设备的企业来说，是否已经掌握这种固定资产投入的可行

性分析方法，才是更加重要的事情。当然，到底什么才是企业当前的发展瓶颈，真的只是制造成本的问题吗？如果在讨论工业 4.0 时，只关注智能制造，则这样的讨论肯定是不充分的。而且这种讨论的结果，也许正是很多西方国家热切希望看到的结果。

总之，我们不能再像以前那样，一遇到时尚的概念，就轻易地忘掉应该坚持的基本原理，不能忘记，在之前 20 年追求两化融合的历程中，我国很多企业就曾为之付出过沉重的代价。因此，无论企业处于怎样的发展阶段，都不要忘了布鲁克先生反复强调的企业的本质。

1.1.4　关于智能制造的认知误区

智能制造是一个好东西，但当我们参加一些有关工业 4.0 或有关智能制造的论坛时，却感到对于智能制造的认知，还有很多需要澄清的地方。虽然没有必要就智能制造的定义争得脸红耳赤，但有必要把智能制造的实际作用范围界定清楚，否则，又会出现很多言过其实、过于夸张的东西。当年 IBM 为了让人们了解 SOA 和中间件技术，不停地夸大其词，最后居然出现了"智慧地球"这种极端的表达。但现在怎样，无非只是一些在系统集成层面具有一定降低成本作用的工具而已，而这种降本作用还只是体现在提供商一侧，对于我们的企业并未带来任何实质性的好处。那么，到底应该如何看待智能制造的具体作用呢？需要在如下两个方面保持清醒的认识。

1. 推动企业的转型升级

推动企业转型升级绝不是换一下设备和工具就能实现的，这是本书的一个重要观点。这里可以用一个非常通俗的例子来说明，参加游泳比赛的选手有的穿上了鲨鱼皮的游泳衣，有的却没有，你能说穿上了的那个选手具有绝对获胜的把握吗？你若不信，干脆就与菲尔普斯做个比较，你穿上了鲨鱼皮的游泳衣，就能战胜菲尔普斯吗？企业需要依靠品牌的综合影响力来提升企业的竞争能力，但企业品牌的竞争力并非仅仅来自制造环节某个方面的优势。

2．增强企业内部的创新动力

在谈论工业 4.0 时，总喜欢把智能制造、智能设计、智能排程等概念和创新这个概念联系在一起，好像这是两个必须放在一起的概念，好像智能化就代表着企业创新的主流方向。很担心这种思维成为普遍的共识，如果成为普遍的共识，我们的制造业又会出现大把花钱，却仍然必须仰人鼻息的现象。必须再次强调，无论什么样的智能化，都只能带来一种工具上的便利，那都只是创新的某一个方向，但却不能代表创新本身。创新是企业发展的灵魂，是制造企业真正需要关注的焦点，但我们有一种想法，那就是如果把这些智能化的思维用于企业的创新管理，则这种智能化一定会产生最大效果，这是我们在研究企业管理机器设计理论过程中悟出的一个重要结论，也是本书最重要的几个论点之一。

当然，为了研究方便，还应该界定一下企业智能制造的影响范围，在我国十三五规划期间，智能制造的研究范围应包含整个企业供需链管理业务。不过，在围绕智能制造的定义和影响范围等方面，还存在很多值得讨论的地方，这里不展开讨论。对于企业来说，当前最重要的课题是学习掌握企业如何转型升级的思路和方法，否则，我们会再一次体会到在人身后、亦步亦趋的无奈和沮丧感。

1.1.5　企业管理转型的技术瓶颈

在上述给出的关于管理转型的定义中，还提到了协同管理中技术瓶颈的概念，很显然，这不是一个简单能说清楚的概念，但为了便于更全面、更深刻地认识管理转型的本质，应该对其有所了解。从我们自身的体会来说，如下几方面的问题可以视之为企业协同管理中的技术瓶颈。

（1）缺乏上述企业级协同平台的专业化协同管理机制，也即缺乏专业的管理机构，当然也缺乏以企业级协同管理为专业的专业人员。

（2）经营层和管理层的主管领导无法及时准确地获取企业级流程执行状

态和运行状态的信息。

（3）部门之间、平台之间的作业协同规则不清晰、不规范，缺乏将其固化的有效策略。

（4）虽然有规则，但缺乏执行规则的外部强制作用，或者这种强制作用难以通过技术手段实现自我强化（流程智能化监控、通报和自动触发跟踪处理流程等）。

（5）协同管理中缺乏有效的权责冲突协调机制，导致企业在推进自主变革的过程中，无法及时消除各种权责冲突带来的人为障碍。

（6）缺乏快速响应业务变革能力的系统整合技术支持。

上述六种现象，可以进一步归纳为两点，一是企业的关键业务缺乏一体化的企业协同作业平台，在这个统一的平台上，企业的关键业务能够在各个层面实现高度地协同；二是缺乏专注于打造这种协同平台的企业级协同管理机制，在这个机制下，企业级协同作业平台能有效地监控和持续地改进。以上围绕企业管理转型的分析和归纳，就是希望读者明白，企业要达到工业 4.0 的高度，不能光说不练，企业在推动管理转型过程中必须首先设法打通自身的任督二脉，而这里所说的任督二脉，就是上面归纳出的两点，也是本书将逐渐展开讨论的主要内容。

1.2　工业 3.0 的典型特征

在前一节管理转型的定义中，提出了协同管理这一概念，协同管理在企业管理理论中是一个相对时髦的概念，但其所蕴含的意义本身却非常朴素，最容易理解的实例，莫过于军队的海陆空协同作战，这种有机的海陆空协同作战，能产生远远大于单一军种各自为战的效果，也就是能产生所谓的一加一大于二的效果。在制造业提出协同管理的概念，实际上也是很早以前的事，只是由于这是一件非常典型的"说说容易、但做起来却非常难"的事，常常说了等于没说，所以，在很长一段时间，它只能停留在加强协同意识的文化层面，和其他形式主义的企业文化活动主题一样，时间一长，大家也就习以为常，也就不愿意再提它了。为什么我国的企业，形成企业级协同能力会这么难呢？原因很多，但最根本的原因，还是业务架构设计上的原因，由于现有的架构是以专业分工为基调设计的，存在很多技术上无法克服的先天不足。所以，即使企业的各个部门能够意识到加强协同管理的必要性，也很难达到可操作的理想状态。但近年来，我国很多企业在经历较长时间的探索后，尤其是在企业需要加速管理转型、全面提升管理能力以应对激烈的市场竞争时，对于通过流程的优化设计和系统整合，以加强部门之间、平台之间协同能力的需求已变得越来越强烈。与此同时，系统技术也取得了长足进步，如中间件技术、SOA 系统架构和云平台技术等，尤其是最近出现的上层中间件的概念，更是一件让人联想不止的新鲜事物。总之，种种迹象表明，再次重提企业级协同管理的时机似乎已经成熟。而且，这里提出的协同管理，已不再只限于企业文化层面的运作，而是一项真正产生实际管理效益的、全新的管理业务，是一门将全新的管理理念和全新的系统技术加以高度融合的管理技术。企业走向工业 3.0，就是为了实现这样的企业级高度协同管理。因此，我们应该、而且必须学习并掌握好这一管理技术。所谓企业管理转型的本质，就是要从根本上提高企业内部的协同管理能力，而提升企业内部的协同管理能力，将产生全面提升"企业智商"和改善"企业品格"的效果。说到这里，读者也许已经有一点"不明觉厉"的感觉了吧。但是，这种企业级的协同作业能力到底要达到怎样的状态，才可以说企业已经达到了工业 3.0 的标准了呢？请继续看下面的分析。

1.2.1 面向客户的设计要素

现在开始讨论具有工业 3.0 特点的业务架构，前面在讨论当前制造企业管理转型的定义时，充分强调了处处以客户为中心的概念和理念，但不能仅仅停留在概念和理念阶段，应该开始关注这样的理念，如何才能在实际业务中得到充分体现的实战思路。在我们多年潜心专研的业务架构设计的理论体系中，面向客户的业务流程设计当然是最核心的部分。其中，为了提高企业的"智商"，建立直接和客户互动的、在线式的 CRM 客户关系管理流程，应成为未来企业重点关注的课题之一。而在企业内部，所谓面向客户的企业级流程也有很多种，如从供需链视角来设计的产销计划管理流程（也可称之为供需链协同管理流程），就具有最直接的面向客户的特点。为了最大限度地优化这一横跨企业全领域的典型流程，很多企业都在导入具有高度整合能力的 ERP 管理系统。而企业的产品开发流程则是为了满足客户对产品功能的各种需求，所以，自然也是一个跨部门的面向客户的典型流程。而响应客户产品质量诉求的质量管理流程，无疑也具有典型的面向客户的特征。为了确保面向客户的这种姿态贯穿于整个端到端的流程，还需要把这种客户对象的逻辑外延加以延伸，如生产部门应把满足销售部门的业务目标作为自己的目标来看待。也就是说，在准时供货这点上，销售部门的目标代表着客户的需求，所以，销售部门也就相当于是生产部门的客户。甚至，还可以把每一个下游流程节点的使用对象，都作为流程设计的客户来对待。这一点和生产部门把下游工位当作客户代表的道理是一样的。但是，问题并不在于该流程的服务对象是否存在，或者说是否意识到客户的存在，因为，识别流程服务的对象不应该是件难事，稍加培训就可解决。而在于怎样做，才算建立了具有"面向客户"功能的业务流程，这里的"面向"到底包含着怎样的含义呢？对此，进行如下阐述。

1. 流程设计中是否具有满足客户目标需求的相关内容

首先我们应该确认流程设计中是否包含能满足客户特定目标需求的内容。例如，对于从销售部门启动的特殊订单流程，销售部门要求达到 95%以上的准时供货率。但在设计流程的过程中，如完全不考虑销售代表掌握公司可用库存和生产计划执行信息的功能需求（确保其与客户商定合理的供货期），不考虑设置具有快速响应客户特殊配置产品需求的特殊配置设计管理流程，不考虑特殊订单在排产流程中的优先权，也不考虑库存产品发货过程中的"绿色通道"等措施的话，就可以判定该流程不具备"面向客户"的特征。因为这样的流程根本无法保证按客户的特殊要求准时供货，而是一个完全不可控的、开环的管理流程。又比如，汽车企业在设计与客户销售服务相关的业务流程时，如确立了确保客户充分掌握公司产品特点、服务品牌特点和客户优惠政策的目标，则在设计该流程时，就没有理由不考虑在流程中设置标准的竞品功能差别化讲解节点、邀请试驾信息的推送服务、购车后发送精品服务项目信息，以及定期的优惠服务或激励政策信息的推送服务等流程操作节点的内容。总之，这里强调的是满足客户需求和流程管理对象之间的关系，或者也可说，在设计流程框架时，必须反复推敲该流程所管理的业务对象（BO）结构是否能确保客户目标需求的达成。

2. 设计流程时，是否和客户代表进行过详细的论证

在企业中经常会遇到的麻烦是与协作部门之间的职责划分问题，由于流程本身很粗放，低阶流程欠缺，或无明确的协同作业规则，这样的问题是不可避免的。而这样的问题往往发生在流程设计之初。由于很多部门都习惯按部门职能进行管理，改进目标的策划，所以设计流程时，一般不会主动考虑职责范围以外的问题，不会把满足协作部门的需求作为自己的改进目标加以关注。举例来说，在设计产品试制流程中，涉及品质部门的样件检查作业节点，如不主动将品质部门作为该节点的客户，在未充分听取该部门意见的基础上，便动手设计流程的话，事后出现很多来自品质部门的抱怨也就不足为奇。同样，企业内部延伸到经销商或供应商的很多管理流程，也应在充分掌握经销商或供应商的管理需求之后，再进行设计和部署，否则，必然会出现运行效果不理想的情况。所以，当需要设计诸如 CRM 或 SRM 系统时，应该邀请经销商和供应商的代表加入到系统开发项目团队中来。这里强调的是流程设计和下游'客户'协同需求的关系，如这方面意识很强，即使是基于单一系统开发的部门级流程，也能较好地为下游'客户'的作业提供较好地支持，因为这种流程业务对象中已经涵盖客户的协同需求，体现了面向客户的精神。

3. 流程设计中是否包含有利于五大客户体验的设计要素

企业品牌的市场竞争力，归根到底，取决于最终客户体验的好恶，所以，

企业应该通过调查与客户体验相关的业务模块的实际情况,来发现企业级业务流程的具体短板所在,并进而形成具体的与客户关系管理有关的改进方案。本书将讨论流程设计要素与客户体验好坏的相互关系,为此,先介绍如下 5 类基于客户体验的流程设计要素。

(1)和客户体验一致性相关的设计要素

客户体验中的一致性,是指最终客户对企业的产品以及服务品牌特点,始终有一个清晰一致的认识,而且这种认识,能通过每一个面向客户部门的作业行为不断地得到加强,如海尔的“真诚到永远”与其强化服务的各种努力方向始终一致、并能持续得到加强。所以,应该集中力量研究流程与各种作业标准之间是否具有这样的一致性。如果没有这样的一致性,则需要重组或优化作业流程。例如,在售后服务流程中,规定了为客户更换零件时的作业流程以及标准化的解释用语时,就能确保所有的客户都能得到基本一致的客户体验。又比如,当需要所有的客户都能从我们的各种品牌推广活动中获得一致、清晰的印象时,则必须确保我们所有策划人员、活动组织人员以及相关合作方的管理人员等都采用统一的品牌推广策略、统一的品牌宣传资料、统一的活动现场设计、统一的活动流程安排和统一的活动方案发布平台等。另外,在时间维度上保持这种一致性也非常重要,很多企业没有固化自己产品品牌和服务品牌特点的传统,其品牌特点会随着企业决策层意志的变化而变化,这就不会给广大客户留下清晰一致的认识。从系统建设的角度讲,需要确保不同的面向客户的流程,能够向客户传递统一的、一致的信息,就要求加强企业级的数据库、知识库和统一发布平台的建设。

(2)和客户体验亲和性相关的设计要素

客户体验中的亲和性,是指最终客户、合作伙伴或下游流程的作业人员,从流程提供的各种服务以及互动过程中感受到的友好性和主动服务的态度,而这种友好性,只能通过各种与客户接触的作业流程和作业标准来体现,在亲和性设计方面,如我们的作业标准弱于竞争对手,我们就会因此失去很多潜在的客户。从系统建设的角度讲,主要应关注在不同的流程作业节点向客户提供信息服务时的完备性、主动性和及时性。尤其是在非常注重亲情关系、朋友关系以及社交关系的中国，加强面向客户流程中的亲和性要素设计，应该成为企业重点强化的能力之一。

之所以提出上述观点，也许和我们的一些个人经历有点关系。例如购买一台据说可以得到 300 元节能补贴的创维牌电视机，但后来发现要拿到这 300 元，必须付出远大于 300 元价值的能量，才有可能从销售店的服务员那里得到这 300 元。为此，我们发誓永远不会再购买创维公司的任何产品，而且，鉴于本人社交圈子，至少数百人得到了关于这种节能补贴服务的负面印象。也许创维公司是希望通过这样的补贴策略来扩大其倡导节能的正面印象，但由于未能确保末端服务节点体现出最起码的亲和力，反而造成对企业形象的严重伤害。这样类似的经历还有很多，例如曾因为某银行客户中心小姐无休止的烦扰和傲慢的语调，从此不再相信该银行的服务理念，当然，原有的信用卡也被永久地锁进了抽屉（甚至懒得再打电话把它作废掉，以免又惹出额外的不愉快）；某同志因为在 4S 维修店受了一点窝囊气，便一气之下换了一辆其他公司的汽车。诸如此类，相信读者都会有类似的体验，要知道这类负面体验具有很可怕的传染性和印象固化作用。所以，一定要确保面向客户流程的任何一个节点都能保持最起码的亲和力，为此必须制定非常明确的作业标准和执行监控办法。

（3）和客户体验个性化相关的设计要素

客户体验中的个性化，是最具研究价值的课题，这种个性化既包括满足不同客户个性化需求的内容，也包括企业自身在产品个性化选配、个性化服务以及市场推广方式的个性化设计等方面的内容，简而言之，是通过这种个性化的努力，凸显企业产品和服务品牌的特点，以期更多地吸引客户。产品的个性化体验主要是指为客户提供选择各种个性化产品和服务的自由，让客户体验到一种自主决策的满足感，当企业决定要建立这种多样化产品配置的服务能力时，就需要在企业内部，建立一种能快速响应客户点菜式订货需求的开发和生产协同流程。而要达成快速响应能力，需要在各关联部门之间建立明确的协同作业标准，需要对各个作业环节设置限时完成的监控手段。因此，如希望在这方面表现出良好的"智商"，必须在流程设计的规范化和系统化方面做出充分的努力。个性化服务以及个性化的市场推广方式，需要将符合公司产品特点和企业形象的各种差异化要素体现在设计的作业流程中，所谓差异化，就是能体现出自己特有的风格。经初步调研，我国制造行业尚未充分关注这一领域，这方面的意识和基础条件也非常薄弱，这不利于提升竞争力。

（4）和客户体验高效性相关的设计要素

客户体验中的高效性，是指在与客户的互动中，客户和合作伙伴对我们及时响应服务请求能力的一种直接感受，它关系到客户和合作伙伴对企业的认可和信赖程度，是客户关系管理中一个及其重要的课题，也是企业管理转型中形成高效、敏捷业务流程的主攻方向。在各种调研中，发现很多企业都存在缺乏构建企业级协同平台的意识、业务模块之间的流程存在连通性差、作业效率低以及缺乏闭环管理等问题，为此，也需要重点加以关注。

其中，最典型的例子，莫过于快速响应客户投诉（产品质量、困惑求助、服务质量等）的协同流程，这种流程必须具备两个特点，一是要快，即快速响应客户的诉求，使之处于理性受控状态，避免客户出现不愉快的体验。为此，在流程设计中，要对质量部门的处理节点，设置任务关闭时间的监控和督促通报的功能。二是要确保改善过程的闭环处理特征，即全力确保今后不会再出现完全相同的产品质量问题，避免其他客户再次体验到类似的不愉快，充分体现面向客户的企业级协同平台的优越性。如能做到这两点，就能让客户认识到该企业具有快速、高效应对客户投诉的能力，有利于提升客户对企业的信任感。

（5）和客户体验激励性相关的设计要素

客户体验中的激励性，是指最终客户或合作伙伴对企业为促进互利互惠关系而采取激励性措施的满意程度。例如，在企业的市场产品或服务质量投诉的处理环节中，如果把客户的主动投诉，看成是客户主动配合企业发现产品缺陷的行为，就可以在处理投诉的流程中，设置一些感谢客户的处理环节，这种让客户体验到企业真诚度的设计要素，会产生某种良性的互动关系。又比如，为了确保下游作业部门能及时处理某项作业任务时，可以在流程执行力监控模块中，设置定时发布表彰先进信息的功能，如本月物料信息收集流程执行力前3名等。不同的公司、不同的部门可以采取不同的策略。简而言之，在流程设计中应包含具有激励客户的设计要素。

根据以上 5 种不同的客户体验来设计的企业级流程，具有最典型的"面向客户"的特征，在这里需要强调的是，上述关于客户体验的设计思路，同样适用企业内部协同流程的设计，任何一个流程都有自己的服务对象，让下游客户得到各种积极的体验，是业务架构分析人员值得为之努力的重要课题。另外，以上五种客户体验的设计要素，应该要同时考虑，尤其是那些直接面对客户的作业流程。

4．客户的每次投诉是否能及时反映在流程优化和重组过程中

这一原则，是面向客户流程的最重要特征，但要切实贯彻这一原则，又是很难做到的。例如，在很多刚刚起步的小厂中，由于缺乏基本的产销计划管理能力，经常会出现不能及时供货的情况，导致无法和客户之间建立起必要的信任关系，并最终导致市场规模难以扩大的窘境。这不仅是缺乏客户导向意识和缺乏最起码的面向客户管理流程的结果，更主要的原因，是缺乏不断改进流程作用的管理机制。如果小厂立即通过学习，建立起了必要的产品产销计划管理流程，并通过建立供货不良记录的对策机制，不断发现和消除产销计划管理中不良意识问题和能力不是问题，逐渐提高满足客户准时供货的能力，就认为这个厂已经具有基本合格的面向客户的流程管理机制了。总之，强调流程设计和流程改进管理机制之间的关系，只有做到这点，才能说流程设计是真正面向客户的。

最后，通过如图 1-1 所示做出总结，这是一个传统的按职能分工的业务架构，从图中可以看到，要取得市场和客户的认可，企业作为一个完整的经营实体，必须对市场和客户的各种需求，保持高度的敏感和及时的应对姿态，但这种高度的敏感和及时的应对姿态必须贯穿于企业整体业务框架之中，也就是，首先要确保各种企业级协同流程具有快速响应客户需求的能力，其次应确保每一个企业级的协同流程能向管理层提供各种可用于改进决策分析的数据和信息，而管理层也必须具备能够通过各种数据分析，向经营管理层提出各种改进策略的能力。企业经营决策层的战略分析能力，才是最能反映企业整体应对市场需求能力的决定性因数。从图中可以看到，这种战略分析能力显然离不开企业执行层和管理层的支持，基于当前的业务架构，企业经营层的决策是否及时、

准确，主要取决于管理层的信息收集、分析、汇总和主动报告的意识和能力。由于在经营层和管理层之间，以及管理层和执行层之间，存在着能力评价和被评价的关系，所以，这种逐级上传企业运作状态信息的模式，存在着所谓的"道德风险"。因此，这种传统的业务架构需要作出结构性改造，更何况，这种逐级上传运作状态信息的能力，还取决于各种企业级协同作业平台的信息处理能力，如果，现有的企业级协同作业平台是由一些离散的、互不连通的手工流程或单一系统流程构成的话，企业根本不可能在面对市场变化时，表现出足够敏捷的感知和响应能力。为此，企业到底需要做出怎样的改变？答案是要确保企业级流程的顶层设计具有上述面向客户的典型特征，这是走向工业 3.0 必须解决的设计理念问题。

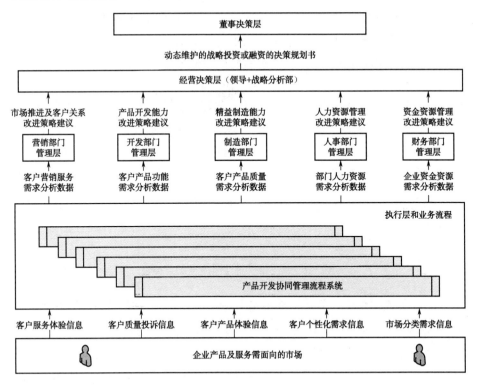

图 1-1　管理转型前企业整体面向客户的姿态

1.2.2　协同平台的一体化

我们应该熟悉企业当前基于 IT 系统技术支持的协同作业场景，很多有钱的企业会开发和部署各种各样的单一系统（如图 1-2 所示），于是就会出现所谓的信息孤岛现象，会出现主数据管理层面的技术瓶颈，当然，也会出现如图 1-2 所示的流程整合的困惑。由于历史的原因，几乎所有的企业都会面临单一系统分而治之的烦恼。而对于缺乏实力的中小企业，如在现有模式下推动信息化，他们根本就不具备最起码的支付能力，则更难体会到信息化建设的必要性和其对企业发展的重要意义。但是，无论是大企业还是小企业，只要立志推动转型升级，希望从工业 2.0 走向工业 3.0，那么必然要解决作业平台的一体化问题，这里所说的一体化，本质上就是要保证所有管理对象的一致性，并确保所有信息处理和事务处理规则的一致性，无论是采用真正意义上的一体化协同平台，还是采用松耦合的整合技术形成的一体化协同平台。

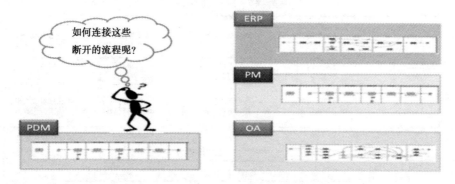

图 1-2　基于单一系统的流程断片现象

在前面的介绍中，提出了企业要提升敏捷应对市场需求和市场变化的能力，必须着力构建具有能够快速响应市场需求，并确保这种响应能力能够不断得到提升的业务架构，以达到改善企业经营的"智商"和"品格"的目的。那么怎样的业务架构才具有这样的特征呢？图 1-3 是企业着力打造的转型升级后的业务架构示意图，从图中可以看到，关键业务的一体化企业协同平台可以视为企业应对市场的感官和骨骼肌组织，它不仅应该具有快速响应客户需求的业务处理能力,还应该具有直接向运维管理层和经营决策层提供业务流程执行和运行状态信息的能力,为了保证企业具有根据这些"诊断信息"随时作出敏捷和准确决策的能力,还必须在企业内部建立具有企业级平台设计和运维功能的管理机制,以及能够主导企业管理转型的战略决策机制。

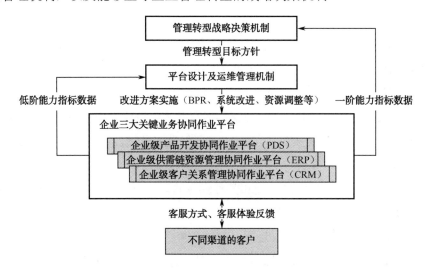

图 1-3   具有企业级协同管理功能的业务架构(3.0 版)示意图

图 1-3 所表示的业务架构是企业管理转型应该追求的理想架构,因为这样的架构不仅具有维持企业敏捷应对市场需求变化的"智商",而且具有不断提升这种"智商"的"品格"特征。如图 1-3 所示,当各种关键业务的 IECP 平台具有过程透明的特征时,企业的执行层、管理层和经营层人员就能进入高度协同作业的理想状态,管理层的领导不再只是一个事后"诸葛亮",而是"被迫"进入执行异常的业务现场进行实时指导的"作业者"。经营层的领导也一样,他们也不再只是高高在上、等待周期性统计报表的老总,他们也必须根据企业级协同平台提供的实时运行监控信息,及时地作出各种经营决策。这是一种真正的全员同步应对市场的业务架构,在这种业务架构中,领导的概念会被淡化,流程设计者、运维者、执行者,以及改进推动者的角色将会得到强化。只有这样,企业内部各个单元之间的先天协作壁垒才会得以消除,企业作为一个整体才会变得更加灵敏和聪慧,企业的竞争潜力才能不断地得到提升。至此,

应该明白，为了提升企业的协同作业能力，必须把基于 IECP 平台的协同管理业务本身也作为企业的关键业务来看待。

1.2.3　协同规则的强制约束作用

在解决端到端流程的作业效率问题时，很自然地会想到 ERP。随着供需链管理理论的日趋成熟，以及 ERP 系统应用实践的不断深入，很多企业在解决供需链作业效率方面已经取得了长足的进步，采用高度集成的 ERP 系统，企业有望在缩短产品供货周期、提高准时供货率、消除无谓的库存损耗，降低生产成本等多方面取得成果。但是，很多企业，虽然投入了这种高集成度的 ERP 系统，却并没有获得好的成果。为什么会怎样，是因为构建的 ERP 系统，只解决了跨平台业务流程的连通和某种程度的数据整合问题，并未解决流程执行人员的自由意志，或非理性行为的问题。举例来说，如果希望让流程流转的更快，就要对流程的关键节点设置限时作业规则。如果流程在运行时出现某种异常现象，希望相关部门能及时进入对策状态，则应针对流程的相应节点，制定出作业异常以及出现异常后如何处置的相关作业规则。如果要防范某种非理性行为，并希望能够具备及时发现并告知的能力，则需要对构成非理性行为特征的数据模型展开分析和研究，并为之建立相应的数据采集和计算规则。总之，要确保前面谈到的面向客户的作业姿态，以及 IECP 的有效连通达到预定的设计效果，必须针对所有执行者可能存在的非理性行为，以及相应的管理损耗现象展开深入研究，并制定出相应的认知和处理规则。换句话说，如果所有需要遵守协作规则的地方，都让机器人来执行的话，不就能消除协同作业中的各种异常现象了吗？如果暂时找不到机器人代为执行，又希望大家都能自觉高效地协同，那么，是否希望能够及时发现此类异常现象，并及时予以处置呢？总之，要确保关键业务达到 3.0 的管理水准，就需要研究如何实现协同规则的强制约束作用问题。

1.2.4 数据分析的魅力重现

虽然，面向 IECP 的企业级协同管理机制，是推动企业管理转型的必要条件。但要确保这样的机制具有决策能力的前提，是 IECP 平台必须具有为运维管理机构和企业战略决策机构提供分析数据的服务能力。前面讨论的是有关这些数据服务的规则问题，本小节讨论基于这些规则的数据采集和分析能力问题。例如，要掌握企业的潜客成交率这一销售业务流程的能力指标，就需要掌握评价周期内的潜客信息和成交业务的信息。要确认开发中心的实际绩效如何，就需要掌握评价周期内和企业新产品利润增长率这一指标相关的实际数据。另外，要知道材料涨价对产品销售实际收益带来多少负面影响时，就需要掌握评价周期内关联材料的价格变动情况和产品的实际销售情况等。总之，企业的智商如何，在很大程度上取决于企业管理层和经营层的经营分析和决策能力。但这些领导层，如果没有准确、及时的数据支持，则不可能在经营管理层面表现出足够的智慧。达到工业 3.0 的企业，其管理层和经营层至少应在如下两个方面，基本实现可视化管理。

● 关键业务流程关键环节执行力的实时统计和分析；
● 关键业务一阶能力指标的过程统计和分析。

在这里暂时不解释以上两种数据分析能力的详细定义和内容，只是希望在走向工业 3.0 的过程中，管理层对流程执行的异常，会变得越来越敏感，对流程自身设计的合理性能变得越来越关注，因为，他们找不到适合的理由来糊弄经营层的主管领导。而企业的经营层会对关键业务团队整体能力的发挥情况十分关注，他们已经基本具备根据各阶能力指标的实时统计数据，来评价不同业务团队整体能力的实际状态，同时，他们也能够根据市场需求，随时推动企业内部的管理转型改进活动，或在适当时机，作出企业战略转型的重大决策。通俗地说，当下，很多领导只要把主要精力放在搞好"政治关系"，即可维持优越的地位，但在达到工业 3.0 管理标准的企业，所有的中高层领导都必须在业务架构设计和运维管理方面有所作为，才能确保自己的乌纱帽不会轻易转手。

1.2.5 流程设计中的能力管理要素

在传统的业务架构设计理论中，一般把企业的业务架构分为执行层、管理层和决策层，但在我们的业务架构设计理论中，为了便于大家理解，在解释一些概念时，也会基于这样的层级理论来展开说明，但我们并不认为有必要刻意地进行这样区分，反倒认为，在企业内部，所有的员工（包括 CEO）都是一体化企业协同平台中的执行者而已，都是为董事会打工的打工仔而已，只是角色不同、因而执行的任务有所不同而已。只有在这样的状态下，在进行企业业务架构的顶层设计时，才不会忘记为所谓的管理层和经营层的领导，也设计一些他们应该及时完成的具体作业。而在实际的企业级协同平台运维管理过程中，才能大胆、平等地监控所有员工的作业状态。为了企业的生存和发展，如果企业的中高层处于一种可以轻松免责的模糊状态，这样的企业一定好景不长。

然而，在这种状态下，如何才能确保每个人都能全力以赴，都能处处为企业的发展着想，似乎有点不太现实。确实，如果只是立足于现有的管理模式来思考，是很不现实的设想。在推动企业走向工业 3.0 之前，企业的关注重点主要集中在执行层的执行能力方面。但要实现工业 3.0 的转型升级，企业的关注重点，就应该集中在提高企业关键业务的过程管控和企业经营战略的动态决策能力方面，如果做不到这一点，企业不可能发生蜕变，无论企业为此投入多少机器人和智能控制设备。道理很简单，在当今比拼智力的年代，企业不能只注意强化自己的执行单元，却忘了最最需要加强的应该是企业的中枢指挥单元。因此，在设计面向工业 3.0 的业务架构时，特别需要在 IECP 平台中，配置过程管控和中央决策能力的功能模块，在具体的流程设计中，也需要把特别关注如何持续提高管理层和决策层作业能力的设计要素，至于如何做到这一点，将在第 4 章展开说明。

1.3 工业 4.0 的联想空间

前面介绍了很多和实现工业 3.0 有关的概念和思路，而且，这些概念和思路已经有一点飘在空中的感觉。但当下，我们的政府高官、企业专家，以及学术权威却已经在拼命研讨工业 4.0 的各种概念和实战思路，这正是当下的很多论坛给人过于空泛，容易令人昏昏欲睡的原因之一。最初在起草本书初稿时，并不想涉及这一方面的内容，但经过和行业同行的多次交流，又深切地感到，如果不在本书中讨论一点工业 4.0，也许会给人一种远远落后于时代的感觉。为此，也在此说说对工业 4.0 的理解，但愿我们的发散思维也能引起一些共鸣。但我们内心的潜台词并没有太大变化，还是认为，工业 4.0 也好、工业 2025 规划也罢，都只是国家未来的愿景，无论怎样描绘它，都不能用来解决我们传统制造企业当下的困惑。

如果你到过青岛红领参观过，肯定会被红领提出的 C2M、智能化设计、智能排程和大批量定制生产等全新的概念所吸引。如果你是一位对 IT 应用感兴趣的专家，则可能会关注他们如何构建能够适应定制需求的配置 BOM、如何构建能够快速形成版型设计的模块化设计的知识库，以及如何实现智能排程和精准发货等软硬件的开发和实施思路。但我们对这些并不陌生，而且，认为其中每一个模块功能的本身并无太多的新意。让我们更感兴趣的是这些努力的组合所带来的实际价值，也是我们认为工业 4.0 应该给制造企业带来的价值，本节将对此展开初浅分析。红领案例最有价值的地方，不是 IT 技术的巧妙应用，而是证明了一个很重要的事实，那就是中国企业也能自己找到走向最佳实践的正确道路。

1.3.1 去中间化的真实性

中国制造企业当前已经感到的生存压力主要是什么，首先想到的一定是和成本相关的内容，而且，谈得最多的，一定是人力成本。为此，中央政府明智地构建一带一路、全球性的产能合作战略，以及具有深远影响力的工业 2025 规划。但对于企业而言，在作出某种战略转型的决策之前，最重要的转型升级目标并无任何玄妙，除了不断开发新品以拓展市场之外，就是构建能够持续降低成本的管理模式。青岛红领模式之所以成功的重要原因之一，就是大幅度削减中间管理层级所产生的管理成本和管理损耗。下面来看一看传统制造企业一般都有哪些可以重点削减的中间化管理成本和损耗。

1. 办公生产线持续延伸的管理损耗

中日合资企业的办公生产线，和很多国有企业一样，最终也会出现非常明显的人浮于事和碌碌无为的场景。比如说，当年二三十人就能很好应对的本地化开发工作，居然扩展成为两三百人的技术中心，其他的职能管理部门也一样，人员越来越多，分工越来越细，没有看到过日本企业少人化的实际案例，好像人越多，工作就能干的越好一样。实际上，根据我们的分析，很多制造企业的"办公生产线"不断延伸的后果，不仅带来人力成本上的直接损耗，更严重的问题是，"处理信息的生产线"越长，带来的各种管理损耗就越大，其中有指令延迟的损耗、流程处理延迟的损耗、管理审查的损耗、理解变形的损耗、相互扯皮的损耗、错过时机的损耗和沟通障碍的损耗等，这种现象和政府部门的"衙门深似海"有点相似。至于为什么会出现这样的现象，"你懂的"，不必在此多说，一句话，这是企业缺乏量化评价岗位实际能力的后果。在此要重点说明的是，无论是工业 3.0，还是工业 4.0，都必须花大力气推动企业办公生产线的"去中间化"改进活动，具体的对象有业务模块协同的去中间化、业务流程的去中间化、信息传输的去中间化、客户服务的去中间化、上游供给的去中间化，以及设计和制造的去中间化等。这些听起来有点难懂的概念，实际上可以用一个很通俗的白话就可说透，"过日子，还是能省就省"的为好。可以这样说，达到工业 3.0 的企业，这样的办公生产线会缩短很多，而且效率更高，而达到工业 4.0 的企业，就应该基本看不到什么负责"管理"的部门。

2. 客户需求谁在聆听的困惑

在青岛红领还有一个使我们肃然起敬的地方，就是其设计和生产部门能够直接面对客户的需求。我们都了解传统制造企业会设置两大开源部门，一是营销部门，二是开发部门，前者会更多地承担聆听客户需求并传达给后者的责任，而后者则会根据自己的理解来完成产品的设计，并将设计交给制造部门，制造部门完成产品生产后，再交给营销部门去销售，营销部门又开始收集客户的体验反馈，如此周而复始。注意，该过程中的各种交接环节，在实际作业中，传统制造企业聆听客户需求的形式可谓各种各样，有通过会议讲解的形式，有提交调研报告的形式，当然也有通过业务流程处理的形式，都需要经过"翻译"后上传给相关的处理部门，直到客户看到新产品和服务的新模式为止。这种传统模式最大的问题，就在于客户和企业之间缺乏直接和高效的沟通渠道，这便是现代传统制造企业缺乏快速拓展市场能力的重要原因之一。因此，这种逐级翻译的中间环节所带来的管理损耗将直接影响企业的开源能力，应该认定为企业最大的管理损耗之一。

3. 自主变革推进的中间层道德陷阱

还有一个现象，传统企业在内部推动管理创新活动时，大都由各个职能部门主导立项和具体推进，但这种基于部门目标的管理创新活动，都缺乏顶层设计的前瞻性、全局性和资源投入层面的合理性，更严重的问题是，很多从部门利益出发的设计，不但没有带来真正的全局效益，它们还将成为今后企业展开全局性顶层设计改进和部署时的主要障碍。另外，如果让所有的中间层来设计部门级的业务架构，必然以完成部门的年度计划为目标，其最终的设计必然会有一个很大的保险系数，这实际上就是我们常常提到的中间层道德陷阱，这也是办公室人员越来越多的原因所在。所以，传统企业要走向工业 4.0，必须尽早构建企业级业务架构的顶层设计和运维管理机制,就是不允许任何基于部门立场和利益的管理改进活动发生,只存在全局的目标、全局的设计和全局的运维。

以上三种不同维度的去中间化的思路,如能有效地体现在具有工业 3.0 特征的 IECP 平台设计方案之中,这一 IECP 平台就有一点工业 4.0 的味道了。

1.3.2 管理角色的自然迁移

如果在设计的业务架构中,设计人员能够直接面对客户的需求,还需要在企业内部设置负责设计评审的管理角色吗,如果各种基于规则的作业都拜托机器人完成的话,还需要很多的间接管理者吗。现在的传统制造企业之所以存在大量的管理人员和中高层领导,其主要原因还是因为企业内部存在大量尚未设置规则的作业场景,很多关键业务的企业级流程尚处于连通不畅,随时需要有经验者加以协调和指挥,还需要经验和权威来解决问题。所以,如果企业能够实现工业 4.0,肯定会让很多现在还很热门的管理职位失去市场。但是,这些人因此会失业吗?结论是否定的。在很多场合都谈到顶层设计和企业级运维的话题,实际上,随着企业不断地转型升级,企业作为一个整体面对市场的姿态就会越明显,企业随时需要面对管理创新的特征就会越明显。为此,未来的企业更需要的是市场需求的分析人员、按需展开开发活动的产品设计师、企业级业务架构的设计人员和基于系统数据分析的 IECP 运维管理者等,而不再需要现在大家趋之若鹜的管理主管和行政领导职位。但如果在企业推动管理转型的过程中,这些手握重权的领导们,能够不断地坚持学习基于现代管理理念和系统技术的业务架构设计方法,能够始终关注和积极参与企业内部的转型升级活动,则这些管理高官将是未来企业级协同管理部门最为合适的人选。因此,工业 4.0 的另一个鲜明特点,就是企业内部的岗位设置将会发生很大变化,在这方面,人们完全可以不受限制地发挥自己的想象力。

1.3.3 数据分析如何成为创新之源

在讨论工业 3.0 业务模式的外在特性时，企业可以利用数据分析能力，来解决业务过程管控的老大难问题。而且，如果能够有效地运用数据整合和 BI 技术等手段，还有可能在定期展开的经营能力分析方面有所突破。因此，在企业的管理创新发展到一定阶段的时候（也许就是在达到工业 4.0 水准的时候），应该可以利用数据分析能力来推动企业如下方面的持续创新：

- 通过全方位的面向客户的数据分析，全面提升产品和市场推广模式的创新力度；
- 通过全方位的业务能力指标的数据分析，全面提升业务架构的优化设计能力；
- 通过多维度的市场数据分析，全面提升企业战略转型的及时策划和推进能力。

以上三个方面都和企业在市场中所表现出来的智商和品格有着密切关系，已经多次强调过，智能制造绝对不可能成为企业立足市场并能长盛不衰的主要原因，唯有不断创新才是企业最重要的生存保障。因此，既然工业 4.0 是先进企业的代名词，那么，应该在这方面得到长足的进步。

1.3.4 工业 4.0 需要怎样的机器人

我们在和政府部门办事机构的工作人员打交道时，可能会遇到这样的现象，在办事时，如不多问两句，肯定会多走很多冤枉路才能办成事情，但如果多问两句，有可能被工作人员不耐烦的态度所激怒，从而出现一些非理性的场景。在企业内部也会出现这样一些典型的本位主义作怪现象，最终导致业务流程的执行遥遥无期。例如，在很多企业的人事部门也存在类似现象，人事部门照例应该是一个为各个业务岗位提供人力资源服务的部门，及时满足业务部门的人才需求，应该是他们业务流程运作的基本目标，业务部门应该就是人力资源的流程应该面向的客户。但很多企业的人力资源部门，很少会为自己设置流程作业的控制标准，在为业务部门配置人力资源时，他们一般不会因为自己的动作迟缓而感到不安。所以，当我们面对很多企业内部的协同作业障碍时，有时会忍不住产生这样的遐想，如果这些人都是忠实执行规则的机器人该多好啊！

因此，企业走向工业 4.0，绝不仅仅在生产现场投入各种机器人那么简单，在企业的各种业务流程中，真正能导致重大损失的业务流程，并不在企业的制造现场，而是在企业营销业务流程、产品开发流程、采购业务流程、内外物流流程和各种相关企业准确决策的管理流程之中，例如主数据管理流程等。这也是我们这几年拼命研究制造企业管理机器设计方法的主要原因，在我们的研究结论中，有一点和当下热炒的工业 4.0 的时尚概念基本相同，那就是真正能够对企业的转型升级产生重大影响的智能化改造方向，就是企业内部的纵向集成和企业外部的横向集成，而要确保这两种集成产生真正意义上的智能制造、智能设计、智能管理和智能决策的设计效果，需要开发很多非传统意义上的机器人，这就是各种办公生产线中忠实执行事务的、无形的机器人。

1.3.5　跨界合作的无限空间

对于工业 4.0，我们还有一个并不成熟的想法，任何一个企业面对不断变化的市场需求，很难仅凭自己一家之力就能做到敏捷应对，并能应付自如。因为，任何一个企业都有自己的能力短板，都需要外部的协助，例如，客户信息的实时共享、材料和零部件的及时供应、配套设计的快速响应以及外协加工资源的临时调配等。因此，要实现企业高度的协同，不可能不同时考虑外部协同的技术瓶颈。也就是说，工业 4.0 不可能是哪一家的事情，应该是企业整体制造体系同步发展的结果。为此，在推动工业 4.0 的过程中，还必须把所有外部的合作伙伴都视为转型升级的具体对象，否则，就违反了我们多次提到的反对以局部改进为目标的设计规则，单个企业想要一花独放，从更广阔的供需链管理的业务架构和运维机制的设计需求出发，显然存在着结构上的、难以克服的先天障碍。

另外，在当今的互联网时代，共享经济和跨界合作的理念早已深入人心，亚马逊和阿里巴巴为中小企业和他们的客户搭建直接交易的电商平台和物流网络，实现了惊人的经济奇迹，就已经证明了跨界合作的优越性。最近，IBM也意识到自己的 SOA 和云计算等新技术概念的市场推广模式，多少有那么一点一厢情愿的嫌疑，因为，他们确实没有真正站在最终客户和合作伙伴的立场上考虑问题，这大概是他们又在推动战略转型的主要原因。总之，传统制造企业要实现工业 4.0，必须充分关注跨界合作模式的研究和实战思路，至少应在如下方面考虑企业整体商务模式的设计和实施问题。

1．为上游供应商搭建商务合作协同平台

要实现主机厂和供应商之间的跨界合作，绝对不能只站在主机厂的立场上考虑问题，而应更多地考虑如何才能更有效地提升供应商智能制造能力的问题，如何才能为供应商之间的资源合作和商务合作提供更高效的平台服务功能。主机厂和供应商之间应建立全方位的协同作业平台，以达到整体上提升协同能力的设计目标。

2．在开发合作伙伴之间搭建产品开发商务合作协同平台

传统制造企业如希望像青岛红领一样，逐渐提升相应客户个性化定制设计和制造能力，就要加强在产品开发层面的跨界合作能力，例如，与造型设计公司、专业零部件设计公司以及配套供应商等合作伙伴之间的快速设计商务合作平台，在这种平台上应具有加盟认证管理、合作伙伴之间的招投标管理、协同设计项目管理以及快速结算管理等业务的功能。这种专业分工的跨界合作，对于高效应用开发资源、并不断提升响应客户定制开发需求的开发能力，具有积极的作用。

3．构建为最终客户和营销合作伙伴提供个性化服务的云服务平台

对于如何全面改善客户关系管理，会想到构建企业级 CRM 平台的思路，

随着物联网技术、API 开放平台技术以及移动端技术的日益普及，将来企业为了拓展产品品牌推广渠道、改善客户体验并为广大客户和营销代理商提供更加多样化的服务，会考虑如何更好地和自由开发创客、技术咨询专家、对口政府服务机构、科技产业园以及各类商务合作伙伴之间展开跨界合作的方式，其中，由某个企业主导构建主题 API 服务平台，来满足这样的发展需求，也会逐渐成为主流。

总之，随着智能化技术的不断发展，各种跨界合作将变得越来越普及，合作共赢的整体性商务架构设计，将会成为企业未来生存必须加以研究的重要课题。

以上关于工业 4.0 的描述，并不只是对未来企业智能化的简单诠释，而是对企业基础建设达到某种高度时的能力特征的说明。因为，在企业业务架构的设计理论中，始终强调要首先明确业务架构的外在能力特征，才能展开有效的顶层设计。所以，工业 4.0 业务架构设计，应该具有较为彻底的去中间化管理特征，应该考虑面向创新管理的数据分析服务功能，应该强调能够自动去除非理性行为的机器人作业模式，以及应该关注能够充分体现跨界合作价值的开发方向。

1.4　构建一体化企业协同平台的五大工程

在 1.2 节中，曾经讨论了工业 3.0 的典型特征，其中，如何搭建具有持续改善企业智商和品格特点的业务架构，是企业走向工业 3.0 的核心内容。而在给出的业务架构示意图中，这种体化的协同平台是否具有及时向企业级的设计和运维机构提供低阶能力指标的信息，以及向企业经营决策机构及时提供一阶能力指标的信息，是保证该业务架构能否最终达到工业 3.0 标准的基本前提。在本节中，将介绍如何搭建这种一体化企业协同平台的具体内容。搭建符合工业 3.0 转型标准的一体化企业协同平台，必须经历如下五大工程的建设阶段，其中，任何一个阶段出现问题，都将给这一重大工程的如期竣工带来直接的负面影响。

1.4.1　夯实基础的"痛苦"阶段

在形成上述一体化企业协同平台的起步阶段，必然会遇到各种和基础管理对象相关的主数据管理问题，这是必须完成的第一个基础工程。例如，与产品 BOM 相关的数据管理问题，与工艺路线和生产资源相关的数据管理问题，又比如，与经销商、供应商以及管理组织代码变更相关的数据管理问题。这些基础数据对象就是业务管理的主要对象，习惯把这些数据对象称之为主数据。实际上，在建设 ERP 等大型系统时，要首先完成各种主数据的基础管理工作，需要研究确定各种与主数据定义有关的规则，需要研究确立与各种主数据的生成、变更乃至失效过程有关的管理方式等。但对于搭建关键业务的一体化企业协同平台而言，这里提到的主数据管理机制，还需要进一步研究如何确保主数据同步登录不同系统的方法，以确保不同系统中主数据的一致性。例如，在不同系统之间，通过建立设变管理协同流程，来确保 PDM 和 ERP 系统中 BOM 数据的一致性，实现逻辑上的超级 BOM，就是很多企业正在探索的课题。另外，还需要进一步研究如何通过对主数据过程管理状态的统计和分析，来提高业务过程管控能力的课题。例如，通过对主数据维护流程节点超期处理状态的统计和监控，以加快主数据处理流程的流转速率，并确保相关业务流程的正常运行。在具备各种基础条件后，还需要进一步研究如何通过采集和分析主数据管理状态的变化规律，以达到提高及时作出事务处理和管理决策能力的目标。例如，在完成 CRM 客户数据中心建设之后，如何利用可细分的客户数据来实现更精准、更及时的客户服务策略，便是其中非常典型的案例。

因此，建立主数据管理机制的直接作用，是为了确保 IECP 平台的正常运转，如主数据出现混乱，相当于指挥作战的军事地图上出现了很多的错误标识，必然会导致瞎指挥的严重后果。任何企业在建立 IECP 平台的过程中，必须花大力气解决这一难题。解决这一难题，企业可采取如下两种策略：

- 成立数据中心，确保在企业内部实现主数据的统一管理（统一定义、统一规则、统一发布、统一维护）；
- 建立主数据全生命周期的协同管理系统（通常称为 MDM 管理平台），确保通过各类主数据管理规则的系统化，实现彻底的规范化管理。

1.4.2 IECP 平台建设的起步阶段

建立一体化企业协同平台，这便是要完成的第二个基础工程。如何才能形成具有连通各关联子流程、且具有很强信息协同能力的 IECP 平台，导入具有一定系统整合能力的 ERP 系统，是否就意味着企业在供需链管理领域已经形成了 IECP 平台，结论是"不一定"。建立关键业务的 IECP 平台，绝不能仅仅从导入系统的表面迹象来判断，不仅应该从关键业务的所有关联子流程的实际连通程度来判断，还应该根据整个供需链的管理对象是否都已纳入了系统管理范围来判断。图 1-4 是一个相对完整的企业供需链的 IECP 平台示意图，该平台系统既考虑了全部生产性物料的协同管理流程，还包括了各种必要的非生产性物料的协同管理流程。这样的 ERP 系统是一个集成系统，如根据当前的系统技术水平来判断，它应该是一个由 DMS、MES、ERP 等多个单一系统整合而成的集成平台（也许还要整合备件管理系统和质量管理系统等）。目前，我国绝大多数中小企业应该利用上层中间件技术来构建真正的、自成一体的 IECP 平台，这样的时机已经到来。但是，基于单一系统的集成通常只能通过紧耦合的系统接口方式来实现，不具备灵活应对业务模式变更需求的能力，很难达到 IECP 平台建设的理想状态。所以，真正理想的 IECP 平台还必须克服系统开发和整合层面的技术瓶颈。在后面的章节中，将就此展开进一步深入的讨论。

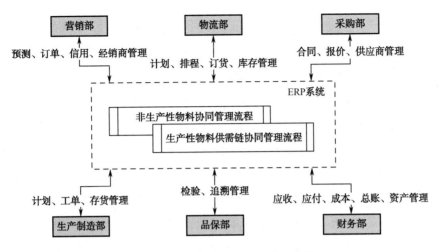

图 1-4 企业供需链 IECP 平台示意图

1.4.3 玩转数据流的磨合阶段

很多企业，在完成 ERP 系统建设后，便会自然而然地以为其供需链管理水平会得到很大的提高，但实际运行结果，不但没有在管理指标层面表现出任何改观，反倒是出现了很多影响系统完工的异常问题，导致财务处理迟滞和各类核算错误发生，这便是"搞 ERP 找死"的典型症状之一。发生这种现象的主要原因，主要体现在如下两个方面。

首先，是企业标准化作业基础薄弱。通过系统提升关键业务管理能力的本质，实际上是为了通过系统化的固化作用（机器人的作用），确保各类作业规范得到严格地执行。但是，如企业内部并未形成严格按规范作业的管理基础，很多作业节点本身并未建立严格的作业标准，在此基础上形成的 ERP 需求方案，必然在规范化方面存在先天不足。因此，ERP 系统一旦上线，必然会出现很多由于此类基础问题导致的混乱现象，因为上了系统后，一切都需要用及时、准确的数据来说明问题，否则，系统出现不如人愿的运行结果是在所难免的。

其次，是在企业内部没有形成必要的数据流协同处理机制。实际上，企业一旦构建完成高度集成的 ERP 或 CRM 系统以后，不但要确保原有实物流的正常流动，还增加了一条需要及时处理的数据流"生产线"。而且，与没有上系统前相比，在很多场合下，业务人员处理实物流业务时的灵活性和自由度将会受到很大限制，如业务人员培训不足，必然会出现很多由于作业不规范带来的数据异常现象。更何况，作业人员还必须按照系统作业的要求，及时处理各种数据流业务，而处理此类数据流业务需要在充分掌握业务规则和系统功能的前提下展开，且对于处理的及时性和规范性也有很高要求。因此，企业在构建完成 IECP 平台之后，如不及时建立处理此类数据流的协同管理机制，必将导致各种业务的混乱，这便是必须完成的第三个基础工程。

所谓建立 IECP 平台的数据流协同管理机制，就是要在企业内部形成处理数据流的业务流程和专业团队。如图 1-5 所示，这是一个我们设计并推行过的供需链 IECP 平台系统运维管理机制示意图。图中的数据流事件处理中心由专业的企业级协同管理人员负责，并建立必要的事件处理流程，负责跟踪处理各类异常数据处理事件，同时，针对业务人员在处理中提出的问题，能进行及时的答疑作业或在线培训。

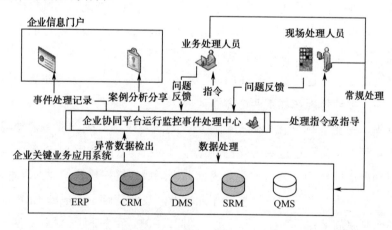

图 1-5　企业 IECP 平台数据流协同处理机制示意图（基于现实的设计）

建立这样的机制必须避免如下问题的发生：

- 没有为这样的企业级协同管理部门设立明确的发展目标，只是处理日常的流程异常事件；

- 授权不充分，这样的部门始终无法有效展开企业级的 BPR 活动；
- 在提升流程管理能力方面存在不同的主管部门，各自权责不清，相互推诿。

当然，还会有很多实际操作层面的问题，但以上问题，才是企业最终无法建立高度集中的顶层设计和运维管理机制的主要原因。在走向工业 3.0 的过程中，如在这方面无所作为，肯定影响企业整体推动转型升级的信心。

1.4.4 改造 "前三排" 的爬坡阶段

以上三个阶段都是打造 IECP 平台的基础工程，而且主要是为提升执行层作业能力而考虑的。根据前面提出的观点，现在来讨论如何提高管理层作业能力的问题，要 "迫使" 管理层全身心地进入面向客户的作业环境中来，就需要协同作业平台能够为其提供实时的流程执行和运行状态的各类信息服务，以确保管理层的领导真正能掌握各业务口的实际作业状态，从而能真正起到监督者、指导者和管理者的作用，这是需要推动完成的关键工程。在这个阶段，主要希望提高管理层对执行层作业标准化状态的掌控能力，以确保企业整体在现有的作业条件下，达到预定的业务目标。为此，主要应做好以下两件事。

1. 建立和及时维护各种量化评估用的评价标准

在企业的制造成本控制过程中，如想要发现任何异常，首先必须建立判断基准。例如，用于判断作业效率的标准工时、用于判断质量成本的单台材料标准损耗率、用于判断库存控制水平的最大库存数以及用于判断预算执行水平的计划预算数等各种评价标准。值得注意的是，在建立这些评价基准时，通常并不是一个简单的设定过程，而是一个根据历史数据以及企业的发展目标等因数，综合加以评估后作出的判断过程。另外，这些标准参数也绝不是一成不变的，需要随时根据管理改进的需要加以调整，因此，还应建立此类基准数据的变更管理机制，就如同管理各种主数据对象一样。例如，如果希望各生产成本中心能不断降低单台产品的质量损耗，就应逐年提高其控制的标准等。

2. 建立各种执行和运行异常监控手段的闭环对策机制

设定上述评价基准，是为了发现执行层面和流程运行层面的异常和问题。但如何根据这些基准数据进行运行监控并与问题对应，还需要建立相应的系统手段和管理机制。系统层面的对应需要利用数据整合技术，例如利用系统报表功能以及 BI 系统技术等。而要注意的是，不是这些技术层面的瓶颈，而是能否在企业内部建立真正有效的闭环对策机制的问题，即使通过技术统计和展现手段能够发现各种执行和运行层面的问题，能够量化评价各部门在执行标准时的实际表现，但最终能否利用这些数据来提升管理效益，重要的还是在于管理机制的有效性方面。这是一项得罪人的工程，没有良好的顶层设计和文化氛围，恐怕在推动此项工程建设时，会遇到各种非理性的干扰和阻碍。

总之，在工业 3.0 阶段，虽然，还不能完成彻底的管理层级的职能改造工程，但逐步建立这样的机制，就是要逐步将中间管理层逐渐转化为具有业务架构设计能力和 IECP 平台运维管理能力的专业化高级管理人员，而不再仅仅是编编计划、管管员工的行政主管领导。

1.4.5 整体蜕变的成熟阶段

如能顺利完成上一阶段的工程，就可以说，某项关键业务的 IECP 平台已基本构筑完成。剩下的主要是一些数据整合、数据服务设计和智能展现方面的课题，已进入了最后的冲刺阶段，只有进入这一阶段，所谓的 BI 技术、大数据技术才有可能得到充分地关注和实际的应用，经营层领导才有可能令人信服地展开属于他们自己的日常业务——经营决策活动。也就是说，进入这一阶段，就意味着应该开始启动 IECP 平台的最后封顶工程，可以开始向工业 3.0 标准的最终目标冲刺了。在这一阶段，主要需要解决的是如何利用数据统计分析技术来发现企业关键业务能力和市场需求之间的匹配性问题，并持续展开业务架构分析和优化设计活动。在这个阶段，管理创新将逐渐成为一项人人关注的主营业务之一，企业的市场生存能力将得到全面增强。

但是，企业要达到工业 4.0 的转型升级目标，又需要一个怎样的推进过程，对于这个问题，到此远不能给出准确的回答。但可以结合前面关于"工业 4.0 的联想空间"一节内容来展开讨论，因此，我们的初步回答，是将上述工业 4.0 的能力特征反映在企业的 IECP 平台的改进设计方案之中，就是推动工业 4.0 转型升级的第一步。对此，将在第 5 章深入讨论这方面的内容。

1.5　系统架构的优化方向

为了解决前面提到的流程断片问题，先来认识一些和 IECP 平台建设相关的系统技术概念。

1.5.1　系统整合的今与昔

系统整合的概念，在《自主变革的基石》一书中有较详细的描述，为了读者更好地理解，在这里稍作铺垫。这里的系统整合，实际上是一个与 IT 系统开发方式密切相关的技术概念。在传统的单一系统中，有各自独立的业务流和工作流，为了实现业务的协同，最常见的做法，就是通过开发专用的接口，将这些断开的业务流或工作流连通起来，这种连通方法，就是传统意义上的系统整合。通过接口实现单一系统的整合，是单一系统时代的必然选择。但随着各种中间件整合工具的相继问世，单一系统的整合技术可谓日新月异、今非昔比。在此，列举如下三个中间件技术概念来说明这一点，它们将在今后的智能化建设中发挥重要作用。

1. ESB 的中枢作用

企业服务总线 ESB，它是用来解决单一系统整合的基础架构问题的，在两化融合的发展历程中，企业一旦启用 ESB，就是该企业已经决定推动转型升级的一个重要标注。否则，根本就没有必要，因为，导入 ESB 本身并不会带来太大的效益。企业基于 ESB 构建智能化环境，是为了实现系统构建和系统整合的灵活性，是为了全面加快企业智能化建设的步伐。如果一位大企业的老总，想知道是否应该同意 CIO 导入 ESB 系统方案，那么，只要回答自己一个问题，企业是否真的已经决定要快速走向工业 3.0 和 4.0，如果是，就不要犹豫了。

2. 门户技术的实际作用

与 ESB 相比，中间件的门户功能更为实用，在系统整合中，它实际承担的是界面整合的任务，大型企业或集团企业的系统整合应该采用此类技术来解决多系统界面访问的效率问题。在今后按需配置业务管理层面的智能执行功能的年代，在门户中灵活配置界面的作用将得到更大发挥，或者说，在走向工业 4.0 的过程中，任何形式的系统开发工具，都必须具备 PORTAL 的基本功能，否则，无法做到随时按需配置不同角色的 IECP 平台，将不会有竞争优势。

3. BPM 出现的理由

要认识与协同管理技术相关的系统技术概念，首先要认识 BPM 这个概念。BPM 这一比较前卫的概念，从英文解释来看，和流程管理没什么区别。只是 BPM 这个词更多地用于 IT 技术领域，而且是当前 IT 领域热炒的概念之一。如从 IT 的视角来认识 BPM，它实际上是一种 IT 构造工具平台，IT 技术人员可利用它来快速、低成本地构建和管理各种业务流程系统。在这里，强调的是业务流程系统，而不只是流程系统。因为一些最先进的、具有真正 BPM 功能的流程整合工具平台，已经能够自由地配置具有完整业务系统功能的流程系统。可以把这种流程系统称之为协同平台，这是本书重点介绍的内容之一。最近，有一篇名为《BPM 的是与非》的博客文章，这篇文章对于 BPM 的本质以及 BPM 对于发展业务的深远影响，做出了非常准确地诠释。作者在文中这样写道："企业需要的是可直接将业务变成可执行流程的技术，需要由业务人员直接建立、管理和优化流程，…，BPM 工具必须彻头彻尾面向业务人员而不是 IT 人员",这样的理解是非常卓越的,令人敬佩。如 BPM 这个工具达到了面向业务人员的水平,BPM 和流程管理业务之间就有了非常紧密的联系,因为,在这种情况下,业务人员掌握工具的能力已经成为左右流程管理能力的重要因数。如果 BPM 仅仅是面向 IT 人员的工具,就很难说 BPM 和流程管理有什么具体关系。

从纯管理理论的视角来认识 BPM,通常认为,"BPM 是在企业内部建立起来的一种理念,是对企业的流程进行持续不断规范管理的过程",而且,"BPM 是一个持续性的活动,需要在企业内部建立管理机制"。所以,也可以把 BPM 看成是面向客户的端到端的流程管理。但一个概念不宜同时表达不同的事物,否则,容易引起误解。所以,在此应该做出必要的区分。应该把面向客户的端到端的流程管理看成是一项管理业务,或是一种管理模式。要提升某项业务的业务能力,有时非常需要系统技术的支持。为此,流程管理如能得到类似于 BPM 这样的工具平台的支持,从效率和执行控制能力等方面来说,是一件大好事,但并不是说,没有工具平台系统的支持,就不能很好地进行流程管理。要做好任何一项管理业务,最重要的是建立有效的作业流程和作业规则。所以,流程管理和 BPM 不是一回事。具有真正快速构建业务系统功能的 BPM 工具平台,肯定会在面向客户的流程管理业务中发挥巨大的作用。

以上列举了三个中间件技术的例子,说明了此类先进系统整合技术对于加速企业转型升级的重要作用,任何企业要走向工业 4.0,都必须掌握各类全新的系统整合技术。

1.5.2 从 BPM 走向 BSA

正如前面提到的那样,BPM 作为一种工具系统,必须达到业务人员可以充分利用的程度,否则,不足以对流程管理产生真正的推动作用。现在的 BPM 是否已经达到了这样的程度,暂时还不能有太多的奢望。必须注意到的是,在一些大公司的产品设计中,还远没有真正注入他们自己宣称的面向服务的理念,还没有达到可以让客户自主提供流程系统整合服务的水平。那么,这样的

BPM 工具平台到底还存在怎样的技术瓶颈，主要存在以下几个设计理念和设计方法上的缺陷。

1. 没有明确的客户定位意识

现在市场上流行的 BPM 工具平台，都是在一些 IT 开发实验室中诞生的作品，都是为了减少写代码的辛苦而得。但如果在设计时，没有考虑最终客户的实际利益和应用条件，怎么可能会被最终客户接受呢？当前需要解决流程整合或系统整合的企业主要有两大类，一是很多已经基本完成系统部署的大型企业，他们虽然有一些流程整合的课题，但他们大都习惯基于现有系统提供商的支持来实施整合改进项目，再加上一些 BPM 平台提供商有面对大企业随便喊高价的习惯，经过一两个实战案例之后，很多大企业自然会明智地远离这样的先进工具。二是很多中小企业，他们确实需要利用工具来灵活搭建一体化的协同平台，因为他们的业务随时需要变化和调整，但目前的 BPM 提供商压根就没有为中小企业考虑过，中小企业并不会接受这样昂贵却又不实用的工具平台。总之，设计的产品没有进行周密的市场定位分析，是不可能产生良好市场口碑的。

2. 只有工具意识，没有面向特定行业可组装的标准组件意识

第二个很明显的特征是只有通用功能配置的设计，如表单配置、流程建模配置、UI 配置等，却没有面向特定行业标准功能组件的开发和特定管理及配置环境的开发。举个通俗的例子，就是有人为管道工开发了一种昂贵、能够直接加工各种尺寸、各种规格管接头的先进设备，有哪个管道工会购买这样的先进玩意儿来施工，他们本来只需要简单的专用工具和现成的标准管接头就可以完成所有的业务。这里所说的标准功能组件就是那些管接头，而所谓管理和配置环境就是建立一种方便获取这些标准管接头的作业条件。

3. 只考虑技术的全面性，没有考虑应用的方便性和经济性

现有的 BPM 系统功能大都是为 IT 人员解压的一些设计，在技术架构层

面具有很多先进的设计，甚至在有些细节上达到了无微不至的程度，这也是 BPM 工具平台大都卖价不菲的原因所在。真正需要这种工具的中小企业，却并不需要这样精细、完备的高端工具，他们需要的是简单实用、而且非常便宜的工具平台。所以，如果没有站在客户的立场上进行设计，就会出现客户不买账的现象。

4. 没有帮助客户或合作伙伴自主成长的具体思路

这一点，说的是使用此类工具平台和管理咨询能力之间的关系，如果面对的是中小企业，它们不仅无法承受昂贵的平台费用，通常也无法承受此类高端工具提供商的咨询服务，因为，也很贵，有时甚至贵的离奇。如利用此类 BPM 工具平台和门户技术来构建一体化企业协同平台，需要很强的方案设计能力和实施组织能力，如何解决这方面的成本也是需要考虑的。

基于以上几点分析，当前的各种 BPM 工具平台，还很难成为企业普遍都适应的基础工具平台，也不可能成为制造企业在走向工业 3.0 过程中必须依赖的工具平台。基于这样的结论，在此为大家推荐一种全新的工具平台 BSA（Business System Assemble），这是重庆 IECP 合作开发联盟已经基本开发完成、正在全面推广的一种基础工具平台，关于这方面的详细情况，可登录 www.cqlianzhang.com 企业协同技术咨询平台，并浏览其中的相关文章，便可得到相对完整的答案。这种工具平台已基本解决了上述通用 BPM 的各种问题，为此，不妨把它理解为上层中间件。但在此讨论从 BPM 到 BSA 的原因，主要不是为了介绍什么新平台，而是表明一种观点，那就是中国的软件行业已经到了独立开发面向智能制造的全新工具平台的时候，既然，重庆的 IT 工程师能够在逐步掌握各类中间件技术的基础上，开发出类似 BSA 工具平台，我们就应该有信心，通过建立更能发挥分工合作优势以及有效共享知识成果的跨界合作方式，一定能够开发出自己的、能让广大企业真正获益的基础工具平台。

1.5.3 从系统集成走向 IECP

华为的 IT 专家有一个 7 反对原则，其中一条原则特别令人佩服，即"反对没有全局性改进价值的局部变革"。在专业化发展时代，早已习惯从局部开始优化流程的做法，有时甚至害怕发生具有 BPR 特征的某种全局性的变革。所以，必须意识到，所谓的 IECP 平台，一定是针对企业关键业务，旨在提升企业级协同作业能力的流程系统，必然具有全局性的改进价值。在介绍企业面向客户的端到端流程时，强调了这种流程的跨部门和跨平台的某些特性，但从流程系统化的角度，如何理解这种 IECP 平台和其他类型流程系统的区别呢？

先来认识一下 ERP 系统的业务流程，绝大多数 ERP 软件公司都会十分自信地说，ERP 系统中运行的业务流程是一种典型的端到端流程，而且会坚持说，ERP 系统是一种具有很强业务协同能力的集成系统。但容易造成困惑的问题在于 ERP 处理业务的方式上，熟悉 ERP 功能操作的业务人员都知道，ERP 系统中的各种操作必须经过非常严格的培训，必须既要充分理解业务流程，又要非常熟悉功能操作，方能正确无误地在系统中处理自己的业务。系统本身并不会自动告诉你现在需要处理哪些业务，更不会在业务出现迟滞或执行效率低下时，自动提醒相关人员进行业务处理。也就是说，即使是高度集成的 ERP 系统中的业务流程，在很大程度上需要依赖业务经验，需要依赖不同节点业务人员之间的自觉协作意识，流程的协同作业效果仍然处于一种不可控的状态。这里提出的 IECP 平台具有的优越性，可以称之为"一体化企业协同平台"，正是本书重点介绍的内容之一，在第 3 章"一体化协同平台技术的发展方向"中，将对这一概念及其应用特点进行全面和深入的探讨。下面，就其主要的市场应用作出说明。

对于很多已经经历过单一系统部署、并具有一定系统集成经历的大型企业来说，构建 IECP 平台，其本质就是利用门户、ESB、BPM，甚至 API 等集成工具，构建一种集各种系统资源为一体的信息协同中心系统。这种平台通常应具有如下特点，而且，在设计此类大型企业的 IECP 平台时，会考虑全面提升管理层和经营层决策能力的设计要素。

（1）一种按角色配置应用界面的门户系统，原有的单一系统将逐渐退居后台。

（2）一种具有跨平台连通业务流程和交互数据功能的集成系统，将全面应用各种中间件产品。

（3）必然要导入主数据管理（MDM）平台，彻底解决主数据的统一管理问题。

对于中小企业来说，所谓的 IECP 平台，应该是一个独立的、自成一体的应用平台，在这个平台中，同样能够按角色自由配置应用界面，并且，在这种平台上，能够根据企业不同的发展阶段，逐步按需配置各种实用的功能模块，也就是说，能够随着企业的发展而发展。因此，这样的 IECP 平台只能采用类似 BSA 的工具平台来部署。总之，可以给出这样的结论，在不远的将来，所有的应用系统都会朝着这样的方向发展，因为，这种系统平台的技术特征，能够满足企业转型升级的发展需要。

1.5.4　来自云服务平台的诱惑

最近，最为热门的系统技术概念，莫过于大数据的新思维和新概念，但制造业在推动企业管理转型的过程中，要达到采用大数据技术的境界，还需要经过非常痛苦的"万里长征"。因为，要真正达到利用大数据技术实现智能化的业务运行监控、过程分析、危机预警和战略决策的目标，需要构建真正面向客户的一体化企业协同平台，需要构建完整的企业主数据管理中心，需要完成面向不同角色、不同管理需求的数据模型分析，并完成 BI 信息门户的部署等。也可这样理解，如果把大数据比喻为数据的海洋，则它只能来自千万条潺潺细流，要实现企业的每一个数据对象的规范管理，都需要经过艰苦的努力，更何况要实现基于大数据分析的管理目标。但是，如果真正理解了企业提升协同管理能力的本质，确实应该充分重视大数据技术的发展动向，应该应用大数据分析技术相关的基础知识，这种技术的运用将在全面提高企业智商方面发挥极其关键的作用。

在这里，讨论一下制造企业如何实现互联网+的问题，这也是当今炒得最红火的概念。但是，没有必要把这一点搞得过于玄妙，乃至于玄之又玄，最后弄得大家都不知所云。实际上，互联网思维的出现，只是由于企业和市场的接触形式发生了变化而已，只是市场需求的表现形式发生了变化而已，只是获取客户信息和向客户提供服务的渠道和形式发生了变化而已，只是需要通过云平台和全新的数据处理技术来把握网络化世界的市场脉搏而已。因此，在流程整合以及数据整合方面的基本改进思路并不会就此失效。最近，有一些企业家正在通过自己的实战来诠释这一理念，他们有很多关于互联网思维的真知灼见。在此，通过对时下一些概念加以概括，可以在以下方面来认识互联网思维对于传统制造业的现实影响。

1. 企业需要通过互联网来加强与终端客户的互动关系

由于人们会渐渐适应在互联网上进行各类社会活动，如信息沟通、商业咨询、购买商品等，甚至诸如政党选举、法律诉讼和临床诊断等，都开始受到互联网技术的直接影响。似乎人类已经无法摆脱这种高效，但略显有点冷漠的虚拟社会活动形态。最明显的变化，莫过于已经 OUT 了的老同志，都开始玩网购、微博和微信。因此，各类市场经济活动形态已经不可避免地会融入互联网世界之中。为此，企业习惯的客户关系管理方式也必须做出相应的调整，方能适应这种虚拟化了的市场环境，如建立基于云平台的在线式虚拟销售渠道就是其中一个很典型的例子。最近出现的 API 开放平台，就是制造企业应该关注的全新方向之一。所谓开放的 API 平台，可以把它理解为一个面向具有共同客户的开发商和服务商的协同交易管理平台，可以在一个有序管理的虚拟平台上，向社会和特定的客户提供产品和各种形式的服务，而且彼此提供的产品或服务，具有互补和互助的意味。制造业为了加大与客户互动的广度和深度，应该考虑利用 API 技术，构建具有制造行业联盟特征的云服务平台。技术上与淘宝网没有太多的差别，唯一的区别，就是提供服务和管理这种服务的主体有所不同。

2. 企业需要利用云计算和大数据处理技术来掌握互联网市场的需求变化

如果能够利用互联网技术来实现与广大客户之间的互动，这种互动的结果，必然会带来海量数据处理的技术问题，就出现了云计算和大数据处理技术。但利用这些全新的系统技术，并不意味着传统制造企业需要放弃各种基础的业务管理模式，依然需要掌握市场需求的变化规律，依然需要快速响应这种需求的变化，虽然企业内部的协同平台并不会发生根本改变，但获取以及分析处理市场信息的工具必须加以升级，否则，可能会在不知不觉之中，被竞争对手远远地甩在身后。

3. 企业内部的组织机构和人才结构需要适应互联网市场的运作特点

面对互联网市场形态的变化，企业内部关键业务的协同平台并不会发生根本改变。但为了适应市场变化，企业内部的组织结构和人才结构应随之发生变化，至少，需要增加专业的面向这种虚拟市场的方案设计和数据分析的专业团队和专业人才。例如，在如何利用 APP、微信、API 等新媒体技术来加强客户服务能力时，就需要培养面向这些新媒体技术开发和应用管理的人才，在这点上，很多先进企业已经开始发力了。

不管如何理解以上这些新概念，都必须明白，任何企业都不应无视这些新技术的深刻影响，因为这些新技术的出现，不但会改变企业外部的市场环境，也必将影响企业内部的协同作业方式，也必将给企业级协同平台建设带来全新的挑战。

1.5.5 蓦然回首的感觉

对于企业流程连通技术以及信息协同技术的发展来说，各种单一系统开发的越多，就越容易产生令人意想不到的阻碍作用。虽然，不能说各种单一系统不会在提升企业管理能力方面发挥作用，但它们确实不是继续加以特别关注的发展方向。应该注意在系统整合方面各种新技术的发展动向，例如，应该全面理解 SOA 系统架构及其标准组件化的开发方式对于克服单一系统技术瓶颈的意义所在，应该采用中间件技术整合系统界面、整合数据应用和整合业务流程的方法。但系统技术的发展可谓日新月异，各种概念纷至沓来，令人目不暇接，甚至达到了国内 CIO 不得不驻足观望的程度，在系统技术的发展方向上，制造企业应做出怎样的抉择，综合当前系统技术的发展，企业如已决意加速推进管理转型，则应首先集中关注门户技术和上层中间件技术的发展动向。

关于门户技术，在《自主变革的基石》一书中也有详细描述，这里只是再次强调门户技术在协同作业中的作用。由于传统的单一系统界面不适合部署上述提到的具有跨平台运行特征的 IECP 平台，而企业信息门户恰恰就具有部署和展现各种集成服务的优越功能，所以，如企业决心通过不断强化 IECP 平台的开发和管理，来提升企业协同作业水平的话，就要把掌握企业门户信息技术作为首选的课题之一，如图 1-6 所示，企业信息门户不但具有提供集中展现数据服务、跨平台的协同流程服务和多系统访问服务等功能，而且它也是企业经营层、管理层和执行层之间的信息协同平台，也是企业和企业之间、企业和客户之间实现协同作业和信息共享的、不可或缺的协同平台。

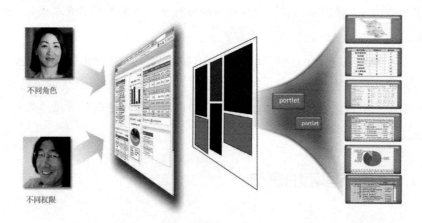

图 1-6　企业级信息协同平台示意图

但是，门户技术目前始终存在处理大数据能力不足的缺陷，尤其在门户上部署各种协同流程的场合，当并发处理的流程量很大时，以及数据处理量过大时，都会出现门户界面反映迟缓的现象。为此有必要加快研究和导入虚拟桌面技术和云计算技术，以尽快解决这一系统瓶颈问题。

如果说虚拟桌面技术和云计算技术具有改善系统环境的优点的话，上层中间件（如前面介绍的 BSA 平台）这一全新的系统工具平台，就具有自主、快速配置系统整合服务的能力，它不仅具备 BPM 的能力，同时也具备自主配置数据整合和界面整合服务的能力。随着上层中间件技术的日益成熟，在未来的企业中，企业可以利用这种工具系统，完全自主地按需配置各种实用的协同作业平台，将不再需要在信息系统应用开发方面持续地投入，而且，所谓的企业自主变革的敏捷化也有望得以实现（参见图 1-7）。在讨论各种有利于企业管理转型的技术要素时，将对此做出重点说明（参见第 3 章和第 6 章的相关内容）。"梦里寻她千百度，蓦然回首，她就在灯火阑珊处"，在企业加快走向工业 4.0 的发展过程中，上层中间件就是我们应该关注的"她"。

图 1-7　企业走向自主变革敏捷化的路线图

第2章　工业3.0企业能力指标体系研究

在第1章，较大篇幅描述了企业转型升级在不同发展阶段的不同特征，但是，加快管理转型，对于我国传统制造企业来说，已不再是一个概念，也不再是一个用来激励的目标，而是应该马上采取行动加以应对的重大课题。因此，从本章开始，就如何在传统制造企业内部推进管理转型、加速走向工业4.0的具体思路展开讨论。在面向工业3.0的企业管理转型的定义中，已经明确了企业管理转型的最终目标，就是要实现企业各专业模块之间的高度协同。这是因为任何管理改进和系统改进的目的，最终，都是为了提高企业整体的作业效率，而整体作业效率的提高，必然需要同时提高专业团队的作业能力和团队之间的协同能力。当前，我国大多数企业，已经基本走完了专业化管理的发展历程，需要开始把发展的眼光转向提升企业整体协同能力的方向上来。但是，协同能力到底是一种怎样的能力，在企业的各种作业形态中，协同能力是怎样体现的，应该怎样做，才能准确地评估和把握当前的协同作业能力，达到怎样的程度，企业管理机器的运行状态就已经基本达到了工业3.0的标准、甚至达到工业4.0的标准。在企业管理实践中，经常会产生类似的疑问，并逐渐形成自己的一些独立思考。但有一点，一直是非常明确的，那就是，长期以来，企业一直在提倡协同作业，但协同能力始终难以提升的真正原因，是因为企业没有意识到，高效协同不只是一个口号，不只是一种需要提高的意识，不只是一个通过教育和培训就可实现的目标，而是一项具体的管理业务，是一项旨在进一步提升各项企业级关键业务管理效益的具体能力。所以，也需要对此建立专业的管理机制，培养专业的意识，并掌握专业的管理技能和技术手段。在启动工业转型升级的顶层设计之前，应首先对如何提升企业协同能力的具体思路展开探讨，要达到所谓的"知其所以然"的目的。其中，如何认识、分析、评价以及构建企业关键业务的能力模型，应该成为首选的探讨内容，掌握这种能力，将成为今后进一步掌握企业业务架构设计方法的重要基础。

2.1　业务能力模型分析入门

　　企业关键业务模块的整体协同能力到底是一种怎样的能力，为了回答这个问题，先来分析一下，为什么著名的西班牙巴萨罗那俱乐部足球队能够获得那么多的荣誉，有些阅历尚浅的小球迷也许会说，是因为巴萨罗那有梅西、哈维、伊涅斯塔以及法布雷加斯等超级球星，但他们只说对了一小半，虽然应该承认，球员的个人能力确实非常重要，可以看成是我们一直在关注的专业能力，但这种集体运动项目比赛中的个人能力，只有在其他队员默契的配合下，才能更加突出地表现出来。实际上，如没有哈维的胸有成竹的中场组织，没有伊涅斯塔的来回穿插，球王梅西恐怕不会表现的如此出色。另外，如果教练没有把合适的球员放在合适的位置，并为他们量身定做一套合适的战术，恐怕这些球星的价值也会大打折扣。所以，制造企业如希望提升整体的协同能力，也应该更多地关注团队之间、平台之间的协作方式。问题出现了，巴萨的教练是根据什么来设计他们每场比赛的战术呢？很显然，他至少需要考虑每个球员的特点和状态，同时也要考虑竞争对手的特点，还要考虑将要应对的比赛，也就是要有所谓的战略层面的考量。经过综合分析后，才会最终确立一场比赛的具体战术，是主攻还是主守，采用哪些具体的套路，派上哪些球员应战等。实际上，这一过程就是一个设计过程，在完成彼此强弱项目的分析后，教练就会为球队制定扬长避短的战术。这里的"扬长"和"避短"所蕴含的内容，就是教练希望本队球员在比赛中应该表现出来的能力模型。企业在设计业务架构时，也要明确扬长和避短的目标项目，并将这些目标项目作为业务架构设计的重要因素。在企业发展的不同阶段，需要建立怎样的能力模型，这就是我们首先展开讨论的内容。

2.1.1　为什么要建立业务能力指标体系

在经历了长期的专业化洗礼之后，要在企业内部实现跨部门和跨平台之间的高效协同，是一件很不容易的事情，在这方面我们有过类似的痛苦经历。值得注意的是，这是一个已经被很多社会心理学家和哲学家反复证实的事实。在很多企业内部，由于缺乏企业级顶层设计的机制，对部门之间的协同能力要求并没有给出严格的定义，采用企业业务架构设计的专业术语来表达，就是没有制定可用于量化评价团队协同能力的能力指标。也就是说，企业并没有对提高这种整体协同能力提出具体的目标，并使之体现在具体的业务流程和作业标准之中。

在很多传统制造型企业内部，流程再造项目通常会以现有流程的某些能力指标不尽如人意为理由启动立项，当确认这样的理由时，又会发现立项依据缺乏数据支持，只是根据某些影响这些能力指标的表面现象做出的判断。如存在这样的现象，就需要回答一个新的问题，如何证明本次的 BPR 项目实施后，这些能力指标会取得实质性的进步。这是一个无解的怪圈，如何才能摆脱这样的怪圈呢？

大多数人对于现有流程执行和运行状态的判断，通常都是准确的，主动组织针对各种问题现象的改进活动也是具有实际价值的。虽然不具备量化评价现有流程能力指标的手段，但朝着正确的方向，努力提高流程的综合效益总不会是一件错事，这就好比我们坚持锻炼身体一样，也无法知道我们的锻炼，对我们身体指标的改善到底能产生多大的作用。为什么在推进企业管理转型，或推进某个 BPR 项目时，一定要提到企业流程的能力指标呢，而且总说，不关注能力指标就等于放弃管理改进目标呢，理由主要有以下两点。

1. 如果流程的能力指标无法量化评价，就会逐渐失去流程再造和优化的原动力

在学校，为了区别学生学习效果的好坏，必须通过考试成绩的高低来判断。如果没有这种依据考试成绩实施评价的机制，学生学习的自觉性一定会逐渐降低。所以，如果缺乏针对能力指标体系的分析和研究，就不可能客观、准确地评价各个业务模块的运行能力，而这一点，对于企业形成有效的能力管理机制、改善企业的创新氛围具有十分重要的影响。为此，企业对于关键业务流程的能力指标，必须给予高度的重视，即使暂时缺乏量化的评价手段，也一定要想方设法建立这样的评价手段。

2. 如果缺乏针对能力指标体系的分析和研究，就无法展开有针对性的业务架构设计

可以肯定的是，如果没有针对能力指标体系的分析和研究，就无法找到业务能力表现糟糕的具体原因，就像有经验的医生能够根据各种身体的症状，并根据其总结出来的诊断模型，精确定位病灶一样。建立业务流程的能力指标体系，也将帮助我们准确把握改进方向和具体的改善对象。还可以举一个非常形象的实例来说明这一点，如图 2-1 所示，如果要设计一个运算放大器，肯定要首先确定该放大器的外特性，如放大倍数、输入输出的内阻和频谱特性等，据此，才能设计出该运算放大器的内部电路结构，才能最终确定其中各个元器件的特性值。

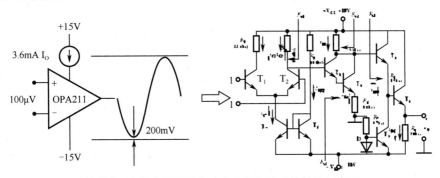

图 2-1　为什么需要首先确定业务模块外特性的示意图

因此，在企业全面推动管理转型的过程中，如果缺乏量化评价业务流程的能力指标体系，则应该采取如下策略。

（1）首先通过学习、分析或咨询，初步建立对象业务流程的能力指标体系。

（2）通过流程能力指标的 BO 分析和研究，确立每一项能力指标的数据采集对象和具体采集方法。

（3）如果缺乏系统化的支持，暂时不具备实时量化评价每一项能力指标的手段，至少应加强对该项业务运行状态的监控，并定时通过事后统计来分析现有业务的能力短板。

（4）如条件允许，应将实时监控某些关键能力指标的系统改进项目也纳入企业的管理改进规划之中。

总之，在推动企业管理转型的过程中，应始终围绕关键业务的能力模型展开各类分析、设计和运维管理活动，而且应始终保持一种不识庐山真面目绝不罢休的决心和持久作战意识。

2.1.2　何谓业务能力指标体系

当需要分析或设计企业某项关键业务的业务架构时，必须对业务过程及其管理对象（BO）进行仔细分析，首先需构建完成该项关键业务的能力模型（即能力指标体系），否则，业务架构或智能化协同平台的设计就会失去最重要的设计输入。但不能泛泛地把各种企业的经营性关键绩效指标等同于关键业务的能力指标，这两者之间存在着本质的不同，前者的主要用途是用于判断经营形势，或用于判断某个专业领域的总体运行状态，显然无法利用这样的 KPI 绩效数据来发现企业的经营能力短板以及明确主管的责任单位，例如，企业的利润指标、现金净流量指标、销售收入指标以及制造成本指标等。但能力指标则不同，它会明确指向主管责任单位和管理业务模块，例如，新产品年度利润增长率，这样的指标显然能够反映出开发团队的年度综合开发能力的发挥状态，虽然此类指标评价作用具有一年以上的滞后期。为了说明常见的经营 KPI 指标和业务能力指标的具体区别，用如图 2-2 所示的示意图来加以说明。很显然，销售收入这项经营指标，应该是反映整个企业能力状态的指标，绝不是营销部门单独可以负责的经营指标。但图中的新品投放时的客流增长率，则是营销部门应该承担的最大责任，因为这一指标的好坏，和营销部上市活动策划的水平是直接关联的，从图中可以看到，营销部门的工作还是做的不错的。最终来店的客户是否购买，则和该新商品的设计水准和制造水准密切相关，图中 2014年到 2016 年之间的新品利润占比指标一年不如一年，因此，可以断定，企业的产品开发和生产制造模块存在着能力不足的问题。在很多制造企业，大都会把销售收入指标的下降主要责任归咎于营销部门，确实很不公平。

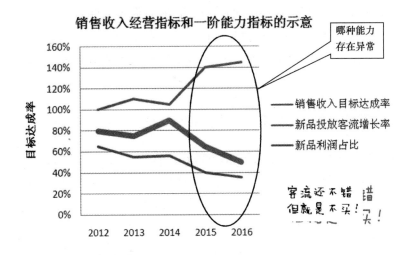

图 2-2　经营绩效指标和业务能力指标的区别

因此，所谓关键业务的能力指标体系，实际上，就相当于用放大倍数和内阻等外特性来描述运算放大器的设计特征一样，我们也要确定各种管理模块的外在能力特性项目，这些由多阶特性项目构成的指标组合，称之为能力指标体系。在为企业设计智能化协同平台时，如没有这样的能力指标体系，就无法针对业务模块构成、业务流程结构、系统架构和任职岗位配置方式等展开有效的设计活动。

2.1.3　业务能力指标体系的分析过程

为了分解经营压力,为了确保中高层管理人员能真正做到处处为企业的发展着想,需要充分研究各项关键业务的能力指标体系。对此,不能总是停留在应该做什么的阶段,必须马上开始讨论如何做的问题。很显然,设计的能力指标体系,必须符合公司的实际发展阶段,不能在企业还处于工业 1.0 的运行状态,就开始研讨如何实现工业 4.0 的问题。其次,在设计和部署企业的业务架构时,也不能完全无视企业自身的管理基础和资源投入能力。总之,企业如希望形成自主的顶层设计和运维管理能力,如希望通过自身的努力,来逐步推动企业的管理转型,则应该学习掌握如何确立各项关键业务能力指标的分析方法。

1. 学习掌握关键业务能力要素的抽象过程。

对于某项运动的运动员,优秀的教练都擅长针对性的设置训练计划,即能根据运动员自身的特点以及希望达到的训练目标,为运动员设置一套能弥补其能力短板效果的训练计划。但这个教练首先需要掌握的是该项运动需要哪些能力要素。例如,姚明的教练在训练姚明防守能力时,肯定已经通过教练组的共同研讨,掌握了所有篮球防守的基本能力项目,如弹跳高度、起跳时机、占位方式以及夹击方式等。与此同理,我们设计某项关键业务的能力指标时,也需要掌握该项目业务所需要的基本能力要素,图 2-3 是为确立整体营销部门的能力模型,曾经尝试过的业务过程分析示例。

从图中可以看到,这是根据制造企业客户体验的变化过程来分析自身营销管理能力模型的,是基于以客户为中心的管理理念展开的,这样分析得到的能力指标能够体现出前述工业 3.0 的典型特征。这是一个希望达成的客户体验的变化过程,从中就可以针对每一种客户体验的变化,抽象出具体的能力要素。例如,针对已经知道我们的产品、并已获取其联络方式的客户,我们应该展开如何才能使之具有购买意愿的各项管理活动的研究,为在线的客户应该提供怎样的引流服务，需要为曾经来店了解信息的客户提供怎样的主动关怀，应该怎样邀约，才有可能打动客户等。由此，我们就可逐步明确在这个阶段的关注重点。通过以上的分析，便可逐步明确需要建立怎样的能力指标，如在线潜客的引流成功率，潜客的主动关怀实施率，以及邀约成功率等。

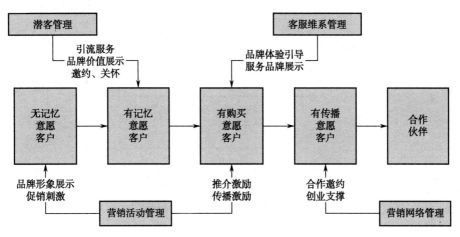

图 2-3 营销管理业务能力模型的分析过程

当然，也可根据企业已经设置的业务流程框架来抽象业务能力要素，图 2-4 是一个企业营销部门的营销管理能力分析示意图，这是根据主机厂营销部门的主观愿望设计的框架图。这里的分析思路，是如果希望企业流程的关键节点输出能达到理想的运行结果，那么，企业的流程应该具备怎样的能力要素，相关的系统平台需要怎样的功能特点，执行团队需要怎样的任职能力，这是一种很朴素的因果分析方法。但很多企业在分析时，可能会忘记模块之间的协同能力要素，很多业务部门的关键能力，往往需要得到上下游部门的鼎力支持才能有所成就。另外，还必须同时关注这一流程中"机器人"应该在哪些方面发挥作用的问题。

总之，无论采用怎样的分析思路，都应该通过必要的业务过程分析，清理一下对象业务的能力要素，并形成初步的业务能力模型。在很多情况下，可以采用针对客户（或用户）体验的过程分析方法来确定一阶能力指标，而通过对业务流程主要节点的输出期望状态来确定各种低阶能力指标。这是一般规律，无论大家采用怎样的方法，只要能找出符合实际的能力要素即可。

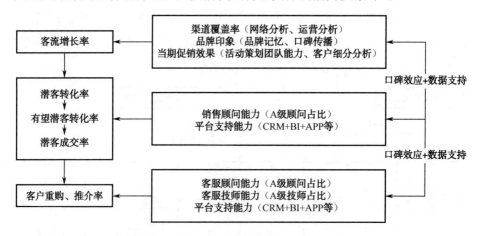

图 2-4　根据业务主流程分析能力模型的方法

2. 根据企业的能力发展目标，确定能力提升对象

业务能力模型并不完全等同于业务能力指标体系,之所以要建立业务能力指标,是为了确保业务团队能够清醒地知道,他们在努力完成常规业务的同时,还需要持续提升哪些方面的业务能力。在某个时期内,建立起明确的业务能力指标体系,也是企业完成业务架构改进设计的重要前提。简单地说,当企业决心推动企业管理转型,并准备展开一系列的管理改进活动时,就应在完成业务架构分析的基础上,明确现有业务的能力短板,并据此确定当前需要提高的业务能力。如上述营销业务的能力模型中,通过业务架构分析,认为潜客管理存在很大的问题,则应该对现有的关于潜客管理的能力模型进行针对性地分析,并完成该项业务的能力指标体系的重新修订, 图 2-5 是修订前后的示意图。

3. 根据企业的实际条件，最终确定关键业务的能力指标

在推动企业管理转型的过程中,不可能一口就吃成一个胖子,还需要根据企业的实际发展条件来确定最终的业务能力指标,主要包括两个方面,一种是在当前的条件下,需要"踮一下才能够得着"的能力目标(通常是重新修订后

的）；另一种就是当前现有的能力指标，但需要关注其执行能力状态，或需要进一步提升的能力对象。而对于那些虽然属于需要关注的发展方向，由于实施条件的限制，暂无法通过现有的流程加以控制的对象，可暂时不纳入能力指标体系。例如，对于上表中的各种在线支持经销商的项目，如企业暂时缺乏建立企业级 CRM 协同平台的能力，可暂时不予考虑。

图 2-5　营销管理能力指标修订的参考案例

总之，我国的传统制造企业要想加快企业管理转型的步伐，必须重新审视现有的关键业务绩效指标体系。真所谓纲举目张，不应该把已经习惯成自然的所谓 KPI 经营绩效体系，视为无法触碰的金科玉律。既然，我们的企业希望在国际舞台上实现弯道超车，就必须重新设立全新的目标，并据此开始学习掌握全新的业务架构设计和管理方法。

2.1.4　能力指标的多阶特性

为了进一步说明这种能力指标体系的作用，可以从如图 2-6 所示的示意图来加以理解。图 2-6 中，用了一个假想的火箭队和勇士队之间的赛季战绩分析的例子，从图中可以看到经营绩效和能力指标的区别。很显然，经营指标可用于形势判断，但不能用于定位能力短板的所在，而能力指标则能够指向具体的能力模块，能力指标的阶数越低，其责任主体越具体，对策的针对性也越强。

经营指标	一阶指标	二阶指标	三阶指标	加强姚明反应能力训练
季度战绩（3胜5败）	防守成功率 45%	平均盖帽率 25%	抢先起跳率	
			弹跳高度	
		断球次数	力量对比	
		篮板球	略	
	进攻成功率 59%	三分球得分率	略	
		突破得分率	略	
		传切得分率	略	
		罚球得分率	略	

图 2-6　经营指标和多阶能力指标的关系说明

制造企业在进行经营指标设计时，仅仅采用从财务、客户、内部流程以及安全 4 个维度来确立经营性 KPI 指标的方法，并不能达成有效分解经营压力和客观评价专业团队的设计目标。对此，可以看一看以下为营销部门设置的年度 KPI 指标的示例（这是一个真实的例子），看到这样的指标，营销部门的主管领导会因此而变得寝食难安吗？图 2-7 中的 SSI 和 CSI 似乎具有一定的压力分解效果，但这样的指标反映的是销售代理店或售后服务商的能力情况，是由第三方外包调查机构负责监控和发布的数据，营销部门会很容易的地找到各种用以推诿的理由。缺货率则完全是其他部门的指标，根本不用去担心。而一级网络和二级网络的拓展目标，主要和投入的资源有关，也根本不存在目标压力问题。部品销售收入的指标似乎很具体，其实不然，该部门领导会把这样的指标和整机产品的年度指标挂钩。因此，也不用担心找不到搪塞的借口。实际上，如果出现年度产品销售指标不好的情况，其他所有指标的责任部门都可把不好的原因归咎于这一顶级指标，而这一指标又恰恰是营销部门无法承担主要责任的管理对象，于是，面对这样的 KPI，营销部门的领导等于完全没有指标，他们一定会为此感到格外轻松。

2016年营销部关键绩效指标（KPI）						
维度	序号	关键指标项	关键指标值	1-11月实际数	评价周期	权重
财务	1	年度销售目标	批发： 零售：		月度	40%
	2	库销比	≤		月度	10%
	3	部品销售收入	亿元		月度	20%
客户	4	SSI	≥		月度	5%
	5	CSI	≥		月度	5%
内部 流程	6	一级网络			月度	10%
	7	二级网络			月度	5%
	8	缺货率			月度	5%

图 2-7　某企业下达的营销关键绩效指标的实例

　　为此，制造企业要推动企业管理转型，首先必须解决企业关键业务的能力指标体系的设计问题，原有的指标体系，如果缺乏能力管理的特征，则无论它是根据什么权威理论设计的，都是不适合企业发展的，至少它肯定不符合企业走向工业 3.0 的发展需要，应该重新设计。如图 2-8 所示，是某企业营销部门的业务能力指标体系，与前面的 KPI 指标作一比较，看看在压力分解效果方面是否有所不同。

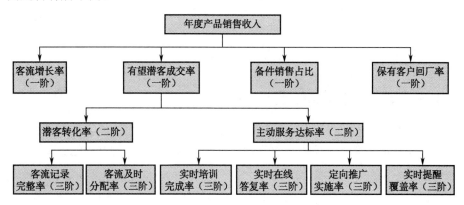

图 2-8　营销相关的能力指标体系的构建示例

先不要认为上图就是理想的能力模型，进行一次相对的比较即可。上图中的客流增长率显然是基于现有品牌基础设置的指标，因此，对于市场推进部门的精准营销活动的策划能力而言，是一个相对具体的要求。而为什么采用"有望潜客成交率"，而不是"潜客成交率"，因为客户从一般来店希望了解一点信息的潜客，发展为有购买意图的有望潜客的过程，不是店家的销售人员可以左右的，其主要的决定因数在于产品性价比本身，销售人员只需要热情、准确的完成产品介绍即可。但客户在完成产品的性价比的比较之后，如仍有购买意向，其最终是否购买，将主要取决于销售人员的销售能力。所以，为此设定的是主动服务达标率（内容说明略）这样的三阶指标。既然，二阶能力指标已经如此具体，以下的三阶指标当然就更加具体、更加与业务能力的发挥紧密相关。但虽然上表中有的指标是店家服务人员和内部管理部门共同努力的结果，有的是针对主机厂管理部门的具体行为，但不管怎样，主机厂家设置这些指标的目的，主要是为了规范自己的行为。

最后，来认识一下不同阶次能力指标的具体作用。从上图 2-8 可以看到，绩效指标只能判断某个关键业务的总体运行结果，无法指向主体责任单位。一阶能力指标则可以反映某个专业领域的总体能力的发挥情况，至少可以用来确定主体责任单位。二阶能力指标则能够进一步指向某个具体的业务模块，可以作为业务架构设计中的模块构成和流程结构设计的主要输入。三阶指标则完全是非常具体的作业能力指标，可以作为流程详细设计、系统支持和任职能力体系设计的具体依据。

2.1.5　能力指标的阶段特性

在讨论业务能力指标体系的分析过程时，已经提到，在最终确定能力指标时，应根据当前企业发展阶段的具体需要来确定。也就是，企业应遵循因形而循、平衡发展的理念。所以，大多数企业当前应根据工业 3.0 转型升级的能力发展目标来设计企业的业务能力指标，具体地说，就是要在设计能力指标时，除了要考虑企业当前必须维持的业务能力目标之外，还要同时将面向未来工业

4.0 的一些能力特征也考虑在内。基于这样的考虑，设计出来的能力指标模型，才能真正用于工业 3.0 的业务架构或 IECP 平台的顶层设计。

以上的介绍，是学习掌握制造企业管理机器设计方法的第一步。在第 4 章，将共同研讨 IECP 平台设计的设计要点，到时大家就会知道，我们在这里讨论的业务能力指标，在未来的 IECP 平台设计中将产生怎样的作用。也许读者在推动企业管理转型的过程中，并不会承担此类 IECP 平台顶层设计的责任，但只要充分研讨和掌握企业业务能力指标体系的相关理论，对于进一步提高业务管理能力，也一定会产生积极的促进作用。

2.2 主数据管理业务能力指标分析

在各种系统开发的经历中，最初认识到应该采用基于中间件 BPM 技术，来弥补单一系统的技术缺陷，就是从解决单一系统之间数据不一致的问题开始，随着时间的推移，如何利用 BPM 及数据整合技术来完善企业级的主数据协同管理平台（简称 MDM），并以此解决企业主数据管理问题的各种思路，也变得越来越清晰。企业推动管理转型的 5 大工程，为什么要先从搭建企业级的 MDM 平台以及构建企业级的管理机制开始，因为 MDM 是企业各种关键业务管理的基础，甚至可以说是基础中的基础。如经历过完整的 ERP 系统的实施过程，在设置和维护各种 ERP 系统的主数据方面，一定会留下一段不愉快的回忆。例如，关于不同级别经销商数据的定义、发布和系统维护，就是一件看起来容易，但做起来却很烦心的事情。又比如，与设定标准成本有关的工艺路线、费率标准，与生产执行有关的工单类别，与采购管理有关的供应商信息、物料采购价格信息等。这些主数据对象的初始数据和变更数据应该如何进入 ERP，确实是一个值得关注的课题。很多明智的企业在提升各种基础管理能力的中长期规划中，或者在构建 IECP 平台的过程中，都会首先从提高主数据管理的能力着手，如建立全配置 BOM、客户数据中心以及各种同步处理数据的协同流程等。主数据管理的基础不好，在开发和应用各种具有协同管理效果的 IECP 平台时，必然会面对数据不一致等数据问题带来的种种烦恼，甚至会直接影响 IECP 平台建设目标的实现。因此，在全面讨论关键业务能力指标体系之前，应该首先研究确立和构建 MDM 协同平台有关的能力指标体系。

2.2.1　主数据管理能力指标的定义特点

按照业务能力指标分析的一般规律，应该首先针对 MDM 协同管理平台的服务对象、即主数据使用方的应用体验过程展开分析。作为主数据的使用方，肯定希望实际应用的数据对象始终处于一种理想的管理状态，不会因为这些主数据的错误导致严重的管理损失，所以，可以采用如下的一阶能力指标来衡量主数据管理水平。

主数据错误次数年度下降率=当年发生次数-去年发生次数/当年发生次数×100%

虽然，这样的定义方法在一定程度上能够反映企业的主数据管理水准，但在实际管理过程中，假设主数据管理精度很高，上述指标也很好，但领导对此恐怕不会有任何感觉，他们也许会觉得这些都是理所当然的。如果发生了某种重大管理损耗事件，而且这样的损耗是由于数据管理问题导致的，领导也就不会等闲视之了。在人类的战争史上，因为情报数据错误造成的失败案例可谓数不胜数，其中严重的错误甚至可以影响到一个国家的命运。所以，如果要实现智能制造，要顺利完成企业转型升级的第一个基础工程，则应该建立能够引起经营层领导高度关注的主数据管理的能力指标。这样的指标必须能够准确地量化评价和主数据管理相关的管理损耗，否则，就不足以引起相关管理部门的高度重视。应该采用如下的一阶能力指标的定义方式。

主数据错误管理损耗率=当年的管理损耗-去年的管理损耗/当年的管理损耗×100%

如果比较上述两个指标的不同点，就会发现前者的管理难度小得多，因为只需要记录发生的次数，不需要对每一次发生的数据错误，就可以进行管理损耗的追究和量化评估。但后者，能够区分出不同性质的数据错误所导致的管理损耗的大小，有利于作出准确的管理改进决策。但如要实现这一点，必须把每一次主数据错误，都当成一次严重的质量事件来看待，就和车间针对每一次不良制造都要量化损耗一样。为此，需要建立相应的管理损耗评估和记录的作业流程。实际上，车间的零件加工不良事件，和很多主数据管理的失误所造成的重大损耗事件相比，完全是小巫见大巫。

主数据错误会造成如下各种重大的管理损耗。

（1）因物料错误造成需求计划、物流计划的计算错误、导致缺件，引起生产线停线等损耗。

（2）因变更切换控制失误，导致异常库存积压的管理损耗。

（3）因组织对象类主数据（部门、供应商、经销商等）维护错误，造成的各类流程失控事件。

（4）因客户主数据维护错误，造成的重大客户投诉事件。

（5）因缺乏价格控制，导致的材料成本占比异常的重大管理损耗事件。

（6）因无法实现不同系统中主数据的同步处理，难以实现集团层面的统一采购模式。

（7）因客户主数据采集能力薄弱，无法有效策划精准的营销活动。

（8）因缺乏配置 BOM 的快速处理能力，无法建立起快速应对客户个性化需求的市场应对能力。

其实，只要是主数据错误导致的管理损失，都会带来非常严重的后果，能够轻描淡写加以处理的案例几乎没有。但即使这样，我国传统制造企业对于主数据管理方面的轻视程度，仍然达到了令人不可思议的程度，因此，构建主数据管理的能力指标体系，建议采用上述容易引起大家警觉的、并能达到"避短"效果的能力指标体系。

2.2.2　重大管理损耗的真相

传统制造企业内部发生的管理损耗，很多是由于数据处理能力差造成的，这是一个不值得为之争论的问题，更值得关注的是，这些管理损耗事件到底是怎么发生的。在我们的实战经历中，曾经遇到过的各种由于主数据管理失误导致的管理损耗事件。如从客户体验的维度来加以思考，可以把造成管理损耗的数据错误分为三类，一是数据定义或设计错误，二是数据处理执行类错误，三是不同系统之间存在的数据一致性错误。其实第三类错误就是第一、二类错误在不同系统中的实际体现，为了便于有针对性选择对策，单独把它归为一类。

数据定义类错误最容易造成重大管理损失。举例来说，在产品开发部门向生产部门提交的 BOM 设计中，如存在 BOM 结构错误、代码错误以及关键属性错误的话，肯定会给下游的生产部门带来很大的管理损耗（延期、错装等）。在某个民营汽车企业，由于缺乏产品开发方面的标准化建设基础，在产品编码方面出现了很多不加深思、随意设置的问题，在真正要实现系统化管理时，才体会到这种产品主数据管理层面的混乱，会给企业的成长带来多大的负面影响，好在由于他们暂时还没有人关注其中的管理损耗，这种致命的错误没有导致某些直接责任者因此而丢掉饭碗的现象。

数据处理执行类错误包含不及时处理、操作错误、忘记处理等各种类型的错误，如果第一类错误属于立法类错误，第二类错误则属于执法层面的错误，在我们的印象中，此类错误有时也会造成重大的管理损失。例如，由于特殊订单处理延缓造成的大客户订单丢失的事件，设变处理不及时造成生产缺件性质的错误等。至于在维护过程中出现的各种操作错误就更是不胜枚举，例如，录入错误、发布对象选择错误以及覆盖不完整的错误等。还有一类非常特殊的错误，就是主数据状态和实际作业环境不相符合的错误，也就是系统层面的数据状态和实物管理状态的不一致，这通常是由于主数据发生变更时，与相关的部门没有完成相应业务操作有关，如设计变更通知发行后，需要完成图纸、工艺资料、品质检查标准以及物料采购等业务操作等。另外，由于存在不同的主数据应用系统和管理部门，当然也希望不同平台的数据对象及其管理属性应该始终是一致的，不会因为信息的不一致，造成各种业务协同失败的严重后果，这便是第三种主数据一致性的错误类型，这种错误发生的原因也是立法和执法上的问题，从这种错误发生的客观条件来看，上述的一致性问题主要是由于存在跨部门和跨平台的作业障碍。为此，在设计流程、制定作业标准以及设计管理系统时，也可以把它作为 MDM 平台设计的重要输入之一加以认识。

总之，主数据管理平台应体现出正确性、及时性以及一致性的管理特征，为此，应该采用如下三种指标作主数据管理业务的二阶能力指标。

定义错误损耗率（评价周期）=本期定义错误损耗–上期定义错误损耗/本期损耗×100%

执行错误损耗率（评价周期）=本期执行错误损耗–上期执行错误损耗/本期损耗×100%

一致性错误损耗率（评价周期）=本期一致性错误损耗–上期一致性错误损耗/本期损耗×100%

2.2.3　BO 定义的规范化

主数据的定义类错误，也可称为设计类错误，造成定义错误的原因，可以从如图 2-9 所示的 BO 对象管理过程来分析。在以上过程中，涉及管理对象命名、结构定义、属性分类确定、属性定义、关联对象确定以及关联对象定义的正确性或完整性，下面逐一加以说明。

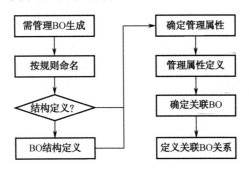

图 2-9　主数据定义类错误的分析示例

1. 管理对象命名的说明

所谓管理对象命名是主数据定义中最容易理解的，要管理某个具体对象，当然首先要给它取个名字,例如,对于各种生产性物料,要给它编代码和名称,便以识别、区分,以及沟通交流。但这样一个简单事情,如做得不好,也会发生重大的管理损耗。在很多缺乏自动编码、半自动命名以及编码唯一性校验等条件的企业,经常会发生各种命名类的错误,甚至导致业务执行错误等现象。企业要推动构建智能化的 IECP 平台,必须确保各类 BO 定义的准确性。

2. 管理对象结构定义的说明

在制造企业的各种管理对象中,很多 BO 都会涉及其结构定义的正确性,如产品、部件、工艺路线以及需要表达供应链关系的一级供应商等。如导入系统中的编码没错,但其结构是错的,自然会在以后的物料需求计划管理、采购管理以及其他各种生产管理环节发生重大的管理错误。因此,要建立各种防范此类错误发生的管理机制、规则和系统手段。

3. 属性定义完整性的说明

要管理好某个具体的 BO,通常会先确定要管理这个对象的哪些方面,就像人们管理自己的孩子,会关注他们德智体的各个方面一样。如要管理员工,人事部门会设定员工的基本属性和各类管理属性。当要管理生产性物料,也应通过不同的维度,建立一套描述物料的各种字段属性。总之,会首先关注管理对象属性的完整性,这方面的分析和设计越成熟,此后发生管理异常的事件就会越少。如果系统中缺乏某种属性,以后就无法对其展开有效的可视化管理。在管理设计 BOM 中的设计物料时,如缺乏色彩属性字段,就无法展开关于设计零部件的色彩指示管理工作。

4. 管理属性定义错误的说明

一旦确定了 BO 的属性范围,还应关注该物料属性定义的准确性。例如,希望在系统中管理代码相同但供应商不同的物料时,应该定义一个怎样的字段;又比如,希望管理物流过程中的成套组件,又应该定义一个怎样的字段。总之,在定义管理属性字段时,既要注意字段命名的准确性,以避免应用中的误会。

更重要的是要关注该字段的设置是否能够达到预期的管理效果，这方面的设计错误照例不会经常发生，但对于很多信息化建设还处于发展初期的企业来说，是常见的烦恼。如果不用机器人来帮忙，此类错误有可能产生严重的后果。

5. 确定关联 BO 的说明

这是最难说清楚的主数据定义类对象。在管理某个 BO 时，经常会发现这样一种现象，那就是随时需要关注与其关联的其他对象的状态。例如，管理设计零部件，需要随时找到这些零部件的图纸、标准以及试验参数等。当需要关注某个客户时，自然很想调阅有关客户的详细资料。而在分析某个产品是否具备 PPAP 批准条件时，也需要统计一下不同管理对象的资料收集进度情况等。在这里举一个非常通俗的例子来说明，你准备向你的情人求婚前，你应该想到，先了解一下未来的丈母娘和老丈人的情况。总之，为了管好某个主数据对象，应该研究一下与它密切相关的其他的管理对象有哪些，并将它们同时纳入管理视野。可以断言，设计的 MDM 平台，在这方面考虑的越周到，企业转型升级的第二个重要工程，即面向工业 3.0 的 IECP 平台建设过程，就一定会越顺利。

6. 关联 BO 关系定义的说明

这一点和上述确保管理属性定义正确性的道理一样。如果在系统中希望根据某个零件代码查阅该零件的 PPAP 资料提交进度时，发现统计表中存在很多明显的计算错误。仔细一查才发现，原来是在设计这一查询视图时，没有准确定义相关数据对象之间的逻辑关系。当企业开始关注采用数据整合技术、BI 展现技术以及大数据分析技术来提升管理能力时，一定要充分重视这一能力。

上面描述了主数据定义类错误相关的六个方面，现在可以作出如下归纳，这六个和 BO 定义规范性相关的业务能力，就是应该加以研究的主数据定义错误损耗率的三阶能力指标，可按如图 2-10 所示来分解。根据实战经验，此类和主数据定义相关的能力，对企业的信息化建设和精益管理水平的提高，具有直接、长期的影响。为了提高这样的能力，并希望在实际管理过程中，全面降低主数据对象定义类错误的管理损耗，必须做好这一能力指标的分解工作。

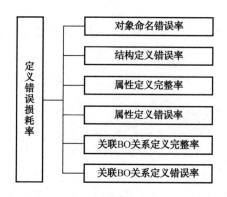

图 2-10　主数据定义错误损耗率的三阶能力指标分析

2.2.4　数据处理的执行力

主数据管理中的执行错误，可以说是主数据管理中最常见的一种异常现象。所谓执行错误，必然发生在主数据发布后的执行过程中，可以通过如图 2-11 所示流程图的分析，找出发生执行错误的各种类型，并由此完成主数据管理中的执行错误损耗率的能力模型分析。

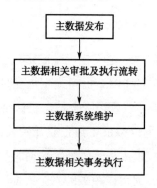

图 2-11　主数据执行类错误的分析过程示意图

图 2-11 的第一个发布节点，最容易发生的执行错误，是发布范围的不完整和发放对象的不准确，由此，有可能发生重大的管理失控现象。而审批和执行流转节点的主要问题是执行力的控制问题，根据经验，很多管理部门对于这

种基础数据维护的及时性，缺乏深刻的认识，一般都会在因处理延误导致重大管理损耗的事件后，才会有所警觉。当然，在将相关的属性或关联对象数据录入系统时，也有可能出现录入错误，例如，本来是个白色的零件，却输入了黑色的色彩代码，结果造成了"黑白不分"的管理后果。这方面的例子举不胜举，在传统制造企业经常会发生这样的实际案例。在最后一个节点，通常会根据主数据发布后的作业标准，进行相关业务的处理工作，例如收到设变通知后，生产车间会按设变指令安排物料切换事宜，质量部门则可能修改相关检查标准等。这一节点可能会发生的异常，主要是忘记现象和延迟处理现象，导致系统数据环境和实际作业环境不一致的现象。因此，执行错误损耗率的三阶能力指标应按图 2-12 所示设置。以下各种执行过程，如果全部交给普通管理人员来执行，很难保证整个过程不会发生错误。因此，此类操作应尽量交给机器来完成。例如，要确保主数据发布的准确性，可以让系统根据预先设置的发放范围进行自动发放。要确保流转作业的执行力符合要求，可在自动办公流程中设置进度监控和自动提醒功能等。总之，在防范执行类错误方面，应该相信执行力最强的机器人。

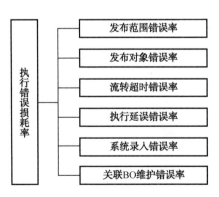

图 2-12　执行错误损耗率的三阶能力指标分析

另外，前面已经说过，还有一种一致性错误，而且，发生这种错误的原因，实际上是执行层面的错误，是由于在主数据定义的权限设置，以及多系统管理中出现的执行层面的问题，但此类错误对于企业提升管理能力（如集中采购、横向集成以及大数据分析等）方面具有重大的影响，从对策层面来看，也具有独特的思考维度，所以有必要把它单列出来加以管理。来看一下以下企业中常见的管理形态，这是一个不同业务部门根据同一设变通知，分别维护自己部门系统的例子，在该过程中，如果出现理解和操作层面的不一致，就会发生主数据不一致的现象。如果在主数据定义方面也各自为阵的话，就更加乱套。总之，如果只是根据自己的管理需要来定义主数据对象以及相关的规则和处理流程，肯定会发生不同部门之间的信息协同和业务协同的异常事件。这样的例子很多，如不同系统中物料代码发生不一致、DMS 系统和 CSC 系统中经销商信息的不一致等（参见图 2-13）。还有一种很特殊的主数据不一致的现象，在制造企业存在一些管理对象虽然已经处于废止或无效状态（如已经不再生产的产品或零部件），但仍需要在系统中加以保留，因为，一些老客户还在使用，也许还要为他们提供备件。此时的数据处理也需要建立相应的规则和处置方法，否则就会出现管理上的失误。

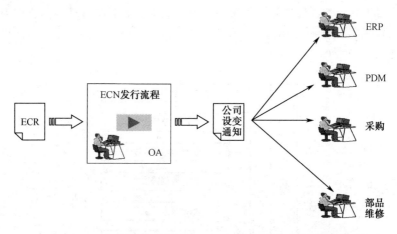

图 2-13　多系统发生主数据不一致的原因分析示意图

　　至此，应该明白，关于一致性错误损耗率的三阶能力指标应该按如图 2-14 所示设置。解决此类主数据不一致现象的主要思路有两个，一是建立统一的主数据管理机制，如成立数据中心、建立企业级主数据处理规范和流程等；二是构建跨系统的主数据同步处理系统，如构建超级 BOM，或建立跨平台的主数据协同处理流程系统。

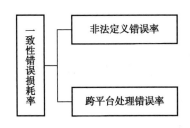

图 2-14　一致性错误损耗率的三阶能力指标分析

2.2.5　主数据管理能力指标体系的总结

以上通过不同维度的分析，已经基本形成了传统制造企业主数据管理这一基础管理业务的能力指标体系，参见图 2-15。这些能力指标体系只是我们的总结，也许还存在认识上的盲区和错误，上述的分析基础是以工业 3.0 标准为目标展开的，希望通过建立达到工业 3.0 标准的主数据管理业务模块的能力指标体系，为以后设计和部署企业级主数据管理协同平台奠定坚实的基础。值得在此强调的要点是主数据管理的准确性、及时性和一致性，虽然这样的能力指标似乎只和一些基础工作相关，但却是企业转型升级无法回避的重大课题。在这方面如缺乏专业的研究、专业的系统和专业的管理机制，任何企业都不可能走向工业 3.0，更别说工业 4.0。

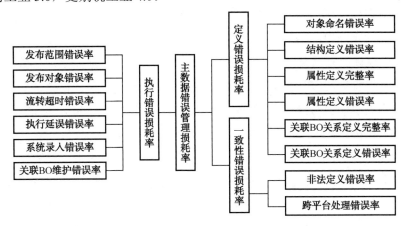

图 2-15　主数据管理能力指标体系示意图

2.3 产品开发业务能力指标分析

在之前 30 年的改革开放过程中，必须承认这样一个事实，我们的工业发展在很大程度上靠的是拿来主义的便利，也就是说，只是通过巨大的市场需求以及人力资本低廉的吸引力，轻松地获取了历次工业革命的成果。当今中国内外环境已经发生了很大变化，不能再假设这些吸引力依然是外甥打灯笼——照旧，我们需要逐渐建立起独自开发产品、独自拓展市场的能力，否则，我们制造业的中国梦将会遥遥无期。提升企业产品开发能力，并不像提升企业制造能力那样，只要愿意投入资源，便可迅速接近国际先进水平。要在产品开发能力层面实现弯道超车的目标，不但需要不断学习、实践和总结，而且，必须在企业内部形成具有激发创意、鼓励试错、尊重知识以及提倡竞争的作业环境。在企业不断成长的过程中，随着市场需求的不断变化，市场竞争的日趋激烈，我国传统制造企业对产品开发能力的要求也将越来越高。特别是在激烈的国际市场的竞争中，会越来越强地感受到这种能力对企业生存的重要性，其中，敏锐地捕捉市场的需求、及时完成新产品创意、加快推进立项以及有效控制产品开发周期等课题，应该成为企业转型升级过程中的重要攻关方向。

产品开发能力，是产品开发团队的综合能力，除了不断提升开发团队的创意能力、设计能力以及设计验证等综合能力以外，并无任何捷径。因此，在设计产品开发管理的 IECP 平台之前，应该先确立能够衡量和评价整个开发团队实际能力表现的能力指标，能够真正将企业的经营压力有效分解到开发团队身上的能力指标。对此，应该把"新产品利润增长率"和"保有产品客户满意度"这样的能力指标，作为考核企业产品开发团队的一阶能力指标。前者反映的是企业在新产品开发方面的综合能力，后者则是关注企业在现有产品持续改进方面的能力表现。注意，这里所说的新产品利润一定是相对于年度产品开发成本而言的，并非只是一个绝对数。也就是说，始终应该把企业的产品开发团队视为一个独立的核算单位，才有可能设计出具有激发团队潜力的业务架构和评价机制。当然，企业针对开发团队的考核方式也不应该简单地按财务周期设置，而应该根据企业产品开发的特定规律（如有规律的开发周期等）来设置。

我们曾经在一个国营企业的内燃机研究所工作过，也曾在一个合资企业的开发中心长期负责技术管理工作，故对于我国传统制造企业在产品开发方面的保守、迟钝现象，有一段极其深刻的记忆。首先，我国传统制造企业的开发部门可以说是一个受传统专业化管理影响最深的部门，虽然，其本质应该是一个思维自由、行动奔放的创新型单元，但实际却往往显得比其他部门更循规蹈矩，为什么会这样，我们在很长时间内不得其解，很是困惑。其实，其真实的原因仍然在业务架构的设计层面，在知识分子扎堆的部门，如果开发管理的业务架构设计，不以客户体验为导向、不以激发创意为中心、不以知识管理为重点、不以能力大小论英雄，这些聪明绝顶的家伙自然只好把智慧放在如何玩公关和磨洋工上，这大概就是产品开发部门反倒显得更保守、更加难以推动管理改进的真正原因。

2.3.1 新产品开发的创意来源

先来说说在传统制造企业的转型升级过程中如何提升新产品开发能力的问题，图 2-16 是用于分析产品开发过程的示意图，从中可以看到，产品开发能力主要体现在产品开发团队的创新能力和开发团队的开发过程控制能力两个方面，因此，应该把新产品利润增长率这一能力指标分解为两个二阶能力指标，即产品开发 KC 积分增长率和新产品开发周期。产品开发周期比较好理解，它代表着开发团队控制开发项目进程的能力，而产品开发 KC 积分增长率，则是一个需要略加解释的概念。

何谓 KC 积分，如果关注企业的知识管理，也许知道其定义，KC 是 Knowledge Contribution 一词的缩略语，即知识贡献的意识。KC 积分可用于衡量员工在产品开发和产品改进过程中的知识贡献大小，通常关注产品创新能力的企业会建立以其为对象的知识管理机制。开发部门的 KC 积分如逐年同比增长，即意味着其开发团队的创新意愿和创新能力正在不断得到提升。为了达到客观、公正的评价效果，需要对此建立一套严谨的评价标准。总之，要在产品开发部门形成良性的竞争氛围，必须针对开发人员和开发团队知识贡献，建立一套客观、透明的量化评价机制。如果没有这样的机制，就不可能激发出开发部门内在的创新潜力，没有这样的机制，则滥竽充数也很好过，天长日久，开发部门一定会变成一个专制横行、贤达寒心的地方。

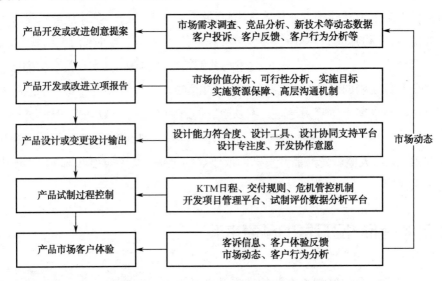

图 2-16　产品开发能力指标分析过程示意图

有了上述产品开发 KC 积分增长率，便可对整个开发部门的创新能力加以评价。在制造企业，产品开发创意能力还应进一步分解为商品策划创意、产品概念设计和立项推进三方面的能力。商品策划能力需要掌握市场需求变化，需要掌握竞品动态，还需要随时把握产品技术的发展方向。产品概念设计能力则是基于商品策划的研究成果，进一步在概念描述、产品造型和功能定位等方面展开的创意活动。立项推进则是在上述研究的基础上，最后需要完成的产品开发可行性分析、开发资源调配方案以及立项启动活动组织等方面的分析研究和组织工作。如企业的产品开发在这三方面都能持续进步，企业的新产品创意一定会呈现出"源源不断"的景象。

2.3.2 开发周期控制的管理基础

在产品开发管理的业务架构设计中，如要体现出工业 3.0 的典型特征，就必须确保产品开发流程具有横跨企业所有相关领域的一体化协同作业特征，为此，需要完成产品开发管理的 IECP 平台的开发和部署，并建立完善的过程监控机制和手段。在控制开发周期这一关键的二阶能力指标方面，尤其需要关注这方面的设计要素。因此，至少应设置开发进度控制达标率这一三阶能力指标，开发进度控制达标率的设置，是为了不断提高产品开发周期这一关键能力指标。要确保这一能力指标得到不断提高，需要把整个产品开发流程关键节点的控制标准和实际的交付动作视为管理对象，并加以精准的数字化处理，否则，就无法达到工业 3.0 业务架构典型特征中的过程控制数字化的标准。因此，在利用这一三阶能力指标展开流程设计之前，可以先参考如图 2-17 所示的能力模型分解示意图。在开发协同规范、开发运行监控以及对策实施等方面，进一步展开各种基础能力要素的分析，为以后将要展开的业务架构设计，提供完整的 BO 分析基础。

图 2-17 开发进度控制达标率的 BO 分析示意图

2.3.3 知识管理和能力管理

在技术管理中，要关注如何才能持续提升开发人员的开发能力和开发意愿的问题，这两方面都不能单靠所谓领导的个人魅力和领导能力，而应在开发管理机制中充分考虑以人为本的设计要素。因此，为了确保产品开发周期达到既定目标，必须设置开发人员任职能力提升率这样的三阶能力指标，并展开进一步的 BO 分析，如图 2-18 所示，以确保开发团队能够在开发能力和开发意愿两方面都处于值得信任的状态。在以后的 IECP 平台设计中，如何体现这些管理要素，请参考第 4 章的相关内容。

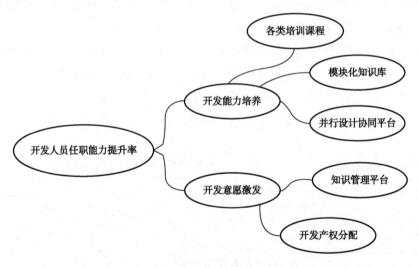

图 2-18　开发人员任职能力提升率的 BO 分析示意图

2.3.4 个性化定制的基础工程

通过前面不同场景下对于工业 3.0 特征的描述，应该对工业 3.0 标准有比较直观地理解，工业 3.0 标准不仅应具备当今数字化工业革命的各种技术特征，还应具备处处以客户为中心、处处以能力提升为重点的流程设计要素，否则，就无法为进一步的智能化制造和智能化设计打下坚实基础。在走向工业 3.0 的过程中，传统制造企业应该注意面向客户个性化定制的市场应对能力，否则，企业的市场拓展必然会越来越受到某种制约，而这种制约正是由于自身开发能力结构中的某种缺陷导致的。随着互联网+的日益普及，企业直接面对客户的渠道必将呈现多样化趋势，客户的个性化需求也必将成为企业产品开发的主要方向。

在面向客户的个性化定制方面，企业不同的发展阶段会表现出不同的应对能力，图 2-19 是企业不同阶段的能力特征示意图。在当前阶段，首先应能够建立基本的面向特定客户的定制化设计、制造的管理能力，很多企业目前也都在改进特殊订单管理机制。

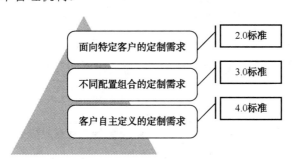

图 2-19　不同发展阶段个性化定制设计能力的示意图

如企业希望进一步扩大个性化定制能力，则要为客户提供更多可选择的个性化配置，为此，开发部门应在如图 2-20 所示方面逐步形成快速应对能力。

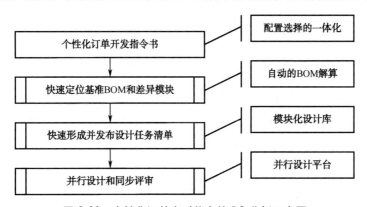

图 2-20　个性化订单应对能力的 BO 分析示意图

至于这方面的业务能力是否应该也设置诸如"个性化订单及时供货率"的能力指标，读者不妨对此斟酌一番。

2.3.5　产品开发能力指标的阶段性研究

前面讨论了与产品开发管理相关的能力指标体系，产品开发模块可以说是企业转型升级应该首先考虑的变革目标，但又是一个最难推动、最需要时间的变革目标。因为，产品开发能力需要持续的内生创新动力，故业务架构设计中的创新要素也是最多的，我们初步归纳的能力指标体系如图 2-21 所示，也许适合那些已基本完成专业化管理体系建设、而且在主数据管理以及信息化建设方面达到较高水平的企业。这里的内容只是为了抛砖引玉，可以参照这样的思路，尝试着设置企业面向工业 3.0 转型目标的新产品开发的能力指标体系。

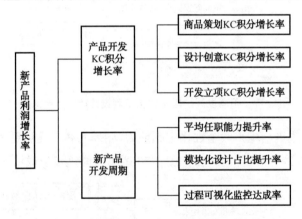

图 2-21　新产品开发能力指标体系构建示例

必须强调的是，任何指标体系都会带有阶段性特点，虽然必须坚持设立能力指标体系，以便业务架构设计始终具有针对性和目标性，但应该根据当前实际的条件来分析和设计。例如，如果企业在主数据管理方面尚未完成基础建设，就不宜立即考虑构建具有个性化配置设计能力的产品开发体系；如果企业对知识管理还完全没有概念，就不宜马上构建基于 KC 积分标准的能力管理体系。

很多企业把项目管理中的关键节点及时完成率和当年完成多少个产品开发项目等当期的绩效目标作为年度考核目标，这没有什么不好，但必须清楚的是，关注当期能力发挥的结果，与关注整个企业开发能力的持续提升不是一回事。

2.4 营销管理业务能力指标体系研究

在企业业务架构分析和设计过程中，必须把企业关键业务所需实现的业务能力目标作为分析和设计的重要依据。所以，在设计企业级营销协同管理平台时，同样应该考虑这一平台的能力模型。我国大多数制造企业在走向工业 4.0的过程中，首先必须建立以客户为中心的一体化企业协同管理平台，也就是说首先要完成具有工业 3.0 特征的业务架构设计，以及这种企业级架构运维机制的建立。因此，对于企业的营销部门来说，要建立主要以客户关系管理为主的一体化企业协同平台。当今相对成熟的行业实践告诉我们，企业的客户关系管理要达到相对敏捷、精准的管理效果，首先要构建 360 度的客户视图，充分掌握不同接触点、不同阶段的客户需求、客户体验和客户状态信息，以确保能够实时、主动、精准地为客户提供相应的服务。不管企业在当前阶段采用的是怎样的营销策略，如果企业决意推动转型升级，都必须首先建立符合转型升级目标的业务能力指标体系。

2.4.1 营销管理的四大能力指标

根据前面介绍的基本方法，在分析营销部门的业务能力模型时，应该针对客户的体验过程来展开。当需要进一步分解能力指标时，也可针对现有的营销业务流程和作业模式展开分析。为此，可以参考如图 2-22 所示示意图，从中对每一个与客户接触的场景进行分析，便可得出以下基本结论。

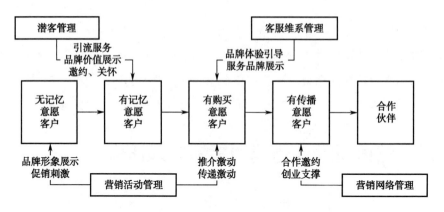

图 2-22 营销管理能力指标模型分析示意图

1. 与营销活动策划能力相关的能力指标

从图 2-22 中可以看到，把很多不知道产品品牌的客户转化为了解品牌的客户，需要展开一系列的营销活动，如做广告、做上市品牌推广活动等。但此类活动效果如何评价，应该根据不同渠道的客流增加程度来判断。所以，可以采用周期内的"平均客流增加率"来评价。但如何获取确能反映营销活动效果的客户数据，并不是一件容易事。如果再仔细地推敲，当在营销渠道方面有所拓展，如在某地区新增销售店面、部署特色虚拟网店等，也具有吸引客流、扩大品牌影响的效果。另外，还有一个对客流有潜在影响的因数，就是保有客户的推介作用和重购意愿。

2. 与潜客和商机管理相关的能力指标

当客流出现在不同渠道，便进入了潜客与商机管理阶段，在这一阶段是销售团队发挥能力的关键阶段。一般说来，如果客户在这一过程中得到的销售服务体验不令人满意，这些客户只是作为客流数据被记录下来。如果服务过程令人满意，通常会出现以下的效果：

- 客户愿意留下姓名和联络方式（成为潜客）；
- 客户对产品品牌变得越来越有兴趣（成为有望潜客）；
- 客户已有采购意愿，但谨慎的客户会提出更加具体、苛刻的服务要求

（等待主动服务的客户）；

● 客户付诸采购行为（成交客户）。

从以上过程中，可以很容易确定一阶能力指标是最终的潜客成交率，但从客户关系的全生命周期管理的维度来看，让普通客流变成有名有姓，可以事后跟踪服务的潜客信息，具有非常重大的意义，从此以后，可以针对这些虽然没有购买的潜客展开有针对性的分析、跟踪和主动服务活动，而且，也是全生命周期客户关系管理活动的起点。因此，很多场合，也可把潜客转化率作为一阶能力指标。为了确保营销模块能力模型的合理表达，应该把它作为二阶能力指标使用。

3．与客服维系管理相关的能力指标

当客户成为保有客户，下一个精准营销的目标，就是要把他们转化为忠诚客户，最佳的状态是使他们能够成为这次购买产品的重购者，其次，是能够成为企业产品的推介者，进而，希望他们能够对产品留下基本正面的印象。最起码，要确保他们不会主动说产品的坏话，不成为具有很强杀伤力的反面宣传员。因此，这一阶段最常见的一阶能力指标应该是客户重购率和客户推介率。当然，如果企业具有很强的实力，能够引入可信的第三方评估机构，也可将客户服务满意度作为该阶段的一阶能力指标，但客服满意度应该是支撑客户重购和推介率的二阶能力指标。

4．客户合作伙伴转化率

现代营销管理的最高境界，就是如何巧妙地通过跨界合作，将所有可能转化为营销渠道的资源都充分地利用起来，其中，最为直接的资源就是那些具有较高忠诚度、并具有一定运作能力的客户。如果在营销管理中，具有这样的意识和具体的策略，很有可能产生令人意想不到的营销效果。通俗地说，就是如何做，才能使更多的、了解企业产品的客户成为合作伙伴，不管这种合作达到怎样的紧密程度。

以上分析，初步确定了营销部门的一阶能力指标，但并不是说，上述能力

指标的分析具有普遍意义。不同性质的企业、不同发展阶段的企业，应该设置不同的能力模型，以上的分析只是一个示例而已。可以将以上的分析汇总，如图 2-23 所示。

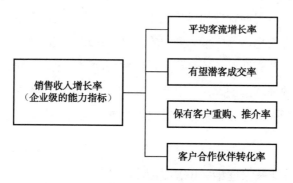

图 2-23　营销管理一阶能力指标分析示意图

2.4.2　营销活动精准化的基本要素

营销管理是一个需要投入大量资源的模块，也是一个很难评估其策划效果的管理模块，因此，企业必须充分掌握每一个一阶能力指标的能力模型，并构建与之相适应的业务架构，否则，它有可能成为企业管理损耗最大的一个业务模块。平均客流的增长主要有三个原因，一是各种形式的营销活动，如广告、上市活动和优惠促销等；二是各种直接面向客户销售产品的有效销售渠道的设置，尤其是互联网营销模式的多样化，更是企业应该充分关注的、吸引客流的重要渠道；三是来自保有客户的推介，也就是所谓通过亲朋好友的介绍，闻名而来的客流。平均客流增长率这一指标，可分解为三个二阶能力指标，如图 2-24 所示。虽然，这三个原因的纬度各不相同，但它们都和营销活动策划的精准化要求有着密切关联。这里主要介绍更典型的营销活动效果达标率和网络渠道有效拓展率。

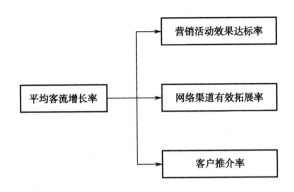

图 2-24　平均客流增长率的二阶能力指标分析示意图

在各种营销活动策划过程中，要确保营销活动主题策划的针对性和有效性，需要做好以下几点。

（1）主题设计基础数据的完整性

要确保营销活动主题策划能达到预期效果，最重要的能力要素是策划主题本身的设计水准，一个好的主题设计，应该包含主题的一致性，实施区域的符合性以及营销对象定位的准确性。但这三方面的能力都需要依据大量的数据和数据分析能力，也就是说，不能根据假设完成营销活动的主题和方案设计。但很多企业在这方面还存在很大的认知误区。可以用一个通俗的例子来说明这一点，假设你要给你暗恋的对象一个惊喜，但你却完全不顾对方的喜好，只是根据自己的喜好来设计方案的话，那么你的所有投资不但有可能打水漂，还有可能导致你的心上人从此对你失去兴趣。

（2）主题活动渠道覆盖率

要确保最终的营销活动产生较大的客流，应尽可能拓展其覆盖范围，如何定义这种营销活动的覆盖范围，必须有一个清晰的定义。这一能力指标实际上在设计方案时就已经确定，之所以要设定这样的指标，就是为了确保在设计各种营销活动时，必须考虑这一要素。

（3）策划活动按时完成率

这一能力比较好理解，就是所有策划的活动都有时间上的考虑，有些活动对于及时性的要求具有决定性的影响。这和打仗的道理相似，如果企业缺乏按照既定营销活动计划及时实施的话,自然会对营销活动的最终效果产生不良影响。在很多大型企业,由于内部官僚机构多,且缺乏面向市场的敏捷机制,导致贻误战机的失败案例屡见不鲜。

另外,网络渠道有效拓展也应该作为营销活动策划业务来加以认识,因为,策划网络渠道也需要关注数据统计能力,也需要关注策划的实际效果。注意该能力指标中的"有效"两个字,就是要关注所有已经建立的销售渠道的有效性,有些渠道虽然建立了,但却由于存在策划和设计上的先天缺陷,导致其本身经营困难、无法维系的状态。怎样的网络渠道可以称之为有效的网络渠道,主要看以下两点。

(1)新增网络设计参数的完整性

这一能力指标反映的是网络布局的设计能力,这和前面介绍的营销活动方案设计的道理一样,网络渠道的拓展也是一种营销方案设计,也应基于各种环境参数、客户数据和市场发展潜力分析等数据来展开,不能只是根据假设来进行。

(2)新增网络运行质量的达标率

这一能力指标反映的是建成网络的实际运行能力,很多企业对已经建成的营销门店或电商都会建立一种运行能力的评价方法。如果投入资源建立自己的营销网络,或者通过跨界合作形成的分销网络,除了要确保顶层设计的高水准之外,还必须通过后续的调查和指导,确保全新拓展的营销网络,尽快达到预定的设计目标。

以上介绍的虽然是两种不同类型的营销活动策划,但都有策划精准化方面的共同要求,都需要加强数据采集和统计方面的能力,都需要反复推敲策划方案的合理性,都需要确保最终的投放效果符合预期的目标。

2.4.3 客服维系的终极目标

为什么把保有客户推介重购率这一能力指标作为反映整个客服维系阶段的一阶能力指标,是因为对任何企业来说,没有任何指标能比客户的口碑更重要。在企业的生存能力之中，首当其冲的就是对客户体验和市场反应的敏感程度，而客户是否愿意推介、是否愿意再次购买企业的产品，是非常能够反映企业产品口碑的重要指标。但支撑这一指标的低阶能力指标应该如何设定呢？

最重要的关注点莫过于客户在使用产品、接受服务的过程中的真实体验，也就是所谓的客户满意度，但考虑到这里讨论的是营销部门的能力指标，所以可以把客户服务满意度作为支撑这一指标的管理对象。但还有一个事实是比较突出，那就是很多企业的售后服务部门对如何利用自己直接面对客户的特点，加强企业印象和企业品牌推广活动方面，缺乏深入和明确的责任界定。实际上，每一次直接面对客户的接触机会，都是一次很好的品牌推广机会。但很多企业在这方面没有明确的推广策略设计，没有设置这方面的作业标准和培训课程，只是在现场挂一些标语口号而已。因此，这样的能力指标实际上反映的是客服人员是否按企业品牌推广作业标准来完成作业的状态，可以称之为口碑推广作业达标率。保有客户推介重购率的二阶能力指标可按图 2-25 所示设置。

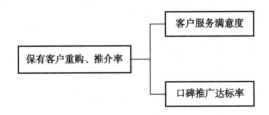

图 2-25　保有客户重购、推介率的三阶能力指标示意图

如果企业是委托可以信赖的第三方评价机构进行此类指标评价的话，则应该依据第三方的评价要素来建立该项指标的能力模型。如果企业确实想要建立敏感的客户关系管理的业务架构，则应立足自主建立客服维系阶段的能力评价模式。毕竟，要能够动态地掌握和调节客服维系能力，第三方的调查和评价，基本无法提供实时的、具体的、动态的数据服务，而只能提供定期的、相对宽泛的统计和分析。但对企业来说，建立的业务能力模型，除了用于业务架构设计之外，最主要的就是要用于实时发现执行和运行能力上的短板。因此，应该针对现有的客户服务维系过程进行仔细分析，抽象出所有的业务能力要素，以

便用于以后的业务架构分析和设计，以及用于具体的 BO 数据模型分析等事务。根据一些典型企业的服务维系体系提出以下一些观点。

传统制造企业为用户提供服务的模式主要分为两种，一是设立维修店的服务方式，二是上门提供维修服务的方式，有些维修店同时具有这两种功能。因此，在设计客服维系服务机制时，可以把这两种情况都考虑进去。可以通过针对以下业务进程的分析（图 2-26），设计这一指标的能力模型。

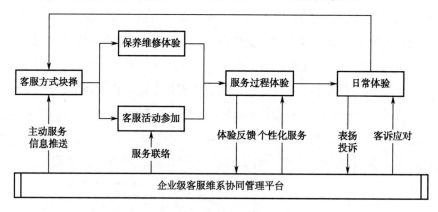

图 2-26　客服维系服务能力模型分析过程示意图

从图 2-26 中，可以设想，如果能够主动把客户应该保养、维修、优惠活动，以及其他主动关怀的信息推送给客户，显然，能够体现出企业时时处处主动为客户着想的服务理念。其次，客户如果上门保养或维修，必须确保保养和维修的一次性合格率，不会给客户留下很快又发现异常的缺憾。但这种问题只能在事后的客户投诉环节中才能发现，故对于各种客诉事件，企业必须设置一个兼具快速处置以及详细跟踪、分析和再发防止的对策流程，也就是说，对于每一个有过消极体验的客户，必然会视为特殊的管理对象，并为之策划一个持续的负面印象的修复过程。总之，一个达到工业 3.0 标准的售后服务模块，必须在服务的事前、事中以及事后都能反映企业整体支持客服维系活动的特征。

再来讨论一下客户口碑推广达标率这一二阶能力指标，在调研中，有一个事实很令人困惑，那就是在很多传统制造企业的售后服务流程中，都不太注意利用这种和客户直接接触的机会，有针对性地展开一些和产品推广有关的活动。经过深入地了解，才知道这里面存在各种实际条件的限制。首先是很多传统制造企业的售后服务是由很多分销店负责，他们的经营重点在于通过良好的服务，增加客户的回厂率，以达到提高销售收入的目标。而通过精心策划以推广主机厂的产品口碑，虽然对自身的业务不会有什么坏处，但这种推广活动效果到底能带来多少直接效果，无法把握。另外，店端毕竟需要增加资源的额外投入，例如，额外的培训，增加日常管理成本等。所以，让合作伙伴在这方面投入和费心，不太现实。但是，作为主机厂如不主动有所策划，而轻易放弃这样的推广阵地，确实是一件很可惜的事情。主机厂如果希望做好这件事，就应该分担更多策划和投入的责任。因此，至少应该做好以下几点。

（1）品牌推广话术标准培训实施率

主机厂至少要为服务人员提供各种和有效宣传产品特点的话术培训和基础知识查询渠道，并把这样全方位提升店端服务人员产品推广能力的工作，作为自己必须全力以赴的使命，否则，店端在这方面无所作为，就是一个可以理解的现实。

（2）客户个性化主动关怀率

如果在主机厂开发的服务系统数据库中，能够根据不同的产品特点，根据客户的产品购买时间、维修记录、客诉记录以及其他各种反映客户个性特征的数据，预先设置各种能提供提醒、关怀、参加优惠活动等的主动服务策略，以此提高店端主动服务客户的能力。这对于客户数据采集和分析能力有一定的要求，但既然设计的是能够达到工业 3.0 标准的能力指标体系，就必须提出这样的高要求。

（3）主机厂店端品牌活动实施率

实际上，能够更深刻理解和描述产品的特征和优势的当然是主机厂，因此，如何利用店端、API 端或电商门户端与客户直接接触的环境，帮助分销商展开特定主题的品牌推广活动，就应该是主机厂的重要职责，但这种策划和实施，存在诸多的条件限制，其中，最难的是，如何确保这种营销活动策划主题能和更多店端的实际环境相适应，以及如何最大限度地控制运行成本。因此，企业需要在这方面不断地总结经验和持续积累成功案例，并通过 CRM 中的知识管理功能，逐渐摸索出更有效的推广策略。

（4）客服消极体验闭环有效处理率

前面谈到的主动关怀率属于为客户提供积极体验的能力要素，而这里讨论的是如何支持店端售后服务人员消除客户消极体验的能力要素。尤其是客户在产品性能、质量方面的负面体验，一定要通过整个企业快速、一致的应对流程，来消除或削弱这种客户的负面体验。如果企业能够把所有客户的消极体验都看成是企业提升客服能力的重要资源来处理，并能和所有分销商之间形成一体化的敏捷应对体系，就能从整体上提升客户口碑的正面效应。

从以上营销类能力指标的分析中，应该知道，在客服维系阶段，不能仅仅满足于为客户提供良好的维修保养服务，这种面对面为所有客户提供各类服务的机会，也是有效推广企业品牌的重要机会，客服维系的终极目标就是要为客户留下最美好的客户体验，就是要达到持续提高客户推介重购率这一能力指标。

2.4.4　合作伙伴是怎样炼成的

这是一个有点面向未来意味的能力指标，随着互联网技术的广泛应用以及跨界合作、共享经济理念的逐渐普及，通过构建各种云服务协同平台来实现跨界合作，不再只是一种假想。而是一个必须加以认真对待的课题。通俗地说，无论是线上的电商、服务商，还是线下的门店或个体店，只要能抓住商机或找到潜客，都应考虑是否存在商务合作的可能性。特别是保有客户，他们熟悉产品和企业情况，故最适合成为跨界合作的合作伙伴。如何依据这一能力指标来展开相应的管理，需要回答以下几个问题。

（1）保有客户的精确定义是什么，曾经是客户的都算，还是现在的保有客户。

（2）完成哪些认证步骤才算确立了合作伙伴关系。

（3）哪些状态的合作伙伴应该定义为已退出合作的对象。

如何提升这一能力，需要针对形成合作关系的过程进行分析，从图 2-27

中可以看到，是否随时能通过动态地客户行为大数据分析，从中找到具有成为合作伙伴潜力和意愿的保有客户，是做好这项工作的基础能力，这一点和销售模块的潜客转化率具有异曲同工之妙。

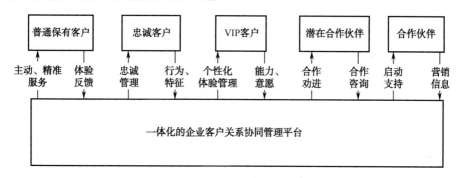

图 2-27　营销合作伙伴培育过程分析示意图

所以，是否可以把那些具有实力、且具有合作意愿的保有客户，视为潜在合作伙伴，一旦目标确定，便可以组织各种具有针对性的推广和合作劝进活动。另外，应确保各种必要的配备资源及时到位，这属于营销网络管理的范畴，即要建立一种快速响应这种合作需求的协同能力，把它称之为"合作伙伴劝进策略实施率"。该指标至少应按如图 2-28 所示设置低阶能力指标，否则很难提升这方面的管理能力。

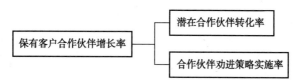

图 2-28　保有客户合作伙伴增长率的三阶能力指标

对于企业拓展市场需要来说，当然是能够帮助拓展的合作伙伴越多越好，但正如前面曾提到过的那样，企业为了确保自己产品品牌或服务品牌形象，必须确保自己所有的营销渠道，都能在客户关系管理方面保持相对的一致性。但由于资源限制、市场定位以及推进策略等方面的因数，不可能把所有的潜在合作伙伴都推进到位。但不管怎样，总是希望在可控的范围内，尽可能地增加帮助拓展市场的合作伙伴。具体地说，应该在以下方面有所作为，才能提升这一能力。

1. 合作伙伴劝进策略的完整性

这是一个比较难以量化的能力指标，但是一个非常有针对性的能力指标。不同区域、不同规模以及不同业务领域的保有客户，在做出自主创业决策的前提条件和心理活动都不尽相同的，所以，企业应该不断积累这方面的推动经验，并逐渐形成相对完整的劝进策略和具体的操作方法。通俗地说，就是当负责市场渠道拓展的营销人员在面对不同类型的潜在合作伙伴时，都会根据一套既定的行动策略展开劝进活动，而不是随意地即兴发挥。

2. 合作伙伴启动资源的完备率

如果保有客户一旦确定合作意愿，并已开始启动创业项目时，企业端必须基于既定的程序，迅速安排相关的资源性安排，如各种培训、店端（无论是线上还是线下）品牌推广的布置设计支持，既定的资金安排以及各类基础资料的提供等。一旦双方按照协议启动了合作事项，则主机厂端高度协同的流程运行，将是这种合作的基本保证。有些企业确实容易发生在策划层面和授权层面缺乏高度默契的问题，最后导致此类合作的夭折。必须注意，如果出现这种情况，将会导致极其严重的企业品牌信誉损伤，因为，感受到某种被欺骗的保有客户，其迸发出的愤怒情绪很具杀伤力。

总之，这里讨论的虽然属于营销渠道拓展层面的能力，但这样的跨界合作能力，必须同时依赖良好的客服维系管理能力，这是为什么坚持认为企业必须打造一体化协同平台的重要原因。

2.4.5 营销管理能力指标体系的阶段性研究

传统制造企业的客户关系管理协同平台是企业为最终客户提供产品认知、销售以及售后服务的企业级核心流程平台。该平台的建设，重点在于始终关注客户体验、客户需求以及如何不断提高企业内部处处以客户为中心的协同作业能力。为了确保这样的平台设计能够达到工业 3.0 的标准，就必须建立与客户关系管理相关的、并具有工业 3.0 典型特征能力指标体系，并以此作为设计营销管理业务架构的重要依据。

无论是研究主数据管理的能力指标体系，还是研究客户关系管理的业务能力指标体系，都要根据当前的实际发展条件进行分析，当前，既然设计瞄准的是工业 3.0 的转型目标，那就要确保在设计中，包含以客户为中心的理念、体现企业一体化策划和执行的特征，还应坚持利用数据分析来提升过程监控能力的原则，当然，还应始终关注业务能力提升的设计思路。在以下给出的客户关系管理的能力模型中，已经包含了这些要素，也是希望和大家一起来研究，企业在推动转型升级过程中，营销管理应该构建怎样的业务能力模型，如图 2-29 所示。

2.5　企业供需链管理业务能力指标体系研究

从前面的讨论中已经发现，一阶能力指标的相关数据已经可以知道哪些业务领域存在需要关注的能力短板现象，由此，便会进一步加以追究，直到真正影响经营指标的业务能力要素浮出水面为止。在面对一个全新业务架构的设计任务时，如果能够掌握该项业务需要哪些必要的能力要素，才有可能首先形成设计的总纲，才能有序地展开此后的详细设计。这是需要构建企业能力指标体系的真实原因。传统制造企业的供需链协同管理平台是企业为市场提供产品和服务的企业级协同作业平台，它几乎覆盖企业所有的业务领域。因此，企业推动管理转型通常都会首先关注这一企业协同平台的建设，以确保企业当前的经营战略目标的顺利实现。正是因为企业供需链涉及的业务模块太多，各业务模块相互影响的因素也太多，这里只讨论一些比较有代表性的概念。另外，在研究供需链管理业务能力指标的过程中，还经常出现很多前后彼此矛盾之处，但只要坚持关注这种能力模型的分析和研究，肯定能更深刻、更全面地理解供需链管理业务的基本规律。

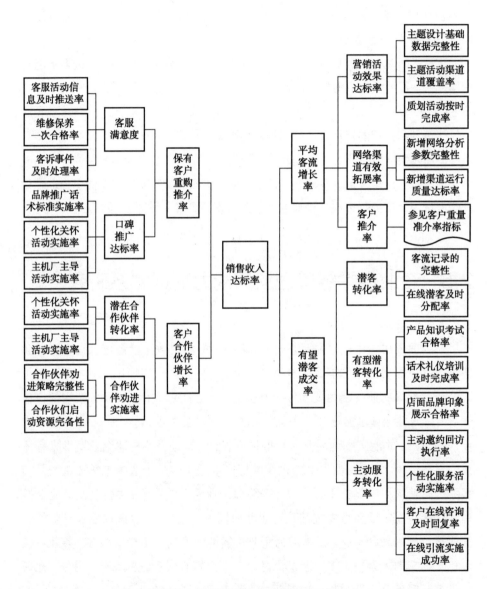

图 2-29　营销管理能力指标体系示例图

2.5.1 从库销比的控制能力说起

在我们为企业推动的一次 BPR 活动过程中，企业应该如何做才能保持产销平衡的问题，给我们留下了很深刻的印象。企业在工业 2.0 的专业化时代所形成的专业化壁垒远远超出我们的想象，营销部门为了完成营销目标，自然会全力应合市场的需求，但他们从来不会因为他们在市场需求预测能力上的无能而感到不安，因为他们在客户订单面前已经任性惯了。而生产制造部门为了达到年度降本目标，有时也会忘记企业应该处处以客户为中心的经营原则，因为精益生产的目标也早已成为他们心目中的唯一。还不要忘了，在供需链这一企业最长的作业链条上，还有品质部门在把关，还有采购部门在订货，还有物流部门在供货，产品技术部门会要求实施设计变更，设备部门则会不时地要求开展生产线的保养和大修。总之，有很多部门会为了自己的部门目标，在这条供需链上自顾自地专心作业，但他们未必就理解这条供需链到底应该达成这样的协作状态，才能确保最终达成企业期望中的经营目标。于是，是否存在一种共同的目标，能够把不同部门的努力目标整合起来，即一种既有利于部门能力的不断提升，同时又不会影响企业整体经营目标的能力指标。如果有，据此能力指标设计完成的供需链管理业务架构，就是企业走向工业 3.0 应该完成的重要课题，对此，应该展开深入地分析。

首先，应该按前面介绍的分析方法，对整个供需链业务过程展开深入和全面地分析。分析结论是，企业的供需链需要面对两种类型的客户，一是当前决定要购买产品的客户，二是尚未决定购买产品的客户。先来分析一下第一种客户的需求，如果这种客户已经决定购买，则他们对于产品的评价应该是不错的，故他们当前对于企业供需链应该只有一个要求，那就是准时供货。但供需链的存在，并不只是面对已经决定购买的客户，还需要面对未来更多的客户，因为，企业还需要在未来生存。那么，未来客户对供需链生产的产品会有什么要求，应该是"越来越令人满意的性价比"，也就是说，企业要长期生存，还必须为更多尚未购买产品的客户着想，按照这样的思路去考虑，对企业内部各种围绕权责和利益的冲突现象，就能够找到非常合理的解决方法。举例来说，对于营销部门完全不顾供需链的经营成本，随意变动销售目标计划，导致生产计划执行混乱，并带来严重管理损耗的行为，就可认为，他们的行为表面上是为了满足当前客户的需求，实际上却是严重损害更多客户利益的行为。甚至想到这样一种有趣的场景，如果企业内部在产销计划协同管理过程中出现冲突时，如果有一个能够自动计算利害得失的机器人做出是非判断，那么，企业的供需链运行一定会处于一种非常健康的状态，这也许就是未来工业 4.0 希望达成的目标之一。因此，对于供需链管理而言，至少应设置诸如"产品性价比提升率"这样的一阶能力指标，这样的能力指标将把所有部门对未来客户应该承诺的责任都担在自己肩上，不会再只顾自己部门的狭隘目标。同时，对经营层领导来说，自然也会提出各种自认为是全局性的能力指标，例如，年度产品销售计划达标率、年度产品生产计划达标率、单台产品制造成本达标率以及净现金流量控制达标率等，当然不能忽视特殊客户的需求，在为企业设计具有工业 3.0 特点的供需链管理的业务架构时，应该考虑哪些指标对整体提升供需链的协同能力具有全局性的指导作用。总之，对于供需链业务架构设计而言，对很多具有成熟的专业管理能力的企业来说，当下最主要的一阶能力指标就是两个，一是客户订单的准时供货率，二是产品性价比提升率。前者强调企业整体的协同能力，后者强调针对整个供需链的持续创新改进能力，但它们都能够充分体现以客户为中心的设计原则。

2.5.2 市场需求预测

前面提到库销比控制目标，其实这一指标也是我们研究过的、而且有点偏爱的指标，因为它具有在不同部门的目标之间取得平衡的效果。如将它作为供需链管理的一阶能力指标加以应用，也能取得较好的设计效果。可以先认识一下该能力指标体系的示意图，从中可以体会到这一指标体系对供需链业务架构设计的指导作用。如图 2-30 所示，可以看到营销部门为完成销售目标计划达成率所需持续增强的能力要素，以及生产制造部门为完成生产目标计划达标率所需完善的能力要素。这里以营销部门的市场需求预测能力为例，进一步说明在构建企业业务能力指标体系时，逐步分解能力指标的方法。

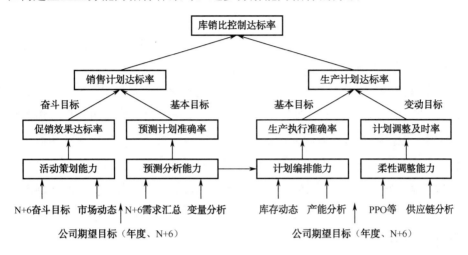

图 2-30　企业库销比控制的能力模型分析示意图

虽然，企业的营销部门一般都很讨厌要求作出相对准确的市场需求预测，尽管这一能力既对营销部门设立合理的销售目标计划有利，同时也有利于生产部门作出合理的产能部署，是一个对整个企业都有利的关键业务能力。但为什么营销部门不愿意承担这一光荣的任务，答案是，干好这件事，实在是太难。要具备一定的市场需求预测能力，企业必须在以下方面做出艰苦的努力。

（1）根据对预测效果的持续分析，逐步完善市场需求预测模型。

（2）不断完善预测用业务数据对象的定义和采集能力。

（3）形成企业专业分析团队和协同作业平台。

限于篇幅，无法对此展开全面的介绍，但可以肯定地说，要形成基本可信的市场需求预测能力，肯定需要各个部门的共同努力，需要建立很强的数据采集和分析能力，需要一个长时间的经验积累过程，但是，很多企业都会在稍作努力之后便偃旗息鼓，这也说明，企业要实现转型升级，实在不是一件简单的事情。

2.5.3　订单产品准时供货的能力建设

要确保企业级协同平台建设项目一达到预期的效果，必须消除各种执行能力上的瓶颈，否则，就无法达到预定的目标。圣人老子有言："图难于其易，为大于其细，天下难事必作于易，天下大事必作于细。是以圣人终不为大，故能成其大"。企业要推动管理转型，是一件大事，也是一件难事，所以不能急于求成，应在明确基本方向的前提下，从容地展开与构建一体化企业协同平台相关的研讨活动，一旦条件成熟，便应坚决有力地实施之。有些企业的领导对此却总是稍嫌太草率，以为投入一个 ERP 或 MES 之类的系统，就什么问题都能解决。举例来说，传统制造企业的订单产品的准时供货，就是一件需要不断雕琢才能成器的活。

对客户订单准时供货率这一能力指标来说，需要确保生产准备提前期的各项作业又快又好，例如，各类计划指令的准确性和及时性、产能的及时调度，以及各类物料的齐套性策略等。一旦进入生产状态，需要生产制造部门按照既定的计划完成产品制造，也就是准时完工。这也是确保整个供需链协同平台正常运行的基本保证，这一过程如存在柔性控制能力不足的现象，则不仅会影响供需链前端的营销业务，也将造成企业上游供应链端的低效现象。因此，应该把企业内部的订单产品准时完工率也设定为客户订单准时供货率的二阶能力指标。该能力指标将受到诸多业务模块作业能力的制约，如排程计划的准确性和及时性，以及和生产执行能力有关的现场管理、物流管理、存货交付、品质检查以及能源管理等诸多环节，在某种场合下，一些间接管理部门的协同意识和能力也会影响这一指标的顺利实现，如技术部门在处理设计变更时的失误等。总之，要确保生产管理主流程能够始终满足时时波动的前端市场需求，一是要根据企业的发展需要，不断完善上述能力指标体系，二是要确保上述能力指标体系的过程管控能力。前者反映的是企业业务架构的自主分析、顶层设计以及管理改进项目实施管理能力，后者则重点反映基于现有业务架构的运行管理能力。

其实，在设计这一能力指标体系时，非常困难，因为，分析的越细，就会发现影响订单产品准时供货率的能力要素就越多，例如，对销售计划变动的预测能力、产能的及时调整能力、针对特殊订单的快速设计、智能排程，以及生产物料的准时供货等。如果企业要进一步建立面向客户个性化定制需求的生产计划管理能力的话，需要分解定位的三阶能力指标就更多。当然，对客户订单准时供货率来说，还有两个二阶能力也不能忘记，一是订单生产准备提前期，二是订单发货的准时达到率，这两个基本能力指标的内容分解，可参见后面的供需链能力指标体系示意图。

2.5.4 财务管理的转型方向

在我们为企业构建一体化的企业供需链协同平台系统的过程中，注意到这样一种现象，企业的财务部门会在很多业务协同环节，自然而然地表现出一种影响协同效果的低效状态。这是因为，财务部门为了达到绝对的资金风险管控效果，常常无视业务流程的正常节拍，这也是专业化管理充分发展后的负面效应之一。这并不能完全怪罪于看起来有点保守的财务部门，这是因为企业内部尚未建立企业级面向客户的端到端流程，在很多重要的环节，尚未明确财务部门应该承担的协同责任。同时，大型企业由于资金层面缺乏有效控制、给企业带来重大管理损耗的各种案例，也可说记忆犹新。例如，由于缺乏安全可靠的经销商信用管控系统，结果导致一些不法分子混水摸鱼的失败案例。总之，企业对资金流的精准控制，也是企业的关键业务能力之一，为此，很多企业会为把净现金流量率、资产负债率等企业财务指标作为财务部门的指标加以考核。这完全是一种认识上的错误，财务部门对所有反映在财务账上的指标数据都不应该承担主要责任（除非把账算错了），他们只是把实际业务在资金上的运作结果真实地反映出来而已。财务部门在企业的转型升级过程中，应该扮演怎样的角色，在企业关键业务的运作过程中，应该承担怎样的协同责任，我们的建议，财务部门除了要及时发现和通报财务层面的经营风险，实现精准的资金流控制之外，还必须同时确保，这种控制不会影响其他关键业务能力的正常发挥

（参见图 2-31）。不仅如此，还要全面实现向管理会计模式转型的目标，主动成为推动企业转型升级的关键部门。在企业走向工业 3.0 的过程中，要特别重视这一点。

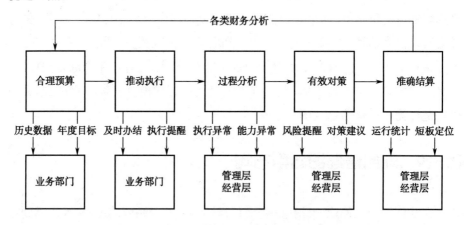

图 2-31　企业财务部门的服务职能分析示意图

为了说明上述观点，可以采用面向客户的业务过程分析方法，如图 2-31 所示，可帮助识别出财务部的主要"客户"是谁，以及他们应该为这些"客户"提供怎样的服务。从图中可以看到，财务部门需要服务的客户类型最多，所以，应该是一个特别具有服务意识的部门。但实际情况，企业的财务部门总会给人一种保守、谨慎以及缺乏协作意识和创新活力的印象，这种印象也不是无中生有。这也不能怪罪于财务部门，就其原因，仍然应该怪罪于过时的、按职能、按专业分工的传统管理模式，这种模式本来就缺乏面向客户的服务意识，本来就容易形成彼此都很了不起的、诸侯分割的局面。为此，在设计具有工业 3.0 标准的业务架构时，一定要明确财务部门在整体供需链管理中的能力提升目标，并使之发挥全面助推企业转型升级的重要作用。在我们的研究中，财务部门实际上是企业走向工业 3.0 的最最重要的部门之一，或者说，企业的财务部门不能实现管理转型，整个企业的转型升级也是一句空话。工业 3.0 的典型特征之一，就是利用数据分析来全面加强关键业务的过程控制能力，以达到全面提升"前三排"企业高官的过程决策能力。但这项至关重要的转型升级工程，如没有财务部门在以下方面的全力以赴，显然是很不现实的目标。

（1）关键业务过程评价的数据统计和分析能力。

财务部门也是在"玩数据"，所谓的资金流，本质上就是数据流，所以，在走向智能化管理的过程中，财务部门应把自己主业玩到极致才对。具体地说，应该为各关键业务部门提供可用于实际能力评价的数据分析服务。例如，反映内外物流和存货管理水平的存货周转率的分析数据、反映制造部门制造质量的质量成本损耗分析数据、反映制造部门在投入产出控制方面的分析数据以及在产品材料价格控制方面的分析数据等。在关于企业管理转型的五大工程中，改造"前三排"管理能力的重要工程，财务部门应该是这一工程的主要"施工单位"之一。在这里，研究的是业务能力指标体系，所以，应该为财务部门设置和数据服务能力相关的能力指标。

（2）财务审批流程及时执行率。

很多企业的产品开发部门和营销部门经常会忍不住向财务部门吐槽一番，因为，财务部门的工作效率无法满足快节奏的各类业务项目审批和执行程序的要求。企业要实现高效协同，必须设法使财务部门进入主动"为民服务"的状态，要实现既严格控制，又快捷处理，确实很难，这便是构建高水准的 IECP 协同平台的目的之一。

（3）财务风险内控达标率。

财务要实现向管理会计模式的彻底转型，并不是说一定要把财务部门变成一个企业级关键业务的协同管理部门，而是要使财务部门承担起企业内部财务风险管控的职责，因此，财务部门应该尽快为企业建立经营性内控标准体系，并逐渐形成较强的、与经营性风险分析相关的数据采集和分析能力，及时为企业经营层提供面向未来的经营性决策建议。

虽然，财务部门的这些能力指标，看起来与企业提升供需链整体的协同能力并无直接关联关系，但实际上，却是企业推动管理转型过程中，绝对不能忘记的能力要素。至少，财务部门的很多习惯行为，和企业可能发生的各种管理损耗有着千丝万缕的联系。

2.5.5　供需链协同管理的能力指标体系

正如人类会设想各种美好的社会一样,企业的管理人员也应该有自己的理想和憧憬。在这里讨论企业供需链管理的能力指标体系,就是为了顺利推动企业的管理转型,以形成具有卓越竞争力的经营管理模式。虽然这样的分析头绪很多,需要花费很大的精力,也应该坚持前行,不要半途而废。以下总结企业走向工业 3.0 应该加以关注的能力指标,但分析无法兼顾不同类型企业的实际条件,只能是"仅供参考"而已。其中,把图中管理损耗控制达标率这一二阶能力指标加以省略的主要原因,是因为构成这一能力指标的内容实在太多、太复杂。可以这样说,这一指标是企业走向工业 4.0 的主攻方向之一,也是构建企业供需链 IECP 平台的主要改进目标之一。不过,虽然在这里没有展开讨论,但本书中很多地方都提到了这样的观点,就是管理损耗是企业转型升级过程中最需要关注的改进目标。前面提到的库销比控制达标率以及财务部门的一些能力指标,都具有这样的作用。

总之,本章对企业不同业务模块的能力模型进行分析的目的,是为了说明,实现企业管理转型不是一个只要大家重视就能很快实现的目标,需要建立为之奋斗不已的目标,并为实现这样的能力提升目标持续努力。这就如同需要通过有计划的锻炼和科学的营养摄入来改善我们的机体功能一样,也需要非常有耐性地改善我们的管理基础和系统技术基础,需要始终放低身段,去观察和发现各类基础管理方面的能力缺陷,去认识和消除各种影响协同能力提升的错误理念和不良习惯,并始终朝着提升企业协同管理能力的方向不断努力。现实永远是不如人意的,因此,对于很多企业来说,如没有特别的契机,很难专注于这样的能力模型分析(参见图 2-32),并进一步将它用于持续的业务架构优化改进之中,这样,所谓的企业转型升级,就可能仅仅只是一个美好的愿望而已。

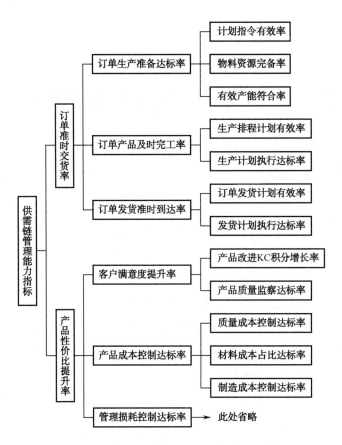

图 2-32 企业供需链管理能力指标体系示意图

Chapter 2

第3章 一体化协同平台技术的发展方向

通过前面的介绍，对在企业实现管理转型的过程中，必须全面建立和加强企业协同管理机制的基础理论，应该有一个初步的了解。我们曾强调企业级流程的连通性、可控性以及灵活性的重要性，并对一大一小两种类型的 IECP 平台技术的应用领域进行了简单的介绍，随着系统集成技术的不断发展，今后的系统开发都会朝着这一方向发展，尤其是在企业明确了加速走向工业 4.0 的战略方针之后，更应重点关注这种面向未来的平台技术。类似于 ERP 或 CRM 那样的大型系统，也可称为一体化企业协同平台，它们具有企业级协同平台的很多特征。这些系统只能作为某些关键业务 IECP 平台的核心部分，但不是真正意义上的 IECP 平台。从本章开始，将逐渐把介绍的重点转到这种协同平台技术的应用方面来，此后章节逐渐展开。

在展开面向工业 3.0 业务架构设计的各项推进活动之前，为什么要先讨论 IECP 平台技术？因为企业想要走向工业 3.0、甚至瞄准工业 4.0，就是为了最终实现各种智能化的管理模式，任何企业的经营层和管理层都必须学习与系统技术有关的概念和应用理论。不用担心自己的基础太薄弱，企业管理高官只需学习掌握系统应用层面的知识即可，即只需知道这些工具与系统之中的机器人能干些什么，并不需要研究它们的内部机理。现在很多老年人都会玩很多高级智能手机，他们并不需要了解手机的基本原理。因此后面的介绍将尽可能采用大白话来说明一些技术概念，即使是一位业务主管，也应该耐心地读一读！我们撰写本书的主要目的之一，就是希望能为制造企业的各位业务高管提供一些非常有用的参考素材。

3.1 来自单一系统的困惑

在介绍 IECP 平台的应用特点和技术特点之前，应该先理解现有的各种单一系统的应用特点和技术特点，如传统的 PDM、SCM、MES、SRM 以及 SRM 系统等。只有这样，才能更好地认识 IECP 平台和单一系统的区别。如果熟悉单一系统的发展历史和应用场景，应该可以得出这样的结论，就是绝大多数的单一系统主要是以提升执行层的作业效率为目的的，所以，根据前面介绍的内容，不会认为单一系统能够为企业走向工业 3.0 提供足够的技术支持。从应用特点和技术特点来看，即使 ERP 和 CRM 这两个具有企业级流程系统特征的大型应用系统，也应归入传统的单一系统类别。先来认识一下单一系统的各种特点，以便展开进一步的讨论。

3.1.1 紧耦合的痛苦

关于单一系统架构的紧耦合特点，早已不是一个需要多费口舌的话题，这也是为什么出现中间件、出现 SOA（面向服务的系统架构）概念的最直接原因。这里稍作归纳，以便针对性地给出关于 IECP 平台架构的特点说明。从开发方式上来说，单一系统是采用传统的编码方式完成的，在面临系统整合的需求时，单一系统必须通过开发各种接口程序方能实现系统之间的信息交互。这种紧耦合的特点，对于开发人员来说没有任何灵活性可言，尤其是对于程序的调整和升级来说，必须通过解读代码本身来识别变更的影响，并据此做出烦琐的调整。因此，单一系统对业务变革而言，没有任何灵活性可言。这种基于传统编码方式的系统整合方式属于需要逐渐淘汰的对象，代之出现的就是基于标准组件化开发方式的系统架构，也就是面向服务的系统架构的理念。实际上，其本质上就是一种基于模块化设计思路的系统整合方式。这种 SOA 系统架构理念迟迟未能落地，这其中有怎样的玄机，关于这一点，请读者参考第 6 章 "BSA 的加速作用" 的相关内容。

3.1.2 子虚乌有的智能化

关于单一系统缺乏灵活性的解释，需要很多复杂的 IT 知识支撑，在推动企业管理转型的过程中，决策人员只需充分掌握这一事实即可，无须对此刨根问底。但应该充分理解单一系统在应用层面的诸多限制作用，只有这样，才能充分理解为什么一定要提出 IECP 平台的概念。为了便于理解，不妨回忆一下在实际应用过程中的经验，如果大家都经常使用单一系统，则一定熟悉如下一些单一系统的应用场景，当需要进行相应的作业时，会有以下操作。

① 手工登录所需访问的系统。

② 手工从界面中选择需要操作的功能模块（也许是某个待办流程）。

③ 手工从模块菜单中继续选择操作子模块，直到进入最终的操作界面（也许是某个流程的操作节点）。

④ 进行各种手工操作（相当于执行流程节点的各项活动，如查询、提交、退出等）。

⑤ 手工选择跳转到其他模块，并再次重复类似操作（转向其他业务流程操作）。

⑥ 手工退出系统。

⑦ 手工选择登录其他所需访问的单一系统，查找是否存在需要自己处理的业务。

⑧ 再次重复上述类似的各种手工操作。

上述过程便是目前绝大多数企业 IT 应用的典型场景，虽然已经实现了系统化，但作业人员依然需要不停地进行人为搜索、人为判断和手工操作，必须不知疲倦地在不同的界面中来回跳转，或者一会儿要处理系统之外的流程节点的工作，一会儿又要处理系统内流程的节点任务。总之，无法在一个相对集中的环境内及时完成各种协同作业任务。如每天必须在多个单一系统中执行任务，天长日久，一定会发现自己实际上只是一个反复点击菜单的机器人而已，所谓的计算机智能，对你而言，实际上只是一种子虚乌有的想象罢了。实际上，真正运用大脑工作的时间非常有限，如果真是这样，人们在企业中存在的价值，就不值得在人前主动提起了。

如对上述场景进行再次抽象总结，可以发现大量的人工操作和人工判断时间发生在不同的业务流程节点之间，或发生在不同的操作界面之间。因为办公人员有可能在不同流程的不同节点接受上游传递过来的协同作业任务，而这些流程又散布在不同的系统之中，或根本就没有实现系统化操作，所以不得不在不同的作业环境之中来回折腾，必须花费很多时间进行各种无用的操作。如对系统操作不够熟练，或被其他事务纠缠，或因事务繁杂，无法把握事务的轻重缓急，稍有懈怠，就有可能发生协同作业的失控问题。从管理层一侧来看，传统的单一系统基本不会考虑为管理人员设置专用于企业级流程监控的功能模块，这主要不是系统技术的限制，而是由于在专业化管理时代缺乏这种监控企业级流程执行状态的强烈需求。所以，传统的单一系统作业场景便是典型的非协同化作业场景，它是长期专业化分工演变至今的必然结果。即使是 ERP 系统，也是这样一种作业场景，所以，当前的很多 ERP 系统也不是理想的 IECP 平台，虽然它已基本实现了把各种断片流程连接成一个完整流程的目的。所以，从实际应用效果来看，单一系统在提升协同管理能力方面具有很大的局限性，如图 3-1 所示。

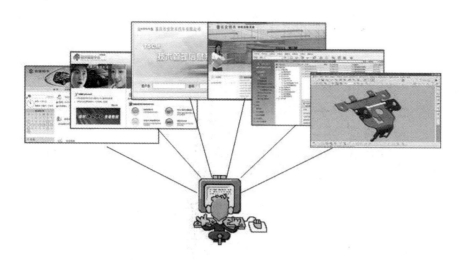

图 3-1　访问单一系统的典型场景

3.1.3 孤掌难鸣的窘迫

再来分析一下技术层面的局限性，这里介绍的技术层面的局限性并不涉及深奥的 IT 概念，仍旧是从应用层面来描述客观事实。读者一定了解，所谓的计算机管理系统，无非是由以下几部分组成，后台数据库、前台操作界面以及必要的工作流。单一系统通常只有一个存储管理信息的数据库，如 ACCESS 或 ORACLE 数据库等，即具有单一数据库的特点。而所谓工作流，常常是一些内嵌在系统内部的审批流程，这些审批流程只能处理单一的表单，所以，这样的流程通常只能用于特定的部门或特定的角色，至于各种操作界面，虽然实际的业务流程是通过这些界面之间的信息交互实现了业务的流转，但由于技术限制，这些单一系统的界面都是根据不同的业务需要单独编程开发的，无法实现界面的自由组合，也就不能随时根据业务发展的需要，为特定角色的业务人员配置具有集中作业特点的操作界面。但这三者之中，数据库的唯一性是最主要的技术特点，也就是单一系统的主要特征。因此，无论是工作流所处理的数据，还是操作界面所处理的数据，它们都只能流向系统内部单一格式的数据库。如需要向其他单一系统传输或发送，就必须通过定制的接口开发才能实现。总之，上述单一系统的技术特点似乎总是给人一种独家独院、孤芳自赏的感觉，缺乏一种对外开放、自由扩展的境界。而且，从操作层面来说，由于业务人员在单一系统内部无法完成全部的待办任务，所以利用单一系统应对业务，确实有孤掌难鸣的窘迫感。这样的特点，对于需要根据市场变化，及时调整跨部门、跨平台、跨地域的协同作业流程的企业来说，技术上具有很大的局限性。

3.1.4 先天不足的缺陷

当前的单一系统开发方案主要是面向企业执行层设计的，也就是说，是面向不同作业岗位的执行者设计的，对此，从各种已经成型的系统上可以非常直观地感受到这一点。例如，虽然很多系统的界面操作就是某个作业流程节点上的某项操作，但正如前面介绍的那样，这些操作都分散在一个个孤立的界面之中，操作人员必须不停地点击鼠标，才能把属于自己的操作界面找出来。这是因为软件人员在设计这些操作界面时，并没有建立按角色配置任务操作界面的意识，而是习惯地按业务分类进行界面设计，这样的界面开发方案不利于作业流程的快速流转。在这些系统方案的设计目标中，主要考虑的是作业本身，考虑的是流程中某个"点"的作业方式，并没有把流程的流转方式、业务协同方式以及过程控制方式作为主要设计对象。通俗地说，现有的界面设计方式，是 IT 人员为了自己表达方便所形成的"历史遗迹"。另外，有些不同界面之间的操作具有相互传输数据和交接任务的作用，这种节点之间的信息交互都有时间上的紧迫性，但传统的设计方法却无视这种对于流程之间信息交互服务功能的设计需求，所以，单一系统在信息协同方面具有很大的局限性。更普遍的问题是，单一系统的操作界面开始就被固化了，缺乏根据流程作业内容进行功能配置重组的灵活性，因此，当业务内容变化时，业务人员不可能期待业务系统也能随之变化，只能暂时通过调整系统外的作业内容来解决问题。

3.1.5 信息孤岛的无奈

单一系统最大的问题在于提供信息服务的能力不足。不同的单一系统出于不同的管理目的，各自管理着不同的业务对象及其关联数据，它们能够提供的信息服务范围通常很有限，这也是很多企业领导对所谓的信息化成果不屑一顾的原因所在。因此，当企业需要从更高层次掌握关键业务能力的实际动态时，就需要 IT 部门提供跨平台的数据整合服务，此时，如何克服信息孤岛带来的不便，也就成了企业必须长期忍受的"痛苦"之一。

总之，单一系统的局限性主要体现在流程作业的交接方式和信息协同方式方面，同时又缺乏应对业务变革的灵活性。所以，根据前面讨论的内容，应该清楚，单一系统对于企业管理转型的推进作用是十分有限的，尤其是对于十分重视信息系统能力升级的大型企业而言，单一系统在技术上的局限性是一个亟需解决的难题。

3.2 IECP 平台的应用特点

从本节开始将全面细致地介绍 IECP 平台的应用特点和技术特点，IT 工程师或 IT 开发公司如能充分了解这一特点，在开发标准流程功能组件或组件装配工具时，就能按此特点进行合理的功能区分和架构设计。如业务人员充分掌握这些特点，就能按此特点要求向平台提供商提出明确的系统功能开发需求。应该说，这是认识、设计和应用 IECP 平台的重要基础，必须充分加以重视。虽然我们称之为一体化企业协同平台，但它本质上是一种全新的系统作业环境，这种环境是利用一个具有整合界面、数据以及流程组件能力的工具平台配置而成的，图 3-2 是 IECP 和开发平台的关系示意图。通过这种全新的作业环境，企业不仅能更敏捷地响应市场的需求，也能全面、准确地掌握企业内部作业流程的运行状态。如从实际应用的角度来分析，对每一个业务角色，通常只需要为他们配置三种主要的应用功能，一是启动和发布流程，二是处理各种流转至自己桌面上的流程待办任务，三是查询或处理各种为自己配置的信息服务。如拥有一种能根据不同角色的工作特点，自由地为其定制上述三种桌面操作功能的能力，就已经具有构筑真正 IECP 平台的能力。

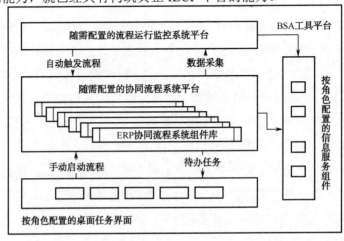

图 3-2　IECP 和开发工具平台的关系示意图

从图 3-2 可以看出，业务人员的应用操作环境和配置这种应用环境的后台工具平台似乎是分离的，在这样的环境中，业务人员能够在自己桌面集中快捷地处理与自己有关的全部流程作业和信息处理任务，这种能够按需定制的应用平台便是未来的 IECP 平台。为了展开讨论，把部署在这种平台中的业务流程称之为协同流程。因为，在企业级 IECP 平台中部署的各种流程，主要是为了实现跨平台的业务处理和数据交互，所以这种协同流程通常是利用各种具有 BPM 系统特征的工具平台配置而成的。而对于部署在这种平台上的各种数据服务，可称之为协同信息组件，它们通常也是利用各类数据整合的工具平台配置出来的。

3.2.1　独立、自由、开放的门户

采用中间件门户（PORTAL）系统技术，可以实现不同平台任务操作界面的整合，所以，如搭建的 IECP 协同平台是一个跨系统运行的应用平台，就应该将其部署在具有开放、独立的门户系统上。只有这样，才能实现将原有的不同单一系统之间的烦琐操作逐渐消除的目的，才能实现业务操作集成化的系统整合目标。图 3-3 是某公司技术中心的专业门户，在这个门户系统中，集成了技术中心绝大部分关键业务的协同流程，技术人员在此可完成绝大部分关键业务的数据交互和流程作业，其工作效率和流程控制能力自然能得到大幅度提升。

图 3-3　基于门户的信息中心示意图

为了实现业务操作一体化的目的，不仅要实现多系统在门户中的单点登录功能，确保集中访问各个单一系统的目的，而且，应考虑逐渐在门户中部署各种企业级的协同流程和各种数据整合应用服务，直到构建完成真正意义上的企业级协同作业平台，并以其完全替代各种单一系统为止。

3.2.2　自动办公的境界

从上面的介绍中已经知道，在应用传统的单一系统（包括 ERP 或 CRM 系统）时，必须打开不同系统、不同层次的界面，去寻找应该处理的待办任务，十分费时而且麻烦。但有一种系统是例外，它就是 OA 自动办公系统，这种系统的业务流程待办任务是从上游节点推送到下游节点，并以明细方式按接收的时间顺序排列在操作人员的系统桌面上，而且这些推送至员工桌面上的任务可以是不同业务流程的任务。这样的待办任务的传递、汇总和展现方式，对业务人员来说，就不存在毫无价值的手工搜寻任务的过程。只需打开任务直接操作就行。所以，它可以用"自动办公"这样的字眼来表现它的协同性能。但在这种流程系统中，虽然可以分别运行多个不同的工作流（单个表单的流程），却不能根据业务需要和各种协同作业规则，将这些工作流程有机地组合成多个表单的业务流。另外，这些工作流的表单信息及其本身的操作状态信息无法与后台的数据库实现顺畅的交互关系，同理，这些流程和流程之间也不能通过简单的连通规则设置，就能实现相互的连通或数据交互。所以，这样的流程系统还不能实现真正意义上的业务协同和信息协同，它只是多个工作流的简单组合和排列的结果。所以，即使是 OA 流程系统也不能称之为协同平台。图 3-4 就是协同平台待办任务的展现方式。这种流程系统待办任务的展现方式到底蕴含着怎样的积极含义，请看如下介绍。

图 3-4　协同平台待办任务的展现方式

首先，应该注意它的结构特点，它是以企业不同的关键业务名称作为根节点来展开待办任务明细结构的（很像产品 BOM 结构），这一特点具有很重要的象征意义，也就是说，可以将某一关键业务不同流程的不同节点任务放在同一个 BOM 结构形式的任务包中，这样，业务人员不但可以直接处理业务，还可从整体上掌握自己业务的进展情况，这种任务明细不是业务人员为了自我管理而编制的任务明细，而是系统自动产生的，好比在自动生产线上，上游工位自动将工件加工任务传送至下游工位的场景一样，下游工位人员自然就能很直观地掌握自己需要加工哪些工件了。

其次，它具有多个层级，能反映出关键业务的作业构成关系，从这样多层级的任务明细的构成中，可以自动地得到不同业务人员在某项关键业务中的作业分解表。所谓作业分解表，是一种可用来反映员工作业能力范围的信息表，在员工能力管理中，经常需要通过作业分解表来获取员工当前作业范围的信息。举例来说，当我们让某个员工参与产品开发流程中设计评审环节的评审工作后，该员工的任务明细表中就自动增加了评审类项目，这样，我们便可直观地知道该员工已具备设计评审的能力。也就是说，如果员工主要工作都是在IECP 平台内展开的话，我们就可以非常直观地掌握员工当前的任职能力范围。如对所有员工的任务明细表进行统计和合并分析，就可以很容易地得到各个部门和每个员工在任职能力方面的分布情况和变化情况。对于一个十分重视任职能力培养的企业来说，尤其是对于非常想掌握企业人才资源真实现状的人力资源部门来说，这也是非常有价值的。

另外，在任务结构树右边的任务信息栏中，还能反映待办紧急程度等状态信息，所以，这样的待办任务还具有直观掌握待办业务的处理状态、紧急程度等各种辅助管理信息的特点。由于这种协同流程的过程状态通常会被反映在一张独立的数据表中（详见后述），所以，很容易对其进行状态监控，如图 3-4 中"紧急度"字段属性所表示的那样。所以，当我们面对这样的任务展现方式时，就能分清轻重缓急，避免协同中常见的因作业延迟而造成的过程失控现象。另外，如果对这些不同性质的任务设置不同的时间控制要求，并对各种超期任务进行统计监控的话，就能实现对业务过程的有效控制。总之，这种任务包的展现方式具有确保作业人员根据任务提示的信息，直观、准确地处理协同作业任务的特点，如果再利用移动端的自动提醒和任务处理功能，将进一步提升协同效果。

3.2.3 可视化的价值

在 IECP 平台中部署的协同流程，应具有通过 ESB（企业服务总线）或 API（企业应用接口平台）实现跨平台连通流程的特点，同时又具有与不同单一系统数据库交换数据的功能，所以，IECP 平台自然就具有跨平台实现数据交换的特点，具体地说，可实现不同流程表单之间的数据传输、不同系统流程与不同数据库之间的数据交换，以及不同平台数据库之间的数据交互操作等，当然，实现这样的目标，还需要得到数据整合技术的支撑。但更重要的特点，是由于企业级协同平台中的协同流程系统，通常是通过一个节点状态数据总表来统一管理不同业务流程之间的任务触发、信息发送以及分流、跳转控制等操作，所以，通过对这张总表的统计和直观展现，就可以很方便地实现对整个业务流程进程状态的监控。如一个企业已经拥有了产品开发业务的 IECP 平台，就可以非常方便地配置出产品开发项目管理所需要的过程控制模块，根本不需要再花钱去购置什么专用的项目管理系统。同理,任何一个企业级的业务流程,只要能采用这样的协同流程技术,便不会存在过程状态难以掌控的困惑了。

3.2.4　多元化的协同作业模式

如图 3-5 所示,在需要进一步发挥现有单一系统流程的作用时,必须解决跨平台连通流程的技术问题,否则,企业级协同作业的系统化就无从谈起,这也是导入 SOA 系统架构所希望实现的目标之一。举例来说,人力资源管理系统中的人员变动管理流程,就需要与系统操作权限设置的流程相互连通,又比如,PDM 系统中的设计变更审批流程需要与 ERP 中的物料属性数据收集流程相连通,此类连通不同于系统流程的需求。如果企业要进一步提高企业内部的协同能力,确实要形成一种实质性的端到端流程的管理形态,就需要克服跨平台连通流程的技术瓶颈。另外,在不同的业务流程之间传递关联的信息,或在执行层与管理层之间及时传递各种汇总的过程状态信息,也是协同管理的重要课题,其中,研究流程各种输出的智能化展现技术,即研究协同流程和 BI(商业智能)的结合方法也应该是一个需要关注的方向。随着新媒体技术的快速发展,应高度关注协同流程技术与 APP、微信等新媒体技术的结合方法。

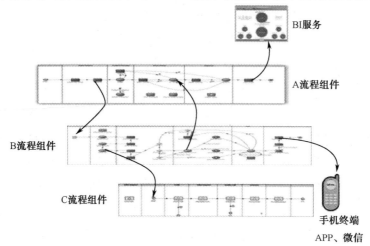

图 3-5　跨平台实现流程连通和信息协同的示意图

总之，在 IECP 平台的应用特点中，最能体现协同理念的部分就是标题中所说"跨平台"的含义，它既可指流程系统层面的连通能力，也可指不同业务层面的任务交接能力。而"传输信息"则是指流程控制相关的信息，即与提高流程信息协同能力相关的信息，也是我们多次提到的信息协同的内容。而"多元化协同"则是指在流程执行过程中，能够通过灵活的功能配置，最大限度地满足所有协作方的协同作业需求。但有一点需要特别说明，如采用传统的系统开发技术，很难形成这样的应用特点，或者其开发和维护代价将难以承受，关于这一点，将在第 6 章详细说明。不过，在实现全部采用 SOA 理念及上层中间件技术来搭建企业协同平台之前，如需要在大企业构建 IECP 平台时，仍然需要以现有的单一系统（如 ERP 等）为主干来搭建，在这种情况下，提升流程连通率的重点主要在于部署各类主数据的处理流程，通过接口开发来传递触发下游流程启动指令的功能。

3.2.5 互联网+的实现途径

前面提到协同平台通常适合部署在企业信息门户中，而门户具有方便地实现互联网访问的特点，所以，协同平台可以较方便地实现在不同企业之间（如整车企业与零部件配套企业之间）、集团企业的不同分公司之间，以及各种类型的跨地区、跨地域甚至跨国界的业务协同（如图 3-6 所示）。实际上，现在很多整机厂都会上 CRM 和 SRM 系统，因此，就可利用这些系统和上层中间件技术的组合来构建 IECP 平台，关于这一点，将在第 4 章通过具体的 IECP 平台设计案例来说明。另外，如政府部门要提高政务网络化管理水平，也应该关注这种构建协同平台的技术发展思路。但需要注意区分门户中的流程操作和通常的网页操作在技术层面上的区别，作为业务管理人员，不需要具体掌握这种区别的实质，但必须清楚，普通的网页通常只能实现网页窗口的访问或信息录入等简单操作，而门户则具有部署各种复杂业务流程和交互操作界面的功能。从为企业提供系统服务能力方面比较，这两者不能同日而语。

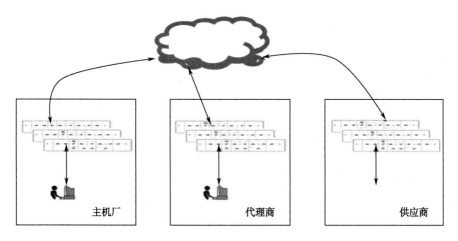

图 3-6 跨地域、跨企业实现业务协同的示意图

　　在这里，有必要对上述 IECP 平台的应用特点作一个归纳。上述 IECP 平台的出现，将大幅度消除了单一系统操作中的各种低效率因数，将彻底地解决企业级流程过程控制中的可视化管理难题，将全面跨越搭建企业级流程过程中必将面临的各种技术壁垒，并为加速企业的转型升级提供最直接、最有效的技术支持。

3.3　IECP 平台的技术特点

　　如只讨论 IECP 平台的应用特点，只能获取一些典型 IECP 平台应用场景相关的概念，这对于直观认识什么是 IECP 平台还是有帮助的。但希望进一步认识这种平台与普通单一系统之间的具体区别，还应该认识这种平台所具有的各种技术特点。在这里介绍的一些技术特点，是我们在组织开发此类协同平台过程中，从业务人员的视角出发，采用业务人员可以理解的语言所总结出来的点滴体会。因此，主要是面向业务人员的，无法作为面向专业 IT 的技术性结论。IT 人员可对此进行关注，因为，任何有价值的产品功能必须符合最终客户的实际需求，这里的一些描述，恰恰是我们在实际业务变革过程中所形成的一些技术性总结。

3.3.1 复杂流程的自由构建

在 PDM 等系统中，除了在界面表单之间跳转的典型业务流程之外，还有一种具有明显流程特征的业务流程，它们通常被称之为工作流。这种流程除了具有 OA 流程自动传递作业的特征之外，还具有和数据库直接交互数据的特点，这种工作流通常用于设计文件审批、业务数据审核等业务，所以，其管理对象通常是某个设计文件或某个单项业务的数据表单。例如，为了确保新设计的资料符合设计要求而设置的设计资料审批归档流程，其管理对象就是该流程审批的设计资料，当流程流转完成，该设计资料及其相关的管理属性数据将会自动存入系统的数据库中，该工作流到此就结束了。应该意识到，工作流的管理对象往往是针对一个特定的业务对象和一段特定的工作过程而设计的。在实际工作中，关键业务是由很多不同的业务管理对象和不同的业务过程构成的，这些业务对象是按照一定的顺序和某种业务逻辑连续展开并最终完成的。如采用单一工作流性质的流程系统，不能解决关键业务的协同问题。而 IECP 平台中部署的协同流程则不同，它需要并且能够对多个业务管理对象和多个不同的过程进行管理。所以，从数据库技术的角度来认识，它需要多张数据表和对象关系表来管理不同的对象和不同的过程（如果需要对过程进行可视化监控的话）。如要在 IECP 平台上部署这种类型的协同流程，必须对所有需要管理的业务对象及其相互的关系进行分析，如图 3-7 所示，不但应该表达所需管理业务对象之间的业务关系，还应该表达它们之间在时间轴上的先后关系。如果没有这方面的仔细斟酌，有可能造成流程设计的缺陷和流程输出的不完整和不及时。ERP 或 CRP 系统也基本具有这样的特点，但此类系统中的流程功能并不具备 3.2 节提到的协同平台的其他应用特点。

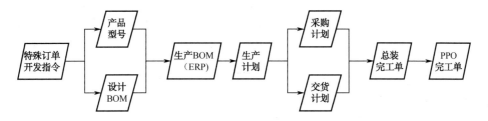

图 3-7　特殊订单协同流程的业务对象关系示意图

在图 3-7 中，主要表达的是特殊订单管理流程需要管理的一些主要业务对象，以及这些对象之间的相互关系。通过这样示意图，首先得到了该协同流程需要处理哪些业务对象的信息，同时，也知道了这一协同流程存在哪几个业务子流程，以及这些子流程之间的输入和输出关系，据此，便可开始设计这一协同流程。总之，如果采用某种上层中间件工具平台，能在某个开放、独立的门户系统中，自由地配置和部署这样的复杂业务流程系统时，企业才能真正迎来根据发展的需要、随时按需配置应用的全新时代。

3.3.2　待办任务的自由组合

按需配置 IECP 平台中的协同流程系统与工作流的另一个显著区别，是关于流程任务的管理方式，普通工作流通常是针对一个管理对象的多个任务进行管理，而且，在整个流程流转过程中，无论处于该流程的哪个节点，都会通过其固定的表单来处理该任务，或是签署意见，或是加载文件等，比较典型的例子有 PDM 中的技术文件归档流程或 OA 系统中的文件审批流程等。但在实际工作中，尤其是在制造企业的企业级流程管理中，经常需要按多个业务对象进行多任务管理。在产品开发项目管理中，需要同时选择多个零件对象来启动多个不同的业务流程。如图 3-8 所示，人们往往希望知道所负责的那些零件处于哪个业务流程的哪个阶段，就是按零件展开任务待办形式。在这种流程的节点操作状态又会产生需求，即是否可以在选择多个零件对象的状态下，同时启动下一个阶段业务流程，如同时选定多个零件，启动选装程序、初物检查流程等，也就是说，在选择多个对象的同时，启动下一个阶段的工作流。但是，当这种同时处理多个对象的工作流程完成时，这个任务的零件对象又会自动拆分开来，并排列在下一个阶段按零件展开的任务明细中。要实现这一功能，就需要建立一张专门用于记录零件对象过程状态的数据表，并通过它动态地配置业务对象和任务处理的关系。

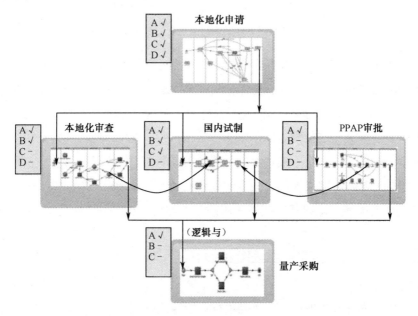

图 3-8　本地化产品开发协同流程示意图

从图 3-8 中，可以看到，每一个子流程都可根据上游推送过来的按业务对象排列的明细，选择其中符合条件的对象来启动下游的子流程，如其中并列的本地化审查、国内试制和 PPAP 审批流程，但量产采购的启动条件必须满足这三个流程都同时满足的逻辑与条件，所以，在该图中，系统是根据预设的逻辑条件自动实现流程连通的。关于这一功能，可参考 3.3.3 节的内容。除了流程之间可以采用这种思路以外，在流程内部的各个节点之间，同样可以实现这种思路，只要把所有任务连通的节点都作为对象列入上述管理总表之中即可。

3.3.3 流程连通的自由配置

在很多独立的协同流程之间建立业务协同关系，并进而形成有机组合的业务流，需要在不同流程之间设定连通时的逻辑关系。传统的单一系统流程之间形成连通关系，通常需要通过编制专用的接口程序，一旦要调整，必须重新修改程序代码，非常麻烦，根本无法体现业务变革的灵活性和敏捷性。所以，如果能对每一个抽象出来的协同流程功能组件设置这样一个操作环境（ESB），在这个环境中，可以设置用于启动流程的输入逻辑条件，在图 3-9 中 C 流程的启动条件是 A、B 两个上游流程完成后的输出为逻辑或的关系，即其中任一个流程完成，就可启动 C 流程。而其中 D 流程的启动条件是 C 流程输出的值为0。也可为流程的输出配置所需连通的目标流程，在图 3-9 中，可以设定 C 流程的连通对象是 D。总之，可以通过这种方便的双向配置功能，随时调整不同协同流程之间的连通关系。这不仅可以随时为不同的项目构筑不同的业务流，更重要的是，由此可确保自主的、敏捷的业务变革能力。要确保能配置这样的环境，必须保证所有独立的协同流程组件在业务功能逻辑上的唯一性，而且都是采用 BPM 或上层中间件这样的工具平台系统配置出来的、标准的流程组件，也就是说，所有可称之为协同流程的组件，都可视为一个符合 ESB 总线标准的标准组件，可重复用于不同业务流系统应用的配置作业之中。否则，很难实现上述自由、灵活的流程连通。至于怎样通过 ESB 服务总线环境来配置这样的连通关系，以及其中的技术原理，业务架构设计人员并不需要深入了解。

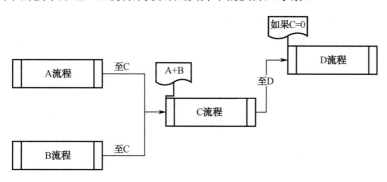

图 3-9 流程连通逻辑条件设置示意图

3.3.4 信息协同的自由定义

前面已提到协同流程应该具有很强的信息协同功能，即必须重视在执行端到端流程过程中的信息交互能力。而从协同流程的技术特点来说，这种交互能力实际上是指不同流程和流程之间，以及每个流程活动节点之间的信息交互能力。但随着业务的变更，以及随着企业发展对信息协同要求的不断提高，必须经常调整这种信息协同的发行范围、频次、传输条件和表达方式等（见图 3-10）。所以，需要一个能由业务人员主动干预的信息发行设定环境，在这个环境中，可以动态地为各个流程任务节点设置发送范围、发送途径、发送逻辑条件等，还应配置编辑信息、搭载附件等各种信息交互所需的辅助功能。一旦设置完成，系统便可在指定的作业节点及时向下游流程、协作方或主管领导的协同门户中发出协同作业信息。如条件许可，应该可以调用公司内外协作方的邮件地址或电话簿等，并通过多选操作，实现自动的电子邮件、短信、微博等方式的信息交互。值得注意的是，这些协同交互信息都可自动记录在案，可随时按人、按时间等条件实现自动查询，这点对于业务协同效果和能力评价具有很重要的意义。

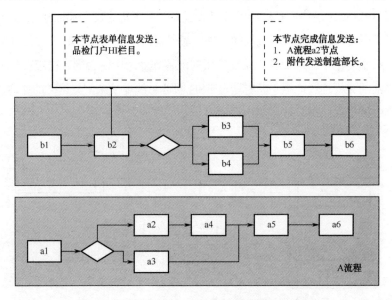

图 3-10　协同流程设置信息协同范围的示意图

必须在此强调，这样的流程节点信息协同规则的设置界面应该是面向业务人员的，而且此类设置界面中可以预先设置多个不同规则的执行事务组件，如能做到这一点，就能实现同一个业务流程组件在不同作业流程中执行不同事务组件的灵活性。为了便于理解，不妨联想一下给高尔夫选手提供不同拍子的球童，这个球童就相当于设置环境，而球童背袋中的不同拍子，就是不同的事务组件，而高尔夫选手相当于抽象出来的流程组件，当进入不同的击球环境时，球童能够随时给他提供所需要的球拍。在面向工业 3.0 的 IECP 平台中配置协同流程时，应该确保这样的灵活性和个性化配置能力。

3.3.5 运行异常的自动监控

一个部署在 IECP 平台中的理想的协同流程应该是一个状态透明的流程，一个过程可控的流程，要确保流程正常运行，需要很多必要的前提条件，例如，必须确保流程本身的设计符合实际的作业条件，又如，我们希望所有的流程执行人员始终认真负责，而且能力充分等，这是不现实的。企业面对的环境条件随时都在变迁，各个作业岗位的作业能力的发挥也很难维持不变，所以，永远也不能期待企业的流程运行能达到完美无缺的程度。为此，必须具备及时发现流程异常现象的能力，以便及时纠错和调整流程自身。要形成流程异常的自诊断能力，就必须具有针对运行异常事件的清晰定义、可量化数据模型以及数据采集和报警等的操作规则。这里所指的异常自诊断条件的设置功能，就是指协同流程必须具有设置异常运行规则和报警方式的操作环境。在这种操作环境中，应具有选择所需监控的流程或节点对象的功能，应具有设置流程流转速率、节点操作超期等异常条件值的功能，还应该具有设置报警信息发布范围等辅助功能的操作环境。

为了进一步说明，举一个通俗的例子。如果可以发明一个人体健康自诊断机器，但在让它工作前，为了确保诊断更准确、更有针对性和更容易发现问题，希望能够很方便地预设检查对象特征、检查项目、报警基准、通报对象和报警时间等。如果这台诊断机器每天都不厌其烦地为用户提供诊断书，而且这种诊断书中包含着 90%以上的无用信息时，就没有人会关注诊断书了，这样的自诊断机器肯定也没有人会买。所以，企业对于平台的监控需求会随着企业发展的需要不断变化，必须具备随时调整基础监控参数的灵活性。

总之，关于协同平台的技术特点，首先，应该从加强业务流程之间的连通能力和信息协同能力两个方面进行考虑，以确保业务流的顺利进行和流程信息的及时共享。其次，应重点关注协同平台中的业务流程的过程控制能力，也就是常说的闭环控制能力。为此，应加强各种状态监控、报警以及闭环处理节点的配置能力。围绕 IECP 还有很多可以展开探讨的课题，将在第 6 章中详细讨论，这里不再逐一展开讨论。

3.4　如何分析现有协同平台的能力短板

从第 4 章开始，将开始详细讨论 IECP 平台的设计思路，但在这之前，应该对现有的协同作业瓶颈展开分析，以掌握当前业务流程中的能力短板，同时，也能通过这样的分析，进一步提高业务流程分析能力。另外，了解了上述协同平台的应用特点和技术特点，对 IECP 平台应该有了一个基本的认识。当需要具体开发某个关键业务的 IECP 平台时，还应该在掌握上述特点的基础上，进一步学习符合这种系统开发特点的需求表达方法。为此，企业的协同管理人员应该学习掌握流程系统设计的基本方法，如流程图的设计方法，业务对象结构分析（BO 分析）和节点操作规则的设计等，本小节不对流程设计的基本方法展开讨论，将针对 IECP 平台的上述特点提出一些需要特别加以注意的分析方法，以便在编写 IECP 平台系统的开发需求方案时加以参考。

3.4.1　能力指标和目标识别

开发 IECP 平台的主要目标就是要提升业务能力，所以在编制 IECP 平台开发方案前，应该研究在现有机制下，哪些业务能力指标还不尽如人意，还存在哪些协同管理问题，也就是把握现状，并以此为基准，提出明确的改进目标。例如，认为当前市场质量投诉的及时应答率不够理想时，应该在充分调查的基础上，提出明确的及时应答的定义和控制基准，并据此计算出（或估算出）过去一年平均的及时应答率（例如67%），这样，便可在同一基准上，提出及时应答率的改进目标（例如，达到90%以上）。当然，反映协同管理能力的指标存在很多形式，如流程的平均流转周期、流转速率、业务目标的按时达成率等，这方面在第2章中已作了较为详细的讲解。具体业务流程应具体分析，但其基本原理是不变的，一定要明确能力判定的定义和基准，并据此确定项目实施前后控制目标的差异。

为什么在开发IECP平台的需求方案中，要设定具体的业务协同能力的提升目标，系统功能再好，也不能解决人的问题，业务目标的实现主要是依赖员工的作业表现，而不是什么系统。这样的疑问，听起来似乎有点道理，但这正是很多业务系统开发需求方案设计中的重大误区。搭建IECP平台，就是为了提升业务能力，如没有这样的目标，又何苦去开发什么系统呢，难道只是为了提高某个岗位作业效率，只是为了减少一点工作量，只是摆摆样子的摆设吗。出现这样的理解，恰恰就是因为对于搭建IECP平台的理解还存在重大偏见，之所以有这样的理解，也是因为过去开发应用系统时留下的某些消极记忆在作祟。开发任何关键业务的IECP平台，就是为了实施彻底的BPR工程，就是为了全面提高执行层、管理层和经营层的业务能力，至于改进后的流程，哪些地方需要机器人来完成，还需要根据改进的价值和投入的能力来确定。在推动这样的"工程建设"过程中，同时包含理念更新、流程优化、系统建设和人员培训等各种改善活动。所以，必须明确开发IECP平台的目的就是为了提升业务能力，离开了这一基本原则，就不可能设计出具有真正提升协同管理能力的协同平台，这一点非常重要，务必对此有所思考。

Chapter 3

131

3.4.2　执行角色和需求调研

在开始进入企业级流程重组或优化设计之前，应该对现有流程涉及的相关部门、各部门子流程的执行者以及信息协同的角色进行初步定位分析。这是因为，要设计的流程最终要为这些部门的业务人员提供实用、友好的协同作业环境。所以，在编写企业级流程系统开发的业务需求书时，必须明确系统将为哪些参与协同作业的人员提供技术支持，同时，应利用业务架构分析资料，确认是否存在需要新增的模块，以及这些新增模块是否产生了新的关联部门和流程执行角色，并据此制订按角色展开的需求调研计划。也就是说，要听取所有系统关联人员对于现实协同环境的不满，以及对于未来协同环境的憧憬。

图 3-11 表示的是设计变更实施跟踪管理流程的部门关联示意图，这种示意图的作用就是为了确定各部门子流程之间的关系，可作为业务需求书框架设计部分的内容，这种示意图，对于协同平台的配置人员来说，具有从整体上直观反映协同流程结构关系的作用。

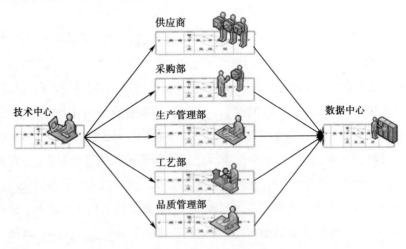

图 3-11　设计变更实施跟踪管理流程的部门关联示意图

从图 3-11 中看出该协同平台涉及哪些部门，并基本确定彼此之间的协同关系。但依然不知道具体要找哪些角色的业务人员来研讨流程开发的细节。所以，应该通过初步调研，得出图中每个子流程的角色关系示意图（见图 3-12 所示工艺部门实施设变流程的角色示意图），有了这样的角色关系分析示意图，就可制定出详细的需求调研的日程表。另外，这样的示意图，对于分析流程执行状态、分析流程连通规则、讨论信息协同范围以及讨论流程监控方案等，都有很直观的展示作用。

工艺担当　　　　　　领导　　　　　　工艺数据员

图 3-12　子流程角色关系示意图

3.4.3　连通方式和执行规则

IECP 平台的主要特点就是要打通不同业务流程之间的协作壁垒，所以，在设计这样的协同平台时,必须充分研究现有业务流程之间的指令传递和信息共享方式,充分研究当前不同业务流程之间存在的协同规则,明确当前各种需要克服的管理和业务传递过程中的消极因素,并针对性地提出相应的执行规则和连通逻辑，这里强调执行规则和连通逻辑,因为确定执行规则和连通逻辑是固化协同流程的第一步,任何流程之间的连通问题归根结底都与缺乏明确的、可执行的规则和逻辑有关。另外应该明确指令传递过程中的技术障碍,也就是说,即使有规则,但仍可能存在人为执行上的不确定性,仍可能存在和作业经验有关的作业效果的差异性,因为"规则是死的，但人是活的",作业人员可以不执行规则,也可以有条件地执行,在对象众多,任务繁杂的大型企业,管理人员根本无法对此进行有效的过程监管。所以,必须研究各种技术手段,把作业人员的"活的"部分,尽可能地消除。

首先，最常见的思路是通过流程系统化的方法，即通过流程作业自动传递的功能，将业务人员绑定在协同平台上的方法。实际上，所谓的"绑定"在流程系统上，就是前面曾介绍过的那样，一定要让下游执行人员随时都必须面

133

对一张从上游推送过来的、自动生成的任务列表。这种技术对于 IECP 平台来说是能够满足的。但如企业还没有完成此类 IECP 平台的开发，也并不是说就没有办法形成这样的任务列表，可以为一些单一系统开发各种自动传输任务信息的功能，有点像定点发送的专用邮箱目录或专用短信目录的功能。只要能达到让下游人员及时知晓，而且无法回避接受任务的目的，就可以认为已达到了"绑定"的作用。

其次，要在方案中提出一些重要流程节点的待办任务状态信息的可视化设计要求。实现重要节点待办任务状态（重要度、紧急度、进度状态等）的可视化，是为了让负责工作分配的部门领导能随时掌握部门业务流的实际状态，以便准确地做出关于任务调配、进度催促以及客观评价等方面的决策。这对于提高作业人员的执行力将起到很大的作用，相当于间接加强了上述流程的绑定作用。

在流程的上下游之间出现多条并行、交叉等复杂连接的场合，甚至这些连接还存在一些业务条件的限制时，为了消除交接过程中因职责不明或条件判断上的理由，最终导致上下游交接失败的现象。一定要在设计时尽量提出连通逻辑系统化判断的功能要求，以便彻底消除上下游之间人为协调的困扰，这也是 IECP 平台设计中关注协同效果的重要思路之一。

在完成了流程的连通关系分析之后，就应进行和任务执行规则相关的需求分析，要做到这一点，就要设法在系统中设定满足执行规则的业务模板，以确保下游员工在接受任务后，能在系统的支持下，严格按照上游希望的执行规则顺利地完成任务。这一条就是要消除所有影响执行规则效果'例外'的措施之一，也就是说，在传输给下游的任务表单或操作界面中，必须想方设法，使之按既定的规则进行操作（如图 3-13 所示），如操作顺序规则、节点确认规则、输出条件规则等，而不留下任何允许自由发挥的空间。如确实有一些无法通过系统设计来限制的情况，至少应在该操作环境下提供必要的界面信息提示类帮助，有了这样的考虑，操作人员就很难在事后为其不及时或不合理的行为结果辩护。这一点做得好，对于提升作业交接中的执行效果常常会产生令人惊奇的效果。

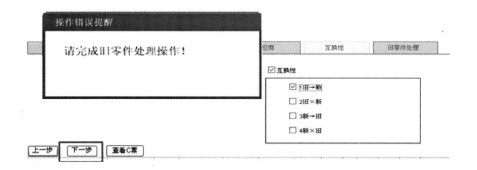

图 3-13　节点操作规则设置示意图

3.4.4　例外现象和执行逻辑

由于协同流程具有与单一系统交互数据和自动发布信息的不同功能，可以利用这一点来解决各种流程节点操作中常常会遇到的例外现象。所谓例外，是指该节点作业中可能存在一些影响作业协同效果的特殊情况，在正常情况下，这些例外并不存在，但一旦出现，就会直接影响执行该作业的效果，甚至完全改变执行该操作的初衷。对此，有时需要改变流程的流转形式或流转方向，有时需要改变节点的操作规则和操作方式等。这些例外，在非系统化操作环境中，是通过人工经验来应对的，不会出现应对上的障碍，即使出现差错，也不会成批发生，而且其结果也较容易得到大家的谅解。但在自动执行的 IECP 平台中，如不能识别这些例外，就可能在不知不觉中导致大量执行错误的严重后果。例如，数字加工中心在不能自动识别加工刀具的磨损量时，就会造成比普通机床多得多的加工质量损失。在 IECP 平台中的例外和处理方式有很多，在此举两个例子加以说明，第一个是在某个业务对象的某个属性出现例外时，需要改变流程路径的例子。例如，在设计变更通知的管理流程中，如规定凡是3C 认证零件必须实现技术和质量部门会签操作时，系统就应具有自动识别流转中的零件是否是 3C 认证零件的功能，一旦识别后，应能自动改变流程的流转路径（见图 3-14）。第二个例子和节点操作的执行条件有关，有些节点必须在执行条件完备时才能继续，否则要改变处理路径或处理方式，这是最实用的例外识别操作，例如，在某个节点进行多任务操作时，可以设置很多限制该节点进一步操作或流转的限制条件参数，且对不同的任务提交结果的组合设置不同的处理方式。在默认状态，也可以把这些条件参数都设置在 OK 状态，正常情况下，这些限制条件通常是不存在的，系统可为操作人员提供确认的操作环节，即允许操作人员有意识地确认这些限制条件是否存在例外现象，如存在，则可点击相应的限制项目，系统能自动按照预设的流转路径流转，或自动启动新的操作模板，并由业务人员进行相应的例外操作。这种原理在很多 ERP 系统的高级供应链计划管理模块中有所应用，这是一种可以抽象并加以广泛应用的例外处理技术。

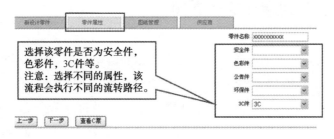

图 3-14 流程流转路径设置示意图

这种例外识别和处理的种类很多，要充分认识这种识别节点操作例外对于提升协同作业能力的重要性，有很多例外都和实际的协同作业条件紧密相关，很多失败的协作案例也是由于协作中的例外造成的。

3.4.5 运行控制和执行评价

开发 IECP 平台的主要目标之一就是要提升协同作业中的过程控制能力和对作业人员执行力的评价能力，提高这两种能力最直接的方法就是为管理流程的业务人员和管理人员提供流程运行状态和执行状态的数据服务（统计、分析和展现）。现有的很多系统，更多地关注业务对象的绩效统计，而忽视反映协同能力的数据统计和分析，所以在开发协同流程管理系统时，应该同时考虑反映协同能力的基础数据服务。

综上所述，编制 IECP 平台的需求方案（见图 3-15）与编制传统意义上单一系统的开发需求方案存在较大差别，必须充分理解开发 IECP 平台的目的，提高协同能力，仔细品味'协同'两字的含义，方能完成一份完美的 IECP 平台的开发需求方案。

图 3-15　编制需求方案示意图

3.5　智能化 IECP 平台的发展历程

在很多有关 ERP 系统实施理论的书中，已有很多希望在更广阔领域实现业务协同的研讨性话题，如所谓 ERP2 系统的提法等。这是一种非常自然的反应，只要有过 ERP 系统的实施经历，就一定能体会到现有市场上很多 ERP 软件系统所具有的局限性，即使是号称引领潮流的 SAP 和 ORACLE 公司的系统也存在很多令人烦恼的短板，尤其在协同方式方面还存在诸多弊端。为此，近年来这些公司开始尝试在市场上运用 SOA 的系统架构理念来宣传产品，实际上，基于 SOA 系统架构的优越性并没有真正融入产品中，所谓 SOA 能带来业务变革的敏捷性，暂时还只是一种用来忽悠客户的说辞，这样的观点，是我们在实施 ERP 项目过程中的切身感受。但应该从发展的观点来看待这些新的声音，为了对这种发展趋势有更全面的认识，应该对在不同系统架构基础上构筑协同平台的方法进行全面分析和评价，以充分认识它们各自的技术瓶颈和弊端，并在如何克服这些技术瓶颈方面形成共识。

更重要的不是讨论不同系统架构的利弊，而在于研讨基于不同系统架构的基础上，是否依然可以搭建出具有实效的 IECP 平台，毕竟不是所有的企业都具有足够的资源来搭建面向客户的端到端的 IECP 平台，毕竟不是只有世界 500 强才有权利追求企业管理转型的目标。这里要探讨的是如何推动企业管理转型的实质，而不只是虚幻的理念或高深的系统技术。所以，应该一方面探讨系统技术的各种限制条件，另一方面又应该为我们处于不同发展阶段的企业找到最适合的、阶段性协同管理的方案。在下面的讨论中，肯定很难兼顾所有企业的需求，但可以借鉴其中某些师法自然的思路。

3.5.1　单一系统阶段的关注对象

目前，国内绝大多数企业还处于按专业模块构筑管理体系的阶段，从系统建设的发展水平来看，绝大多数还处于发展单一系统的阶段。由于上述两个特征，企业要构建 IECP 平台，存在着系统上不能直接连通的问题。在这样的条件下，要实现企业管理转型，必须同时克服流程管理和系统技术方面的障碍。管理上的障碍主要在部门主导的流程管理方式，上下游之间传递业务的约束性规则不清晰，以及对协同规则的执行状态缺乏有效监控和评价机制等方面；系统上的主要障碍则在流程及与流程对象相关的数据管理缺乏共同的系统平台。

从本质上来说，无论是否具有理想的管理机制或理想的系统架构，端到端的企业流程都是客观存在的，其差别仅在于流程运转的载体形式和运转效果。在缺乏足够的手段形成 IECP 平台之前，没有必要、也不可能立即着手解决所有的协同问题。如果已经明确了要推动企业管理转型的目标，就应该有所作为才对。春秋战国时代的鬼谷子先生曾这样说："巇始有朕，可抵而塞，可抵而却，可抵而息，可抵而匿，可抵而得，此谓抵巇之理也"，其本意是，应该在缺陷发生的初期，就通过抵塞裂隙的方法来使裂隙扩大停止，使裂隙逐渐变小、使裂隙逐渐消失，直到完成消除裂隙并达成目的为止。所以，虽然缺乏充分的准备，也不具备应有的基础条件，但仍然可按照鬼谷子先生的抵巇之理来启动企业管理转型之旅。在这样的阶段，急需从以下几方面展开管理改进活动。

首先，应该展开各种认识和发现协同管理缺陷的调研和研讨活动。在实际协同作业过程中，常常会看到很多作业被莫名地耽搁和延迟，还会经常看到部门之间在出现问题时彼此责怪和埋怨的景象，我们就是要从认识这些现象背后的故事开始。

其次，应该全面展开关于企业管理转型的培训活动，并充分认识到企业管理转型和最终建立企业级协同平台的关系。但这样的培训只能解决端正意识的问题，影响企业管理转型的因素千头万绪，如希望仅仅通过培训就达到某种效果，那是不可能的。历史上有很多伟人就曾希望通过端正大家的意识来推动时代进步，但他们最后都失望了，不得不含恨而去。

最重要的是应该学习业务和系统架构分析的理论和方法，逐渐认识跨部门流程交接过程中的单兵作业能力问题和团队作业过程中的协同作业能力问题，对于后者，应该学习如何建立大家必须遵守的规则，学习如何发现执行力方面的问题。如果没有这样的系统学习过程，企业不可能形成企业级的协同管理机制，更不能形成顶层设计能力，企业管理转型也就无从谈起了。

最后，在上述充分培训和训练的基础上，应该对所有上下游之间的协作规则做出明确的、甚至可量化的规定，并使之成为考核大家执行力的重要内容。具体地说，就是要努力达成以下目标。

① 加强各业务流程的标准化。

② 明确协同作业的作业规则和作业职责区分。

③ 建立协同问题记录和对策处理机制。

④ 定期开展流程运行效果评估活动和业务架构分析活动。

总之，在以上阶段，应该系统化地学习和掌握企业管理转型的理论知识和分析方法，并通过"立法"的方法来规范大家的行为。只有经过这样的阶段，才能说做好了启动企业管理转型改进工程的前期准备工作。

3.5.2　传统整合阶段的挑战课题

大多数企业会发现系统技术瓶颈给协同作业带来种种障碍，很多企业在搭建完成高度集成的 ERP 系统之前，必然会被单一系统彼此隔绝的状态所困扰，在这种状态下，即使上下游之间具有高度合作的心态，即使彼此能够完全遵守协同作业的各种规则，即使彼此的执行力已经达到了相对理想的状态，上下游协作部门仍会因无法及时获取各种业务信息而导致作业效率低下，甚至进而导致对协作方不满。在此举个非常典型的例子来说明这种情况。很多企业在发展初期，其财务管理系统都是独立的系统，同时又开发出独立的采购系统和生产管理系统，由于这些系统彼此独立，无法实现财务和业务的同步处理，财务部门无法及时获取应收、应付或库存等信息，这对部门之间的协作会造成很大的障碍，销售部门与财务部门之间就会在及时处理应收账款和信用额度管理等方面产生彼此不协调的现象。类似的案例举不胜举，为此，很多企业便会要求信息系统部门通过开发系统之间的接口来解决各单一系统之间的信息交互问题，以此来消除信息不同步的障碍。实际上，在单一系统时代，这是从技术上解决协同技术问题的唯一思路，通过有效合理地开发和管理好系统之间的接口，可以消除绝大部分业务信息传输不及时的问题，所以，不能简单地说，在单一系统架构的前提下，企业就不能考虑建立跨部门、跨平台的企业级流程管理机制，就不能追求企业管理转型的目标。但在这种条件下，如要全面实现企业的管理转型，并构建完成 IECP 平台，必须做好以下几点。

首先，应该考虑在公司内建立一个具有跨部门、跨平台管理企业级协同流程功能的管理部门，该部门应该具备业务架构和系统架构的基本分析和顶层设计能力，同时应具有对流程的有效性、协同性、可控性以及经济性进行评价的职责和能力。其次，上述管理部门应该和公司的信息系统部门建立紧密的工作协作关系，最好是属于同一个团队，这样就能减少业务分析和系统实施之间的迭代成本。另外，应该建立各个独立流程之间的信息关系图表（格式不限），以便随时可用于分析和明确这些系统之间的信息或指令的传输关系、数据的共享需求以及当前的实际状态。当然，上述的管理部门应该对所有描述系统之间接口功能的技术文件进行有效管理，确保任何时候都能得到有效调用，以便在系统升级、改造等过程中，不会出现不必要的疏漏和失误。

但是，单一系统的技术障碍依然会对提升作业协同能力产生很大不便，在这样的阶段搭建 IECP 平台，主要应关注和努力解决以下技术和管理问题。

① 流程之间还不能直接连通，下游流程大都还不能自动触发，还需要手工启动。

② 流程的执行状态还依然难以实现总体监控，即使能够实现，也会因为代价太大而作罢。

③ 流程的调整和改造会涉及众多系统接口功能的调整，费时费力费钱，且易出错。

④ 流程与流程之间很难实现实时的数据或信息传递。

⑤ 由于流程依然是分段的，所以各子流程的输出都散布在各自单一系统之中，很难实现统一、集中的信息或数据查询能力。

3.5.3 中间件整合阶段的实施要点

鉴于上述原因，很多企业会考虑导入具有高度集成特征的 ERP 或 CRM 等大型系统，这些系统本身已经将很多断片流程连成了一体，形成了相对完整的数据流。但正如前面指出的那样，这样的大型系统还不能作为一个完整的 IECP 平台加以认识，尤其是在提高管理层和经营层的智商和行动力方面，还缺乏系统层面的设计，还需要进一步加以打造。自从 IBM 等若干国际著名公司在全球推广用于系统整合的中间件技术以来，很多企业都开始关注系统整合技术的各种应用课题和前景。我们所在的企业也是少数几个抢先"吃螃蟹"的样板之一，从界面集成、数据整合以及流程整合，甚至包括 BI 技术的应用，我们都领略了一番其中的滋味。应该承认，在有效利用中间件工具系统，并充分理解 SOA 系统架构理论的基础上，企业必然会迎来逐步部署各种 IECP 平台的时代。但是，中间件技术的引入，只是解决了开发系统的工具问题，并不等于能开发出高效、可控的 IECP 平台。如果不解决机制或方法上的问题，企业的管理转型依然会出现老牛拉破车般的推进效果。

因此，在这个阶段，企业必须尽快建立具有很强自我业务咨询能力的策划、实施和管理团队，并组织相应的学习和培训活动，以确保企业系统开发和管理人员能够深刻理解和切实掌握 SOA 系统架构下的开发方法论。经营层和管理层必须着手建立清晰的管理转型战略以及可操作的协同管理能力提升规划，建立具有与上述战略方针和规划相匹配的系统建设规划。与此同时，还应该考虑和某个具有充分的中间件整合开发能力的软件公司建立稳定的战略合作关系，以确保系统整合开发规划的稳步实现。目前很多企业为了防止所谓的企业腐败，坚持每次开发都要进行繁琐的招标程序，虽然从企业坚持规范行事的角度来看是正确的，但从系统开发整体成本控制和系统开发的稳定性来看，每次都要变更开发团队是很不明智，可以说是自欺欺人的做法。正确的做法是，通过严格的招标程序，一次性选择性价比最合理、发展性最好的本地公司，并与之签订长期合作的开发服务合同，这样既能确保开发团队的稳定和成长，又能确保开发成本的透明、合理，以及实施合作过程中的高效性。

对于上述目标而言，企业自己的开发和管理团队的稳定性和连续性具有更加重要的意义，企业加强协同平台的开发，并力图提升企业协同管理能力的过程，是一个需要持续关注的推进过程，如果由于领导更替、项目主管和骨干流失等原因，经常性地出现目标变更或进程停顿现象的话，必将给企业造成各种意想不到的管理损失，这是因为基于中间件技术的系统整合成果，始终伴随着技术上的复杂性。如企业希望这些系统得到长期稳定、可靠的维护，并不断地加以调整和改进，以实现不断调整中的管理改进目标，就必须维持一个相对稳定的开发和管理团队。

3.5.4 上层中间件的出场效果

在前面的讨论中，曾提到一种称为之 BSA 的工具平台，并认为这种全新的工具平台具有上层中间件的技术特征,这是通过进一步封装标准组件的方法来提高应用系统开发效率的工具平台。随着这种上层中间件技术的日益成熟,在不远的将来、企业一定可以利用上层中间件,自主地配置出各种关键业务的IECP 平台。也就是说,企业在系统技术支撑方面,已基本具备了快速响应业务变革的能力。在这个阶段,企业只需要集中关注协同管理中现有系统支持能力的薄弱环节,并逐一将各种 IECP 平台的开发需求纳入企业的管理改进规划,再逐一实施即可。在此,先认识一下这种上层中间件技术在系统整合方面的优越性。

最直接的优点是在 IT 系统开发的敏捷性方面,可以肯定,上层中间件具有大幅度消除 IT 开发滞后的特点。IT 技术在提高企业生产和管理效益方面一直起着无可比拟的作用,信息化的发展水平已在很大程度上代表企业、行业,甚至一个国家的现代化水平。但 IT 技术在管理应用系统的开发过程中,有一个始终没能得到很好解决的问题,就是 IT 开发技术始终存在开发和实施时间漫长、开发周期不好控制的问题,相对于管理改进需求,系统技术支持总是存在一个明显的滞后期,始终难以适应经营方针和业务策略不断变化的发展需要。这种滞后期是由传统的 IT 系统开发方式所决定的,当企业要开发或导入某个应用系统时,一般会经历前期需求调研过程、立项过程、招标过程以及开发和调试过程,稍微复杂一点的应用系统开发,历经一两年时间都不是新鲜事。所以,这也是企业很难实现企业管理转型的重要原因之一。但随着上层中间件的出现,这种系统开发滞后期有望大幅度地减少,企业自主变革的敏捷性和灵活性有望得到全面提升。

采用上层中间件的第二个明显特点是无代码化的系统开发方式,并形成一种逐渐走向完全由业务人员配置和调整应用系统的趋势。为什么上层中间件具有上述的特点,如希望从技术上认识这种特点,建议阅读《面向服务的企业应用架构》一书。如只希望从应用层面认识这种工具系统的特点,请阅读本书的第 6 章。在这里,先从以下两个方面给出尽可能通俗易懂的解释。

① 普通的业务人员经过一定培训,就能够利用上层中间件,快速自主地配置各种经标准化封装的流程组件和数据服务组件。

Chapter 3

② 业务人员能利用这种工具系统，根据不同的应用目的，方便地"装配"上述经标准化封装的流程组件或数据服务组件，并快速形成跨平台作业的 IECP 平台。就像利用各种模块化设计的零部件，能够快速组装成某种具有特定功能的机械设备一样。

一旦掌握了这种具有自主配置功能的上层中间件技术，便可以按照以下顺序部署各种实用的企业级协同作业平台。

首先，完成各种主数据管理所需要的协同流程的部署，解决主数据管理中的各种技术瓶颈问题。

其次，利用上层中间件技术完善基于现有集成系统（如 ERP 等）的企业协同平台，或全部采用这种技术，重新部署产品开发、质量管理以及客户关系管理等业务领域的企业级协同平台。

最后，结合 BI 技术，逐步完成所有 KPI 管理和业务过程控制管理所需的各种数据服务组件的部署。

总之，上层中间件的出现，将为企业加速管理转型带来重大转机，只有系统架构能做到随需而变，才有可能消除业务架构随需而变的技术瓶颈。本节内容是以不同的 IT 系统发展阶段为背景来说明 IECP 平台的构建方法的，实现理想的企业管理转型不可能一蹴而就，不可能不经历困难和挫折，深刻理解企业现有的条件和合理的推进思路十分重要，即所谓知人者智、自知者明，因此，要确保企业在不同发展阶段，都能最大限度地达到 IECP 平台的建设目标，最重要的策略就是提高企业自身的业务架构分析和顶层设计能力，这也是本书的主要观点之一。

3.5.5 关于云平台商务模式的遐想

最近，出现了一种利用云计算技术为广大客户提供软件平台服务的商业模式，即云平台服务商免费向在线客户提供具有上层中间件特点的系统开发平台和培训技术，并由客户在其提供的云环境中自主开发和部署自己的流程系统，平台商最终按用户数收取年度客户使用费，类似于收取电费和水费的商业模式。这种商业模式特别适用于很多网店店商或负责销售的代理店的业务模式，在不远的将来，也许所有的传统制造企业也会利用这种商业模式来构建自身的 IECP 平台（如图 3-16 所示）。

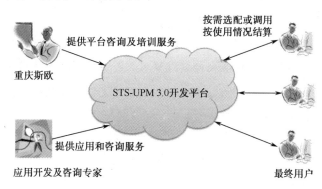

图 3-16　基于云平台的系统开发合作模式

综上所述，企业的应用管理平台必须充分体现跨部门、跨平台，甚至跨企业和跨行业的协同特点，方能称之为 IECP 平台，将其主要的标志性特点汇总如下。

① 部署了大量单一系统的大型企业 IECP 平台，通常应部署在独立和开放的门户系统之中，并可根据作业角色，自由配置具有集中作业特征的任务界面，操作人员没有访问特定系统进行作业的必要。

② 在 IECP 平台上部署的各种流程组件或数据服务组件，不分颗粒大小，必须是基于上层中间件工具平台配置而成，并符合 ESB 标准的功能组件，彼此之间能通过 ESB 自由装配成更加复杂的业务流，或实现简单的连通和拆卸。

③ IECP 平台的任务流转和展现形式类似于 OA 模式，但可同时管理更多的业务对象和作业过程，并形成关系更为复杂的业务流管理模式。

④ 平台中部署的协同流程，具有针对流程节点设置连通规则、多版本信息协同执行组件以及执行状态监控组件的操作环境，并可通过过程管理数据总表，实现流程自身的智能化流转和过程监控，具有过程透明、可控的特点。

⑤ 为了克服单一系统的技术瓶颈，IECP 平台中部署的协同流程和数据服务组件，可充当不同单一系统之间的"桥梁"，实现跨平台的数据整合和流程

整合。

⑥ 基本尚未启动信息化建设的中小企业应该一开始就采用 BSA 这样的上层中间件技术，并根据企业不同的发展阶段，有序构建和灵活调整 IECP 平台。

综上所述，企业要从当前的按专业、按职能分工的管理模式，转型升级为符合工业 4.0 标准的企业级协同管理模式，必须要在系统架构和系统应用层面有所突破。在下一章，将探讨工业 4.0 一体化平台的设计思路，预先了解一点 IECP 的概念和特点，很有必要。

第4章 工业 3.0 一体化
协同平台设计要点

在前一章我们认为，如企业希望进一步提高企业级的协同管理能力，则需要关注企业的 IECP 平台的开发和应用。但对于很多企业的经营层和管理层的领导来说，这是一个难以得到"青睐"的话题，因为很难对他们说清楚其中的必要性，这是因为他们大多数人缺乏这方面的基础理论培训和实战的感性经验。但是，如果向他们提出的是关于提升某项关键业务协同能力的课题时，他们一般都会表示有较大兴趣，因为他们能够很快理解你提出的实施方案对于他们自身能力体现的价值，这就是投其所好的效果。所以，很多企业，通常会首先关注业务架构的重建和优化，只有在推进过程中，遇到业务能力严重不足的困惑时，才会想到提高系统支持能力的问题。但关于企业业务架构设计和分析的方法，包含业务能力指标体系、业务模块构成设计、流程设计、任职能力模型设计以及系统架构设计等很多基础领域的内容，限于篇幅，不宜在此展开（作者计划在下一部专著《制造企业业务架构设计概论》中加以探讨）。而本书将以探讨企业 IECP 平台的设计要点为主，在实际讨论时，将主要以流程框架图和关键的系统功能设计要点为主展开说明。本章的内容虽然会涉及系统技术，但会尽量采用面向业务的表达方法加以描述。通过设计和搭建各种智能化的 IECP 平台来提升企业关键业务的协同管理能力，是企业最终走向工业 4.0 的重要基础工程。本章将首先为大家介绍具有工业 3.0 特征的 IECP 平台的设计思路。限于篇幅，不可能对每个案例都展开详细的说明，但对于各位内行专家来说，本章的介绍应该接近"一览无遗"的开放程度了。另外，在阅读下面各种 IECP 平台的设计要点时，应该结合第 2 章中的关键业务能力指标体系的相关内容加以理解。

4.1 企业主数据管理 MDM 平台设计要点

企业既然要逐步走向智能化制造、智能化设计以及智能化管理，就一定要首先完成主数据管理业务架构的设计和部署，在这里重点研究主数据管理的 MDM 平台的设计要点。在第 2 章已经详细地说明了主数据管理能力对于企业防范管理损耗有多么重要，而且，设计的能力指标也是根据如何防范管理损耗的思路加以定义和设计的。因此，在开发和部署企业 MDM 平台时，也应根据这样的思路来展开。

4.1.1 玩转产品 BOM 的重要性

可以断言，传统制造企业要想真正实现工业 4.0 之梦，就必须首先学会玩转产品 BOM 这一学问，因为，产品 BOM 是构建企业级主数据管理平台时需要首先关注的管理对象，也常被称之为主数据中的主数据，企业就是围绕着产品及其相关资源展开运作的，为此，必须建立与此类管理对象相关的基础标准和管理流程。那么，需要掌握哪些与产品 BOM 管理相关的设计要素，才能设计出符合工业 3.0 标准的企业 MDM 平台呢？

1. 统一定义的设计思路

在分析主数据管理能力指标时，对由于定义错误造成的各种管理损耗已有认识，因此，在构建 MDM 平台时，无论针对何种类型的主数据对象，都应该特别关注此类设计要素。在此，举一个实例来加以说明，这是一个与新产品开发指令发布相关的实战案例。

这里所说的产品开发指令，在很多企业都是采用简单的纸质文件或 OA 流程的形式发布的，但应该注意的是，这种产品开发指令实际上涉及最重要的产品类主数据对象，如产品型号、配置信息、色彩信息等，同时还必然涉及产品对象的新增、变更处理、属性收集以及多系统同步登录等下游处理流程。因此，建议在企业 MDM 协同平台中配置此类开发指令协同流程（如图 4-1 所示）。此类产品开发指令发布功能模块的设计难点，在于如何实现产品型号、产品配置代码编码及其主要管理属性的智能化设置。如何按既定规则、自动同步登录不同的单一系统也是必须考虑的技术问题。总之，此类新增主数据对象类协同流程功能，有利于下游业务的及时展开，有利于主数据定义的正确完成，有利于系统数据的一致性。

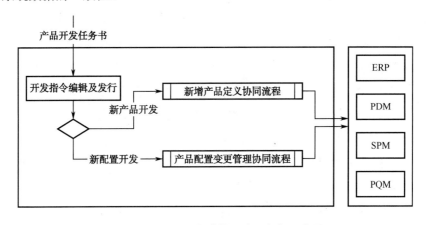

图 4-1   产品开发指令协同流程框架示意图

从图 4-1 可以发现，这种部署在 MDM 平台中的产品开发指令协同流程的主要作用，是将统一的新产品、新产品的配置信息以及关联管理属性信息同步传递给各个企业级业务管理平台（如基于 ERP 系统的供需链协同管理平台），确保各个平台信息处理的及时性和一致性。经历过各种产品开发过程管理的项目主管应该知道这个现象，在产品开发过程中，实际上还会经常发生有关新产品定义、属性信息的版本变动，如缺乏一个统一的发布平台和口径，将导致不同部门在理解上的不一致，所以，从主数据管理的视角出发，在企业各种系统前端，部署这种产品开发指令协同流程是很有必要的。此类统一主数据对象定义以及同步发布功能，并不仅限于产品数据管理，在客户关系管理和供需链管理领域也存在同样的需求。

2．智能化和执行力的关系

如何防范主数据管理中因为执行层面的错误所导致的各种管理损耗，是 MDM 管理平台设计中最为普遍的课题。这里不妨以大家最熟悉的设计变更管理业务为例来加以说明。制造业的设计变更管理（ECM）是一项涉及很多部门的重要业务，是企业主数据管理的核心模块，可以说是企业数据管理中影响最广的基础业务。因为产品数据的变更管理出现问题，最终导致业务过程失控，并造成重大经济损失，这样的故事大家一定不会觉得新鲜，所有的企业都有过类似的失败经验。随着单一系统的发展，如大家采用根据设变通知手工进行维护的方式，肯定会由于各种类型的执行层面问题，导致在多个系统之间发生数据不一致的问题。所以，在 MDM 系统中，开发具有灵活配置特点，能够适应不同企业设变管理方式的协同流程模块，对于企业而言，自然能带来明显的管理效益。而对于软件商而言，一定具有十分广阔的市场前景。我们有过利用 IBM 公司的中间件开发设计变更协同流程的经历，利用这种协同流程实现了 PDM 和 ERP 等系统之间的自动同步，虽然在此过程中，也遇到过各种各样的挫折，但总来说，这样的经历对于我们明确制造业主数据管理的发展方向具有重要的影响。图 4-2 便是这种协同流程的框架示意图，图中协同流程的内容和我们当初设计的方案相比，无论从功能还是涉及业务的范围都发生了较大的变化，也可以用来说明这样一个道理，对于设计者而言，有时候失败的经验就是最宝贵的智慧来源。

现将如下框架图中各模块的主要作用简述如下。

设变编辑及发行模块，是指从现有 PDM 的 BOM 中检出变更前的物料及其结构开始，进而自动完成设计变更内容的编辑和发行的过程。这种设计变更协同流程具有直接与 PDM 系统进行数据交互的功能，可利用 PDM 系统中变更前的 BOM 数据，直接在编辑区进行直观地新增、变更和废除等变更操作，再自动生成标准格式的设计变更明细。利用这种模块，设计部门能够高效、准确地完成设变的编制、审查和发行等协同作业。

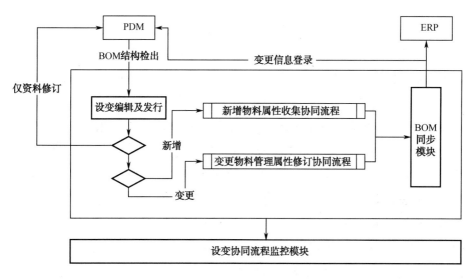

图 4-2　ECM 协同流程组件的系统方案框架图

新增物料属性收集协同流程，是指要完成本次设变新增物料的同步 BOM 结构属性和各种管理属性的收集，其中，该流程需要流经生产、物流和财务等部门，以确保最终自动导入 ERP 或 PDM 等系统的信息完整准确。

设变同步处理模块，是指根据 ECN 变更明细，自动找出被同步单一系统 BOM 的变更部位，并自动将变更信息写入系统的功能模块。

设变处理业务统计监控模块具有针对上述不同流程实施执行力和运行状态监控的功能，其中，可考虑设置设变分类统计、设变及时处理率统计、工作量统计等数据服务组件。

有了这种设计变更协同流程系统，相当于在不同系统的 BOM 之间，通过一个传输和同步处理单元，实现了不同单一系统的同步处理。所以，可以通过这种具有智能化同步功能的协同流程，来克服在处理设变数据过程中的各类执行错误，以达到避免管理损耗的设计目标。这是企业实际运用过的整合思路，不用怀疑它的合理性和优越性。

3. 超级 BOM 设计中的灵活性

在产品主数据管理中，还有一个确保主数据一致性的攻关主题，在很多

Chapter 4

单一系统运行了较长时间的大企业，由于长期存在的定义权限不统一，流程系统建设断片化，以及缺乏统一的主数据管理部门等历史原因，导致经常发生由于数据不一致造成的管理损耗事件。为此，企业开始考虑构建超级 BOM 管理系统的问题，构建这种高度统一的企业级超级 BOM，具有走向工业 3.0 的象征性意义。开发超级 BOM 管理系统也有不同的方法，最典型建立超级 BOM 的方法，是将各种产品类数据对象和相关的管理对象都集中在同一个数据库系统之内，并在各种对象之间建立严密的业务逻辑关系。也就是说，建立的是在物理上和逻辑上都共存一体的 BOM 结构。在这样的环境下，建立高度集中的数据维护机制也是必须考虑的。但是，这种开发超级 BOM 并建立高度集中的 BOM 管理机制的做法也有很多不利之处，首先，必须花费巨大资源（资金、人力和时间）才能建立高度集成的系统，一般企业不具备这样的条件，其次，要让这些系统在不同的应用系统中发挥作用，必须面对和各个单一系统之间开发系统接口的技术问题，要让这些经过集成处理后的数据达到理想的应用程度，还需要持续不断地投入开发资源和系统管理资源。更重要的是，当需要调整业务策略时，还存在现有的系统及其连接部分是否能灵活调整的问题。所以，建议采用前面提到的 BSA 工具平台来配置各类产品数据的协同流程，以实现跨平台同步产品数据的设计目标，在这样的方案中，可以将这样的协同流程系统部署在独立于各个单一系统之外的门户之中，并利用其同步处理数据的能力，建立不同系统之间的数据关联，确保不同系统中的产品类数据对象在逻辑上的一致性，以期完善企业级协同平台主数据管理基础（见图 4-3）。这种不受物理限制的、松耦合集成的"超级 BOM"具有自由拓展的灵活性，而且在实施成本上也具有十分可观的效果，这种设计有其合理性和优越性。

总之，BOM 产品是企业构建具有工业 3.0 标准的 MDM 平台的重要基础，制造企业的老板一定要费点时间和精力，了解这方面的基本概念和应用知识，否则，当面对企业各种管理难题时，很难在下属面前，表现出应有的全局性理解力。

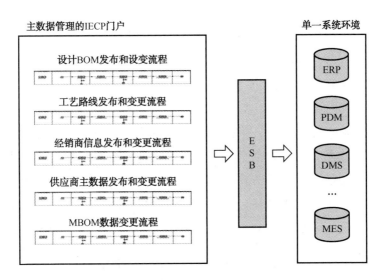

图 4-3   实现逻辑上的超级 BOM 的构建思路示意图

4.1.2   面向客户姿态的数据基础

营销模块相关的主数据管理也具有奠定精准营销管理基础的重要作用，现代化营销管理的两个重要发展领域都与这一点相关，一是基于客户行为大数据分析的精准营销活动策划，二是基于市场动态大数据分析的网络渠道拓展方案设计。企业要全面提升基于客户和市场数据分析基础的营销管理能力，必然要考虑营销类主数据管理模块的设计问题。在开发企业级的 MDM 产品时，应特别注意以下几个设计要素。

1. 和经销商营销能力相关的数据对象的动态管理

经销商的编码问题本来只是一个标准化问题，在实现系统化管理时，会出现是由系统自动编码，还是人工编码更合理的困惑。但不管采用哪种方式，企业级的 MDM 平台中，都应该考虑设置与经销商主数据定义相关的全生命周期管理的处理流程，即经销商数据对象的生成、变更、废止以及相关属性的动态管理，这是因为，企业要实现高效、智能的供需链管理，必须和营销前端保持高度的协同，如在这方面出现问题，必然会在订单管理、发货管理、备件管理、信用管控和财务应收管理等方面带来各种负面影响，导致各种不同形式的管理损耗。除此之外，对于尚未构建企业级 CRM 系统的企业来说，如希望持续加强营销协同能力，还必须全力关注与经销商能力管理相关的数据采集和及时维护，如经销商的销售和客服团队的任职能力信息，这种能力和企业整体提升客户关系管理能力具有密切关联。如没有这方面的设计，就不能说 MDM 平台已经达到了工业 3.0 的设计水平。因为，经销商直接面对广大客户，是企业获取客户数据最重要的渠道之一，如失去这样的渠道，客户关系管理就无从谈起。

2. 客户数据全生命周期特征及其保鲜处理方式

在提升客户关系管理能力方面，没有比客户数据的完整性和准确性更重要的事情，因此，如何准确定义不同管理阶段的客户数据对象，如何及时维护和更新客户信息，何时重新定义客户特征属性，以及如何确定和传输重点跟踪客户信息等，是企业 MDM 平台设计中的重要课题。如果企业没有导入具有客户数据中心功能的 CRM 系统，同时，又想具备为营销等不同管理部门提供客户数据服务的管理手段时，可在 MDM 平台中考虑设置客户数据处理操作界面或协同处理流程。对于中小企业来说，它们的主要客户往往是一些下游企业，并不直接面对最终客户，所以，需要建立和随时更新下游客户不同部门的联络渠道信息，这是一个很简单的事，但要养成良好习惯，确保这样的信息准确无误。

无论是传统制造企业，还是不断发展中的创新型和服务型企业，都需要建立处处以客户为中心的管理模式，尤其要实现在线精准营销，必须确保客户数据的精准。因此，对于大多数企业来说，如果要导入 MDM 系统，就必须考虑客户数据处理方面的设计要素。如果企业已经导入了企业级 CRM 系统，就应考虑 MDM 和 CRM 之间在客户数据处理层面如何实现作业分工和自动交互的方式。

4.1.3 供需链管理相关的 MDM 模块

在整个供需链管理中，最重要的主数据对象是制造 BOM，无论企业是否已经采用具有高集成度特征的 ERP 系统，都必须准确定义制造 BOM 的结构和各类属性，否则，企业就无法准确掌握产品的制造成本，就无法准确计算各种物料的采购需求，以及各种围绕物料的管理需求。例如，应设置由新产品开发指令流程驱动的生产 BOM 设计管理流程、与设计变更相关联的物料属性收集流程以及用于辅料标准管理的辅料标准维护环境设置等。如企业销售产品存在自制备件的管理需求，还应设置与自制备件物料信息管理相关的业务流程和数据维护窗口。但在供需链相关的 MDM 模块功能的设计中，要注意与流程流转速率控制相关的功能设计，因为，与生产制造过程管理相关的系统数据，如不能及时完成设置，就有可能造成重大的管理损耗，例如，特殊订单产品的生产 BOM 不能及时完成，导致最终不能按时供货、造成合同赔偿损失的现象。应在主数据管理流程中，设置可以进行限时提醒参数设置的功能和实时计算监控功能。

4.1.4 智能化环境中的执行者定位能力

企业要构建能够达到工业 3.0 管理标准的关键业务 IECP 平台，必须确保不同流程的执行者能够在合理的限制时间内，完成他们必须应该完成的工作。为此，必须在企业级的 MDM 平台中设置与组织机构、执行者、决策者以及信息共享者相关的信息维护、系统权限维护流程，以确保在发生此类对象的新增、变更以及删除后，各相关管理平台能够正常执行。要在系统中准确、及时的提交任务或共享信息，必须确保此类组织人员类主数据能够得到准确、及时的维护。另外，达到工业 3.0 水平的业务架构必须体现能力管理的特征，因此，系统中的人员角色信息如发生偏差，出现张冠李戴的可笑现象也就不足为怪。对于一些集团公司来说，需要实现和各直属子公司之间的协同作业和信息交互，需要在集团的信息门户中,建立与集团以及子公司组织或人员信息变动管理相关的维护流程或维护窗口。在此强调,构建企业级的 MDM 平台,并不意味着所有的主数据对象,都必须在专门的 MDM 系统中加以维护,只要能够在逻辑层面保证各类主数据对象在作业流程中的准确性、完整性和一致性,同时,又能保证此类主数据能够实现跨平台的应用即可。

4.1.5　MDM 运维机制的设计要点

前面在讨论企业转型升级的五大工程时,把主数据管理视为企业转型升级的第一大工程,如果不能在主数据管理层面完成上述基础改进,就不宜启动第二阶段的企业 IECP 平台建设项目,本节研讨的 MDM 平台就是这一工程建设的主要项目。完成 MDM 的开发和实施,并不意味着主数据管理工程已经达到要求,还要对此设置严谨的运维机制,才能确保这一平台的正常运行。应该考虑以下运维管理手段,方能确保 MDM 平台能够达到工业 3.0 的设计标准。

① 成立统一的主数据管理中心,确保主数据定义、作业标准设置以及日常运维的统一管理,确保主数据管理的完整性、准确性、及时性和一致性。

② 设置延时执行提醒和展现排行榜等执行力监控功能,确保相关流程的正常流转,以避免各种重大管理损耗事件的发生。

③ 对跨平台进行管理的主数据,应考虑通过部署协同流程,实现逻辑上的同步处理,以避免数据一致性错误可能导致的管理损耗。

④ 设置主数据质量事件处理流程,确保主数据管理层面也能实现能力管理目标。

总之,主数据管理平台的设计和运维管理是企业全面启动管理转型的基础工程,这是一件不容易的事。没有主数据管理意识和基本能力的企业,肯定缺乏基本的管理创新能力,连管理的对象都经常搞错,更谈不上管理层面的转型升级。

4.2 企业产品开发协同平台设计要点

在长期研究和归纳企业业务架构设计的理论中，有一个非常明确的结论，那就是，当面对分析或设计企业某项关键业务的业务架构时，必须通过对业务过程及其管理对象（BO）的仔细分析，构建完成该项关键业务的能力模型（即能力指标体系），否则，业务架构或智能化协同平台的设计就会失去最重要的依据。因此，读者在理解此后各种关键业务 IECP 平台的设计要点时，可以先复习一下在第 2 章中关于业务能力指标体系的基本概念。

企业产品开发模块必须充分体现出持续激发创意和不断提升开发过程控制能力的两大特征，就是要不断地提出创意，而且一旦创意转化具体的开发目标，就要使之能尽快转化为能够投放市场的产品。

4.2.1 产品开发创意能力相关的设计要点

在描述工业 3.0 典型特征时，强调了企业应建立处处以客户为中心的业务架构设计准则，产品开发管理的业务架构，也同样必须充分体现这一特点。尤其是为了不断提升产品开发创意能力，必须确保商品策划部门具有极其敏锐的市场需求变化感知能力，也可这样说，创意来源不能只仅仅来自于自身的知识积累或灵感触发，还必须通过类似于以下的流程设计和系统数据分析技术的支持来把握市场的动态（见图 4-4），这两者必须达到高度一致，否则就属于闭门造车，无法体现处处面向客户的流程特征。

无论是新品创意还是产品改进方案，都应为之构建企业级的、包含客户体验结果的评审流程，这样的流程确保了相关部门和典型客户能够参与新产品的前期策划，也就体现了作为企业整体的商品策划意识和能力，至于怎样让企业员工站在客户的立场审视各种创意和方案，还涉及企业保密、客户的代表性和评价模型的设计等事宜，不同的企业有所不同。在设计 IECP 平台时，只要考虑到如何收集"客户"体验印象这一点就可以了。

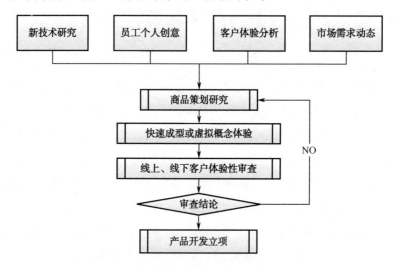

图 4-4　确保商品创意符合客户需求的过程分析示意图

4.2.2　个性化定制设计的技术瓶颈

在设计产品开发的 IECP 平台时，要提到如何提高智能化设计和个性化定制设计能力的问题，这种能力与提高企业产品开发周期控制能力有着密切关系。其实，这两种能力本质上是相通的，所谓智能化，就是系统能针对客户提出的配置需求或功能需求，自动地在企业现有的产品设计的知识库中找到最接近的产品设计资料，并能自动定义和分配专用件的设计任务，并能在一种并行设计的环境中，快速完成特殊订单产品的设计。而个性化定制其实也是一样，只是通常会习惯地认为，既然提到了个性化这样的词语，一定是客户的设计需求，远远超出了现有产品的配置范围，对于个性化要求较大的客户需求，流程对此主要应能体现出快速回答 YES 或 NO 的能力，以及对可行的订单需求按时完成设计的能力。也许对这样的特殊订单无法实现智能化设计，但仍然需要在流程作业中充分体现一个"快"字，从图 4-5 中，可以看到，只有大幅度提高企业智能化应对的系统技术能力,才能充分满足个性化定制开发流程的快速应对需求。企业是否具有配置 BOM 的管理能力,是否具有支持模块化设计的知识库基础,是否具有快速在线调配开发资源的能力,以及是否具有能够高度协同的跨企业协作平台,对于企业整体提高个性化定制开发能力具有决定性的影响。如图 4-5 所示,快速基准 BOM 定位分析的基础,是必须构建具有配置定义层设计的配置 BOM,同时,还必须在销售前端设置符合配置 BOM 格式的个性化订单匹配模板等功能。为此,需要在系统中设置快速计算和分析的执行事务组件。实战经验告诉我们,企业如真的希望朝着这个方向发展,就必须跨越上述技术和规范层面的瓶颈。较为困难的是,如何在自由配置的组合中,排除一些技术层面和客户体验层面应予排除的组合,即配置约束项目。至于为了加快专用件设计的速度,如何在诸多相似的设计对象中,找出最为相似的基准零件来实施新模块的设计,属于大数据分析的范畴,将在第 5 章展开讨论。

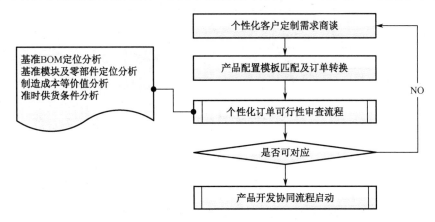

图 4-5　个性化订单快速应对的分析能力分析示意图

4.2.3　知识管理是否为产品开发部门的关键业务

在分析产品开发的能力指标体系时,多次提到了与持续提升产品开发能力有关的动态知识管理,并认为应以具体的 KC 积分指标的增减率来量化评价具体开发领域的创新能力。实际情况是,尽管知识管理机制对于激励创新、倡导竞争具有非常直接的作用,在绝大多数制造企业的产品开发部门并未把知识管理作为一种重要业务来对待,为什么会出现这样的情况,主要原因是企业的产品开发部门尚未建立需要有效量化评价的任职能力评定机制,或者说,虽然有这样的机制,但主管领导更喜欢根据自己的直觉判断来评价员工能力的高低,认为并不需要为此建立通过作业流程来记录员工实际知识贡献大小的机制。实际上,企业的很多领导都喜欢这样的自由裁量权,对于他们而言,能够体会到一种与权威性有关的满足感是十分重要的事。在这样的情况下,很容易出现很多由于不透明带来的不解和不平,也就很难在开发部门内部自发地形成尊重知识、鼓励竞争的氛围。为此,如企业真的认为提高产品开发能力与维持企业的生存能力密切相关的话,有必要把如图 4-6 所示的动态知识管理模块纳入企业产品开发 IECP 平台的设计范围。

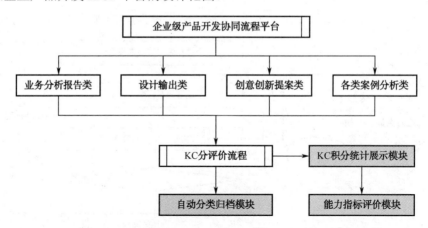

图 4-6　企业级产品开发协同流程平台和知识管理和能力管理的关系

从图中可以看到,从产品开发的商品策划阶段、立项审批阶段、设计阶段和量产后的设计变更阶段,只要存在创意性的成果交付活动,都会经过一个 KC 积分评定的环节,而且这样的评定结果将在知识管理平台中公开展现,因此,这样的透明化环境中的评价标准和评价的准确性,必定会逐渐趋向合理。当然,其中的评价标准的设置也是一项很费神的工作,对此,在这里给出以下基本原则。

① 每年应根据实际的评价结果，定期重新修订各阶段的 KC 积分评价标准。

② 年底，应由知识管理委员会对当年的评价效果进行一次评价，对存在明显评价不当的项目作出调整。

③ 建议 KC 积分评价采用 10 分制（这是实战后认为比较适合的取值）。

④ 评价标准应从知识贡献项的实际价值、技术难度、技术新颖度和共享范围等多个维度加以定义。

⑤ 考核人只根据评价模板选择符合项，最终得分由系统自动计算。

另外，图 4-6 中的能力管理模块实际上是一个分析统计模块，它可以按人、按单位进行环比和同比的能力表现分析，这样的模块对于企业管理层和人事部门来说，不仅可用于准确的能力评价，也可用于部门任职能力分析和人力资源的适时调配。

4.2.4 变更管理 IECP 平台的设计要素

这里专门针对设计变更管理的 IECP 平台的设计问题展开讨论，是因为设计变更必将造成企业各个业务模块的数据变动和业务调整，对于要实现智能制造的企业来说，是一个必须给予高度关注的重要课题。如图 4-7 所示，是具有工业 3.0 管理特征的设计变更 IECP 平台的框架示意图，其中包括设计变更提案、设计变更设计、设计变更审批、设计变更同步发行、设计变更实施跟踪以及相应的执行力监控模块。这样的平台是一个跨平台、跨部门甚至跨企业的协同作业系统，应该采用 BSA 工具平台来加以配置。

在这样的平台中，仍然应该考虑知识管理和能力管理的模块。知识管理的具体对象，是各类经过设计验证并得到批准的设计变更输出文件，这一设计是为了满足提高现有产品性价比的业务能力指标。图 4-7 中的能力管理模块的管理对象，主要是不同部门的产品改进提案的采纳率，其目的是通过对现有产品改进流程运行状态的统计，实现准确评价不同设计团队的产品改进能力的管理目标。

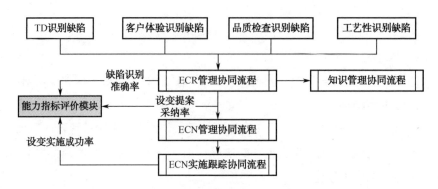

图 4-7　企业级设计变更管理 IECP 平台的模块构成示意图

　　值得重点关注的设计要点，主要包含如何实现动态的知识管理，如何最大限度地利用智能化手段实现高效地变更设计，如何准确地完成多系统的准时变更，以实现逻辑上的超级 BOM 管理功能，如何实现设计变更的智能化实施跟踪管理等。限于篇幅限制，这里仅对智能化的变更实施跟踪管理的思路展开讨论，如图 4-8 所示。

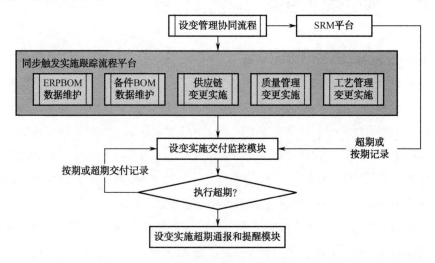

图 4-8　企业级设计变更跟踪管理 IECP 平台的模块构成示意图

　　在图 4-8 中，针对对象数据实施定时监控，并根据实际变更情况及相应业务的管理规则，及时通过移动端或现场限时装置告知相关部门实施设计变更，以确保信息流和实物流的一致。要做到这一点，必须实现跨平台的数据整合，因此，必须考虑采用上层中间件技术来应对。

4.2.5　产品开发 IECP 平台的一体化特征

　　产品开发管理 IECP 平台是本小节的讨论对象，前面讨论了面向客户的设计特征，也讨论了如何体现知识管理特征的思路，对于产品开发项目的过程管理来说，要达到工业 3.0 的设计标准，最需要倾注精力研究的应该是这种平台的一体化特征。产品开发可以说是一个涉及企业内外、众多协作单位的大型工程项目，具有实施周期长、管理对象多以及横向协作形式多样的特征，而且通常会采用项目管理的方式展开。因此，对于这样的协同平台，不应采用相对固化的单一系统来对应，而应采用 BSA 这样的上层中间件系统来对应，这样就可以随时根据开发项目的实际管控对象、管控阶段和管控要求，灵活机动地配置相应的作业环境和监控环境，如图 4-9 所示，是根据当前很多企业的实际情况设计的一个大型 IECP 协同平台，至于其中的 IECP 门户中应配置哪些协同流程和数据服务组件，需根据企业的实际发展需求而定。

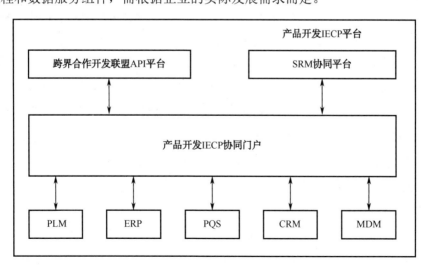

图 4-9　企业产品开发 IECP 协同平台构成示意图

这样的一体化协同平台涉及很多现有的系统资源，其中，存在很多不同平台之间的数据交付需求，例如，面向供应商的 TSCM 系统和开发平台之间的开发数据交付、面向开发战略协作伙伴的 API 平台和开发平台之间的开发数据交付，开发平台和质量平台之间，以及开发平台和 ERP 的试制生产管理模块之间的数据交付等，如果，这些环节之间的交付处于无规则的低效状态，会对整体的产品开发项目的开发周期这一能力指标产生最为直接的影响，这也是在此强调"一体化"特征的主要原因。在设计这样的大型协同平台时，除了传统意义上的设计模板的标准化、项目过程管控模板的标准化以及主数据管理层面的标准化设计要素以外，还需要同时关注如何构建知识管理和能力管理功能模块的问题。

4.3　企业营销管理 IECP 平台设计要点

谈到营销管理的协同管理课题，首先想到的是 CRM 这样的超级系统。通常，CRM 可以理解为一个完整的企业客户关系管理系统，它几乎囊括了所有营销业务的管理内容。为什么还需要研讨营销管理 IECP 平台的设计问题，因为希望读者尽快认识传统的单一系统在设计层面的先天不足。所有的单一系统都自认为自己是一个代表着当前最佳实践的标准系统，可以充分满足企业的实际需求，但实际却不然。每个企业都有自己的发展轨迹，都有自己特定的发展节拍，或者说，都有自己的个性，因此，不可能存在一种可以预想的、能够放之四海而皆准的最佳模式，也不可能存在任何标准化的系统可以直接用于企业的实践之中。如果企业曾经部署过 CRM 系统，一定会有这样的经验，现有的 CRM 系统，最初肯定会给人一个十全十美的第一印象，会让人充满期待。但一旦进入实战部署和运行，则会出现另一种景象，会发现原来期待中的管理效果并未如期而至，这其中的原因很多，其中的原因之一，在于基本固化的 CRM 系统缺乏灵活应对实际业务变通需求的能力。而最终的、甲乙双方磨合、妥协的结果，无法让人为之感到满足。为此，如果企业真的希望构建具有敏捷应对市场需求的业务架构设计能力和部署能力，就应该开始考虑建立自主的、随时能够按需配置的营销管理 IECP 平台。

4.3.1 营销管理中的一体化要素

在很多大型企业中，虽然不乏很有见地的领导和策划人员，虽然不乏听起来激动人心的经营方针和理念，但却缺乏一种让这种见解或理念转变为可操作的业务形态的机制和能力，尤其缺乏那种相对单纯但却能持之以恒的推进机制，也就是缺乏一批把搭建和调整企业基础架构作为自己神圣专业的专业人士，因为做这样的事，在很多企业居然是属于"非关键业务"，带有一点敲边鼓的性质，甚至属于那种可有可无的业务，而且是一些做起来很难、又看不到实效的工作。这是很多简单的、重要的常识和方法难以在企业得到有效推行的真实原因，这正是一个重要问题，为什么无法形成可持续加强企业经营能力的机制呢？正是因为我们企业的经营机体中，没有能够植入一种不会'偏题'，一种咬住青山不放松的基因。所以，虽然我们经常意识到了什么，但做着做着，又会被其他更有魅力的事物所吸引，最后也就只好随波逐流。但不管怎样，我们的企业毕竟开始关注客户关系管理的课题了，甚至决定计划导入 CRM 系统。但在推动这一项目时，却发现这些所谓的高大上的系统，实际就是一些端到端的业务流程在系统层面的体现，并不像很多专家所吹嘘的那么神奇，真正要让每一个客户感到满意，只能取决于每一个员工的敬业精神、团队的业务能力和协同能力，而不仅仅取决于某个系统。所以，与采用昂贵的 CRM 系统相比，只要顶层设计符合企业的实际发展需求，即使企业采用以下更灵活、更自由、更经济的 IECP 平台技术，其效果应该是"一样一样"的。

营销管理要达到企业级的端到端流程设计的高度，不能只站在营销部门的立场上考虑问题，也不应该认为通过构建一个大型系统就可解决所有的协同作业需求，为此，必须采用松耦合的系统整合技术来构建灵活可变的 IECP 平台。因为，营销管理模块是制造企业关键业务中，内外环境最容易变化的一个业务模块。不但组织机构、作业岗位需要经常变动，甚至连作业标准和作业模式都会频繁发生变动，例如一些商务政策和考核规则等。而且，可以这样说，一个不能敏捷响应市场需求变化的营销部门，肯定不是一个值得信赖、能力卓越的管理部门。营销管理中一体化，不仅要追求跨平台的协同能力，还要兼顾敏捷应对业务变更的平台调整能力。所以，达到工业 3.0 标准的营销管理 IECP 平台，就是一个具有彻底的 SOA 特征的整合平台。从图 4-10 所示的框架设计图中，可以分析出哪些模块属于经常需要灵活调整的模块，例如，其中的客服维系模块，就是一个随着企业业务管理目标的升级，可能会随时新增管理功能的业务模块。随着和电商合作的不断拓展，以及其他跨界合作模式的导入，这样的平台也需要加以应对。基于上述理由，未来的营销管理平台必须采用上层中间件技术，必须具备随需而变的系统配置能力。

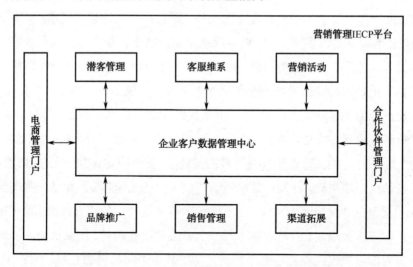

图 4-10　企业营销管理 IECP 协同平台构成示意图

4.3.2　潜客和商机管理模块的设计难点

在营销管理中，最容易理解的应该是在客流出现后的潜客和商机管理能力，把这一模块的一阶能力指标定义为"有望潜客成交率"，除了应关注潜客转化率和有望潜客转化率的能力之外，还应关注针对潜客的主动关怀达标率这样更具体的能力要素。所以，在如图 4-11 所示的设计示意图中，设计了各种主动关怀类作业的执行监控和提醒功能，同时，又考虑了针对此类能力执行状态的统计分析、能力评价模块和培训管理模块，因为所有的设计，都必须使之具有持续提升相关能力指标的具体作用，否则，就不能说设计具有工业 3.0 的典型特征。

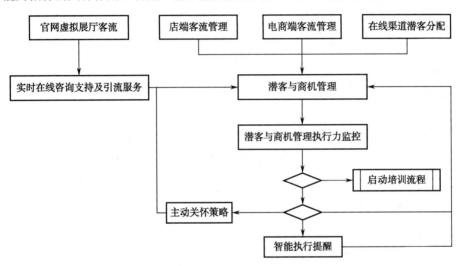

图 4-11　营销管理 IECP 中的潜客管理模块设计思路示意图

从图 4-11 中，应该关注其中在线虚拟展厅的引流功能模块，这是一个如何在线构建虚拟展厅和实时应对咨询功能的设计课题，也是一个制造企业互联网+的典型场景。另外，平台中，还应考虑整机企业如何主动关怀前端潜客、主动加强商机管理的协同作业要素设计，只有这样，才能说营销管理具有整体上处处以客户为中心的作业特征。

4.3.3　客服维系的新思维

如果说潜客和商机管理阶段，主要是为了把潜客变为企业保有客户的话，这里所说的客服维系阶段，是为了通过客户服务和客户感情维系活动，逐渐在保有客户中树立良好的企业口碑。在传统的 CRM 系统中，会考虑标准的服务活动管理模块、服务满意度调查模块、呼叫中心以及与客诉应对有关的企业级协同流程功能模块等设计。但如希望设计出具有工业 3.0 管理特征的客服维系系统，还需要考虑哪些设计要素，首先，不能忘记营销团队人人都应成为企业品牌推广人员的重要原则，为此，必须在现有的服务模式中，增加各种提升企业产品品牌和企业形象的作业活动，其次，还应确保企业营销前端和企业后端之间，形成主动关怀保有客户的联合行动机制。要确保这两项能力得到不断提升，还应考虑客服阶段的知识管理需求，以逐渐形成一套具有很强竞争力的客服作业标准，并确保客服团队具有越来越强的主动服务能力和客户关怀活动的组织实施能力。

　　图 4-12 中，简单罗列了一些在 IECP 平台中应加以考虑的前后端业务协同和信息协同层面的一些典型模块。但如要确保客服维系阶段的品牌推广、忠诚度培育等主题活动产生预期效果，还需要建立有效的客户行为数据分析能力，否则，就无法做到在适当的时机、针对合适的客户以及采用合适的活动策略，来展开有效的主动关怀活动。

图 4-12　营销管理中的客户导向和知识管理设计思维

4.3.4　品牌推广和渠道拓展的数据基础

　　前面介绍的潜客和商机管理业务关注的是商机捕捉和商机转化能力，这里将要讨论的品牌推广和渠道拓展业务，则更多的是关注商机创造能力，即通过各种类型营销活动的策划和实施，达到让更多还不知道企业品牌的客户（简称为未知客户）开始有所关注，让原来对企业品牌有所不满的客户能够改变原有的认识，总之，是希望能够提高"客流增长率"。之所以把网络渠道的拓展也视为创造商机的范畴，是因为拓展分销店，或构建线上的虚拟网店，其首要目标是为了吸引更多的客流，也就是说，在策划和推动网点布局的实施过程中，目标是为了拓展更多和未知客户的接触机会，为了创造更多的商机。上述两种商机创造性活动是否能达到预期目标，都和策划方案是否具有针对性、是否符合市场的实际需求有关，这两点又都与企业的客户数据分析能力直接相关。因此，在如图 4-13 所示的框架图中，在评审模板设计时，应考虑分析数据完整性的检查项目。为了确保策划主题符合强化企业品牌印象的一致性，还应考虑一致性分析的项目。总之，市场营销类活动的方案设计和产品设计一样，必须具有强烈的迎合市场需求的特点，绝对不能根据自我感觉或某种主观的假设来设计方案，否则很可能造成巨大的资源浪费，这是活动效果评估的环节。至于为什么最后还有一个非常严格的活动资料归档的执行环节，这是为了确保设计的流程能够体现知识管理和能力管理的特征。

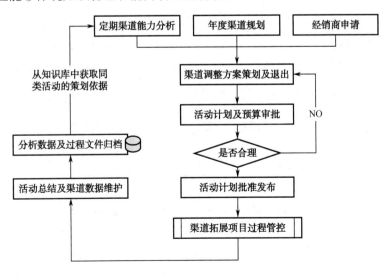

图 4-13　企业的渠道拓展过程管理模块设计要点

4.3.5 精准营销和客户数据分析

最后，讨论一下商机分析能力和精准营销活动策划能力的相互关系，在我们收集的各种实战案例中，很多失败的策划方案都具有一个共同的特征，那就是缺乏事前的数据分析，之所以缺乏数据分析，又和上述几个方面缺乏企业级的协同能力有关。现在很多企业已经开始讨论大数据分析的话题，尽管这些企业的数据采集和基础分析能力还非常薄弱。这是因为大数据分析对于精准营销能力提升作用，已被很多行业专家包装的非常炫目。商机分析能力是企业营销部门最需要，但又是最难培养出来的基础能力。在当前这种按职能区分的管理模式下，要持续提升这样的能力几乎没有可能，这也是要推动企业管理转型的重要原因。在走向工业 3.0 的过程中，首先需要做好哪些基础工作，才可能在下一阶段的转型升级过程中，能够达到启用大数据分析的理想状态，在这样的阶段，制造企业应该逐步建立以下一些基础数据的采集和分析能力。

1. 多维度、多渠道的客流数据采集和动态分析能力

这一能力的建立，有利于确立营销活动的区域、时机和特定的营销渠道。例如，当发现某个地区的客流存在原因不明的持续下降时，是否应该自动触发针对相应区域的营销活动策划流程。又比如，当感到某个渠道的客流出现急剧下滑时，是否应该迅速启动针对该渠道的市场需求调研活动。

2. 潜客管理相关能力指标数据的采集和动态分析能力

这一能力的建立，主要是为了及时发现市场前端的销售能力短板，以便及时组织相应的人员培训和资源调配活动。其中针对战败客户的行为和特征数据的采集和分析，有利于营销活动策划部门针对性地设计主题策划方案。

3. 客服维系阶段的客户行为数据的采集和分析能力

这一能力的建立，有利于企业展开针对保有客户的各种主题活动。例如，

可以通过定期分析出曾经投诉或抱怨的客户对象,针对性地组织和消除负面映象的客户关怀活动。

当然,还应建立诸如渠道分布、渠道运营能力以及备件成交趋势等基础数据的采集和分析能力,为将来逐步形成基于大数据分析技术的市场需求分析能力打下良好的基础。

4.4 企业供需链管理 IECP 平台设计要点

这样的标题,也许读者会觉得有点不以为然,因为供应链管理类的协同管理课题,早已由 ERP 这样的超级系统解决了。ERP 可以理解为完整的企业资源管理系统,它几乎囊括了所有供需链业务的管理内容,怎么还存在 IECP 平台能够发挥作用的领域。能提出这样的问题不能说没有水平,但这样的结论,肯定是一个对传统 ERP 系统的各种缺陷体会不深所导致的结论,实际上,在分析 ERP 业务架构的协同作业需求时,肯定会发现大量需要在系统外完成的协同作业,这些流程通常不适合部署在 ERP 系统内,但其结果又必须上传至 ERP 数据库内,例如,本章第一节介绍的各种主数据管理的实例,就可说明这一点。从任务交接的方式来看,在 ERP 系统内的流程作业,也是属于传统界面之间跳转的方式,并不具有主动推送作业任务至下游作业人员桌面的系统功能特征。从确保流程过程可视化,全面提升过程执行能力的方面来看,传统的 ERP 几乎没有太多的优势可言。简而言之,传统的 ERP 系统还需要进一步改造,才能形成真正意义上的企业级协同平台。如企业具备充分的协同流程的自主配置能力,就完全可以通过组合不同的协同流程来形成具有一体化协同能力的供需链管理协同平台。除此以外,企业的管理基础和经营方式也各不相同,例如,对于一些定制大型专用设备的企业来说,由于其供需链的运作过程是非连续的,而是一个片段一个片段地进行,即所谓单件项目制造方式的生产,所以无论其信息流、物流还是资金流,都是一次性的过程,目前流行的 ERP 系统并不适用这种生产方式。为此，采用协同平台技术来灵活搭建各种形式的 ERP 系统或者各种 ERP 系统独有的功能模块，以满足不同阶段的不同企业的实际管理需要，具有非常广阔的应用前景。

为了对即将介绍的各种供需链管理模块的设计要点有更深刻的认识，首先来认识一下传统 ERP 系统的一些主要功能模块的构成，以及在这些功能模块之间，在作业协同和信息协同方面，还存在哪些主要缺陷。如图 4-14 所示，对每一个关键业务领域都列出了三个主要的功能模块，当然，并不是说 ERP 系统只有这些管理功能，但可以这样理解，如采用上层中间件技术，能够预先配置好如图 4-14 所示的各种标准功能模块，并能从技术上保证这些模块之间都能实现自由的连通，就能随时根据管理需要，灵活搭建出不同阶段以及不同形式的协同平台了，这也是不在图中表示出它们彼此之间的业务连通关系的原因。但是，目前市场上流行的各种 ERP 系统，已经通过固定的程序将这些流程组件之间的业务协同规则加以了固化，形成了标准功能，但正是这些不能调整的标准功能，形成了传统 ERP 系统的致命短板。实际上，由于业务模式的多样性和多变性，根本就不可能开发出一个能应对所有业务场景的 ERP 系统。所以，真正需要的是，能够灵活应对业务变动的企业级供需链 IECP 平台的配

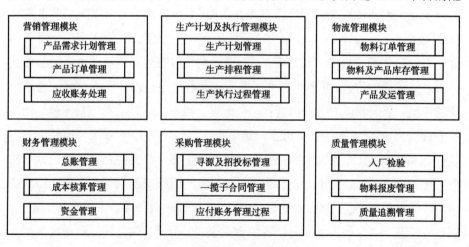

图 4-14　企业供需链 IECP 平台的配置环境示意图

置能力。而传统的 ERP 系统的最大弱点，就是它所表现出来的一种对业务理解的僵化意识，一种先入为主、自以为是的意识。从系统功能设计的视角来看，可以说存在很难灵活匹配实际业务需求的先天缺陷。

在这里更多的是关注面向未来的供需链管理模式及其系统平台的设计思路，所以，把探讨的重点，放在如何进一步提升跨部门、跨企业以及跨平台的企业级协同能力方面。以下几个方面的探讨，不可能涵盖制造企业全部的发展需求，重点在于探讨在设计 IECP 平台时，需要考虑哪些设计要点，才能有效体现工业 3.0 转型目标中的各种典型特征。

4.4.1　一体化的产销计划协同管理

曾经与很多不同企业的高官讨论过有关产销计划如何协同的课题，这是一个最适合用来检验企业管理水准的课题。产销协同管理需要同时满足准时交货率的能力指标，确保均衡生产、精益生产，以满足"单车制造成本达标率"的目标管理要求。在很多情况下，这是两个矛盾的指标，而且，在工业 2.0 时代，没有哪个企业能够顺利地解决这一难题。根据第 2 章中的能力指标分析结果可知，主要应在主流程设计时，关注以下几个业务架构层面的改进设计课题。

1. 如何才能逐渐提升市场需求预测能力

只要做过营销计划管理这一工作的业务人员，都会自然而然地关注这一能力的培养问题，因为，如果需求预测不准，首先会被生产部门和顶头上司责备，其次会直接影响面向客户的准时交货率和销售计划目标的达成率，而且，很有可能带来一系列的重大管理损耗事件。但在很多企业，即使出现了严重的管理损耗，由于大家对此已见怪不怪，也就不会把它当成严重的管理损耗事件来看待。现在讨论的是面向工业 3.0 的协同管理，所以，必须直面此类老大难问题，并通过在现有的业务架构中增加以下一些全新的设计要素，确保这方面的能力能够得到持续的提升。

在很多地方强调了工业 3.0 必须解决能力管理问题，图 4-15 中的预测精度分析的流程设计，就是为了解决这一问题。从流程设计层面来分析，需要关注的是分析模型的合理性和关联数据的采集方式，实际上，很多预测失败的主要原因，是因为缺乏评价分析的数据，或采集的数据存在合理性的问题。如果每次总结都会指向某方面的数据精度问题，自然就会关注这方面的短板修正问题。

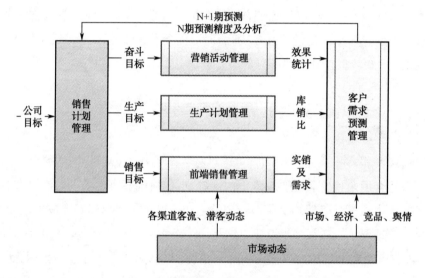

图 4-15　企业市场预测能力相关的设计要点

2. 如何建立有效的产销计划冲突事件决策能力

在能力指标分析时，讨论了是否能够设置具有"判断是非"的机器人的可能性，产销计划冲突常常伴随着是满足客户的准时供货要求重要，还是确保生产计划均衡性更重要，是完成销售目标重要，还是确保单位产品的利润率更重要。能把这里面的利害关系说清楚的 CEO 可以说是凤毛麟角，这是一个长期目标和短期目标的平衡问题，如果企业在这方面缺乏顶层设计，缺乏整体协同能力指标的研究，同时又缺乏可用于过程决策的清晰规则，此类冲突将永无止境。天长日久，还会助长一些直接影响企业发展的恶习和陋习。我们曾经设计过的产销计划管理主流程中，还增加了冲突事件临时决策和事后评价节点，但真正能够解决问题的关键，还在于判断规则的设计，为此，应通过深入研究，在企业内部建立明确的、决策用的作业规则。很多企业虽然设置了规则，却不注意定期根据企业的发展需要，及时调整这种用来"判断是非"的规则，要明白，企业在不同的发展阶段，其经营的重点是有所不同的。还有一点也很重要，那就是企业内部还要强化立法、执法以及守法的概念和氛围，一旦确立了规则，就应该严格执行，否则，有可能出现两败俱伤的严重后果。

3. 如何加强特殊订单的紧急插单应对能力

很多按订单方式来组织生产的企业，会尽可能满足客户需求，尽可能让客户得到更满意的体验，尽可能维护企业的服务品牌形象，并以此来巩固或提升企业产品的市场地位。为此，会在企业内部建立严格的确定订单交货期的作业标准，以及尽可能周密的需求计划管理流程，并通过 ERP 系统中的需求计划及生产计划管理等功能模块的有效利用，来最大限度地满足每个订单的供货期。但在实际操作中，还是会出现各种意外情况，如很多意外发生的补充订单，或某个领导硬性摊派下来的紧急订单等，这些意外都会造成无法满足某个订单的交货期，或出现多个订单的交期出现相互冲突的场合。所以，如果企业还想进一步提高订单交货期的准确率，并进一步提高在市场上的信誉度，可考虑建立如图 4-16 所示的协同流程。

以上协同流程的控制要点有两个，一是如何通过设定在协同流程中优先规则的运算，来确定合理的优先排序，并在能满足排程数量的前提下确定优先满足的订单。二是对需要调整交货期的订单，系统能根据后续生产计划的排程信息，完成变更交货期的重新计算，并自动将建议变更的交货期信息发布至DMS 中，实现交货期协商信息的及时反馈。另外，当与需要延期交货的经销商协商的结果是给予一定经济补偿时，应能启动一个产品价格补偿的协同处理流程。总之，现有的 ERP 虽然具有高级供应链的很多例外计算功能，可以通过这些分析计算功能给出调整计划的建议，但不能通过一个闭环的流程来确保问题得到及时处理，以满足客户体验中的高效性要求。这样的机制能够发挥作用的关键，还在于上述优先规则的设计是否合理，这样的规则一旦确定，最好拜托机器人来执行，以避免部门之间的无谓猜疑和争吵。

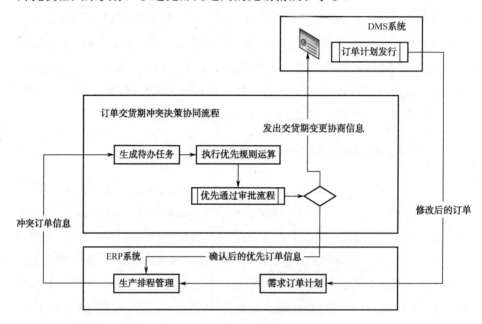

图 4-16　订单交货期冲突决策协同平台示意图

4．如何构建产能的柔性调整能力

尽管上述措施在企业发展的某个阶段，具有一定的可行性，但都是治标不治本的设计。随着共享经济和跨界合作理念的普及，构建企业之间，甚至竞争企业之间的战略合作平台，才是解决问题的根本，尤其是一些为主机厂配套的供应商之间，建立一种产能资源柔性调整的合作机制，将有利于全面解决企业上述产销协同管理中的种种矛盾。产能限制或产能过剩可以说是很多配套企业永远的痛，为什么就不可以携起手来呢？当然，这种跨企业的协作平台（如图 4-17 所示），需要精心的设计和部署才能发挥作用，这样跨企业的 ERP 系统将解决这一难题。

除此之外，在企业内部也需要构建必要的产能调整能力，对此，很多企业都有自己的三板斧，但系统层面如何考虑，仍然存在很多需要研究的地方，这样的课题不够新鲜和时尚，在此不展开。

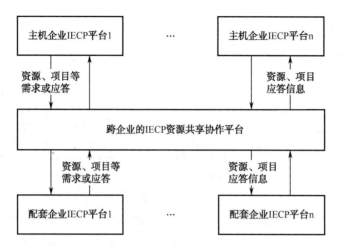

图 4-17   构建跨企业 IECP 平台的框架示意图

4.4.2   供应链的横向集成

供需链管理中的供应链管理可以说是一个具有自身固有规律的独立模块，也是企业走向工业 3.0 需要重点攻关的关键方向。在两化融合的过程中，这方面的成功案例还不多。听说过 SRM 系统，但传统的 SRM 主要关注的是采购层面的业务协同课题。并不认为此类单一系统可以解决主机厂和上游供应商之间的协作瓶颈，可以大幅度地降低整个供应链作业层面的各种管理损耗。此类跨企业运行的协同平台，不能只站在某个专业领域的立场上加以研讨和设计，而应站在整个供应链管理的高度来分析和设计，必须突破以自己为中心的思维习惯。现实的情况是，能够组织此类横向集成平台开发和部署的企业只能是整机厂，如果整机厂只是单纯地认为自己是供应商的客户，可以保持一种衣来伸手、饭来张口的优越地位的话，就不可能设计出能够处处以客户为中心的供应链协同平台。实际上，整机厂和供应商是一个为共同客户服务的合作共同体，是同一个产品生产线上的不同单元，如彼此之间还存在主客之分，还存在相互掣肘的作业瓶颈的话，必然出现双输的局面。所以，在设计具有工业 3.0 典型特征的供应链 IECP 平台时，应首先建立这种共同面对客户的设计理念。

图 4-18 是提供的参考图，参考一下其中的设计思路。

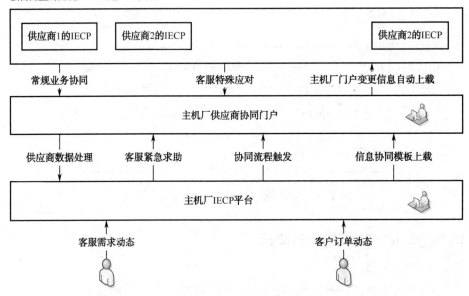

图 4-18　按需配置的供应商 IECP 云平台的框架示意图

图 4-18 中是这种平台在协同作业方面的完整性设计，对处于上游的供应商而言，由于企业规模小，不可能像整机厂那样（也没有必要那样），从不同专业部门的发展需要，构建不同的单一系统，再煞费苦心地去考虑系统整合的难题。因此，在考虑横向集成的需求时，一定要有主动克服这种上游短板的设计。同时，如采用传统的开发和整合方法，也无法实现这样庞大的整合工程，因为，这将变成一个耗资巨大，难以承受的工程。在这方面，可在第 6 章中了解到更全面的细节。

4.4.3　个性化订单的敏捷应对之道

凡是到青岛红领参观过的人，应该会对大批量个性化定制这一概念的实战模式留下极为深刻的印象，这是一个值得所有制造行业的 CEO 重点关注的发展方向。随着信息化技术的不断进步，随着跨界组合资源理念的逐步普及，随着模块化设计以及知识管理的全面应用，个性化定制技术及其管理方式，将成为未来制造企业必须掌握的生存技术之一。但是，对于大多数制造企业而言，真正能够达到全面实践个性化定制的开发、生产以及销售模式，还有很长的路要走，这里面除了必须坚定地树立这一信念之外，还必须坚定地推动管理转型的五大工程，必须克服在主数据管理、模块化知识库设计以及大数据的定位分析等方面的技术瓶颈。前面，研究了开发设计层面的应对思路。这里的重点是制造层面的功能设计要点。图 4-19 是一个企业级的顶层设计框架图，其中包含营销、开发以及企业内部制造环节的快速应对环节。

　　虽然个性化定制的管理难点，更多地集中在营销和开发环节，但在制造环节也必须有各种快速应对的设计思路，否则，很难形成能够满足客户准时交货率的生产能力。如快速地组织自制专用件的生产工艺设计或外购件的定制和采购，还要考虑智能化的排程、智能化的内外物流调度以及智能化的产品发货模式。但在整个过程中，如何快速完成 IECP 平台中的制造 BOM 才是关键中的关键。从设计层面来看，就是如何尽可能形成更多的并行设计环节，以确保制造 BOM 数据的快速采集。

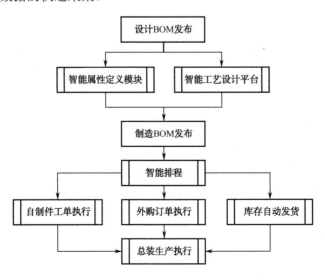

图 4-19　按需配置的供应商 IECP 云平台的框架示意图

4.4.4 成本中心和利润中心的管理压力是如何形成的

在企业管理机器设计理论中，最有研究价值的地方，应该在如何找到激发内部创新动力的方法，所以，很多地方都会强调在企业内部形成和不断加强能力管理模式的理念。而要在制造企业内部形成这样的模式，通常的思路是，要找到将企业经营目标有效分解至企业的各个成本中心或利润中心的方法，例如，很多企业会在年初举行经营目标分解会议，要求很多部门领导主动将企业的经营目标分解为部门的目标，但这样的形式，在很大程度上只会明确一些业务层面的目标，不会明确能力层面的努力目标，这样的分解方法虽然能够解决当期经营目标的问题，但并不会在业务能力提升方面，产生激发企业内生动力的目标分解效果，也就是说，不会产生足够的有利于企业提高长期生存能力的目标分解效果。这一点，正是我国企业转型升级必须解决的问题。

如何才能做到这一点，主要集中在能力指标的评价方式方面，也就是说，企业管理中的创新动力，只能来自于有效的能力管理过程。举例来说，每一个制造部门都是一个成本中心，而对于成本中心来说，最合理的能力评价对象就是投入产出比率，一方面要最大限度地提高节流能力，另一方面要提升在现有资源条件下、最大限度地提高产出的能力。所以，只要通过精准的资源管理，形成准确的投入产出控制能力的评价方法，就能对不同的制造单元设定能力指标。对于利润中心来说，可以针对此类开源部门的人均利润指标进行定期评价，不用关注其内部和成本控制相关的管理对象。既然是利润中心，就应在经营层面拥有足够的自主决策的自由度，从中央管控的层面，主要关注的应该是其创造利润的开源能力。总之，从企业 IECP 平台设计的视角出发，应该关注以下几个设计要点。

① 成本中心或利润中心业务能力指标的定义和设定方式。

② 成本中心或利润中心业务能力指标的数据模型。

③ 成本中心或利润中心业务能力指标的评价周期。

④ 成本中心或利润中心业务能力指标的数据采集方式和展现方式。

要确保设计的 IECP 平台具有工业 3.0 的典型特征，不能忘记如何建立能力管理机制及其手段的问题，如果缺乏这样的设计，就意味着管理团队可以在无所作为和持续追求的两种就业态度之间进行选择,管理部门就会为了完成当期的业务目标而无视企业长期生存的需要。

4.4.5　经营管理中的危机管控和过程决策

前一小节讨论的是关于企业经营压力分解的两个方面，其中提到了设立团队能力目标的话题。设立这样的指标，能够提醒团队管理者始终关注当期目标和长期生存目标之间的平衡。但顺利完成当期的经营目标，仍然是业务团队的首要任务，因此，在设计任何关键业务的 IECP 平台时，还需要关注如何控制实际运行过程中的执行异常和运行风险,还需要关注如何提升管理层的过程管控和经营决策能力的问题。IECP 平台设计就是企业关键业务的顶层设计，也应为执行者设计他们所需要的功能。在企业作为一个整体应对市场竞争时，其中的任何人都只是一个执行者而已。

传统制造企业的供需链管理是一个非常复杂、且充满变数的过程，因为其中的执行者大都具有独立和自由的意志,他们未必会按照既定的作业规则行事，更何况，有时并没有为他们设置非常清晰、可行的协同作业规则，因此，在设计供需链管理的 IECP 平台时，必须对所有执行异常会带来重大管理损耗的流程节点进行监控,必须对一些可能存在道德风险的流程运行结果进行定期分析。如果，设计不能做到这一点，意味着设计的供需链管理平台将处于一种缺乏控制、具有高度运行风险的运行状态。

总之，理想的经营性决策需要一个关联信息的整理和分析的过程，同时也需要一个决策分析人员提交主次方案以及说明的过程,在这样的方案报告过程中，还应加上一个对策效果测算和分析比较的过程，在此基础上，经营决策层的领导应该可以大胆决策。当然，有效的经营决策还需要一个闭环处理的流程，只有这样，才能确保经营过程是一个不断优化的过程。图 4-20 是为企业营销部门设计的过程控制和实时决策的框架示意图。营销战略决策管理的最重要特点，在于决策时机的把握上，如没有前面各个监控模块及时提供决策信息的支持，就不可能准确掌握决策的时机，如果没有及时的信息支持，企业的营销老总是不可能无缘无故地去干预任何营销业务的。

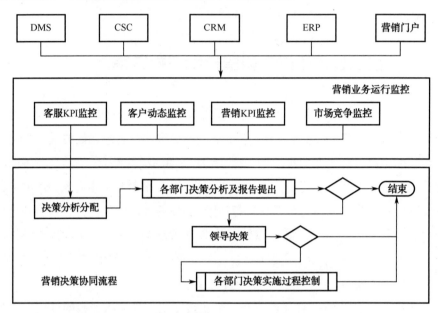

图 4-20　企业 IECP 中提升战略决策能力的设计思路示意图

从图 4-20 可以看到，营销战略决策协同平台，实际上是各种协同流程组件、各种监控模块以及各种数据整合服务的有机组合，而且，这样的组合配置必须随时根据企业内外环境条件的变化而变化，因此，应该采用具有灵活、按需配置能力的上层中间件来构建 IECP 系统平台。有效利用上层中间件技术来构建 ICEP，将帮助我们克服至今以来基于单一系统的协同作业瓶颈和信息协同瓶颈，将有利于企业提升整体的协同管理能力，也必然会对企业的管理转型过程产生明显的推动作用。如何才能实现这一发展目标，这是本书的第 6 章将要研讨的问题，我们将重点说明上层中间件技术在配置 IECP 平台方面的各种令人向往的特点，在不远的将来，企业将具备自主配置各种应用系统的能力，将具备真正意义上的自主推进业务变革的能力。

第5章　工业 4.0 一体化
协同平台设计要素

在研究如何才能构建具有工业 3.0 水准的 IECP 系统平台时，我们始终坚持根据预设的工业 3.0 的能力特征来展开研讨，这也是我们想通过本书让读者掌握的基本方法，所谓的企业最佳实践，是一个概念性错误，在这个世界上不应该存在最佳实践这种东西。企业在不同的发展阶段，需要培养不同的生存能力特征，即这种能力上的发展还必须遵循生命体发展的自然规律。因此，我国的传统制造业不可能、也未必需要直接动手构建具有工业 4.0 能力特征的管理机器。但也不是说，在当前阶段，就不能研讨工业 4.0，就好比我们虽然还在社会主义的初级阶段，但照样可以坚持研究共产主义的哲学思想和实践之道一样。我们仍然需要采用相对理性、符合一般事物发展规律的观点来展开讨论，决不能人云亦云，只是在各种炫目的概念中来回折腾。

当前企业的转型升级，必须经历五大基础工程的发展阶段的观点，其中的第四和第五阶段的建设内容，就是为了提升企业级协同平台的可视化管理水平，并最终达到整体提升企业敏捷应对市场环境变化能力的转型升级目标。这其中的道理实际很朴素，在推进管理转型以及提升企业协同管理能力的过程中，需要随时掌握设计的企业级的端到端流程处于一种怎样的状态，随时需要掌握不同团队、不同平台之间的协同能力处于一种怎样的状态，只有这样，才能随时调整流程或调配资源，以确保企业经营维持在正常、合理的状态。所以，应该把如何实现企业经营的可视化作为设计协同平台的重要内容。还有一个更为重要的原因，一个更深层次地触及企业运作能力本质的原因。推进企业管理转型的最终目的，是要打破企业长期按职能分而治之的作业模式所形成的协同壁垒，企业全面提升面向客户和面向市场的协同能力，这种协同能力，必须是由每一个企业级协同平台上的作业人员共同表现出来的实际能力，这种能力包含着作业人员的主观态度和作业技能两方面的因素。但是，在大多数情况下，根本不能期望作业人员随时都具有为了企业目标全力以赴的主观愿望，积极的主观态度常常是左右协同效果的关键。很多经济学家已经证明了这样一个事实，无论社会形态如何，一个国家内部的"相互信任"程度也是左右这个国家经济的重要因素之一。企业也一样，也是一个社会团体，在发展初期，创业人员的目标一致，基本能做到众志成城，浑然一体地应对市场需求的变化，发展速度很快，但随着企业的发展和时间的推进，就会出现股东利益取向不一致、企业内部协作氛围恶劣、业务架构设计能力不能满足企业发展需求等阻碍企业进一步发展的各种问题。成功的企业也好、失败的企业也好，他们的经历都很相似，即所谓成于经营、败于管理的规律。如何做才能确保企业内部的"相互信任"程度达到一个理想的状态呢？

管理企业的经验告诉我们，只有客观、严格的处罚，才能确保企业内部行为规范，只有实实在在惠及员工的激励才能增强企业创新发展的动力，这是非常客观的。如何才能在一个大型企业内部真正做到客观的处罚和合理的激励，这其中的难度和广度也许超出很多人的想象。实际上，根据初步研究，越是先进的管理机器，越能在以下几方面显示出它的优越性。

① 执行者在力所能及的范围内，始终能够无条件按照规则执行。

② 执行者出现任何作业异常时，执行系统能够自动发现。

③ 执行系统能够根据预设的目标运行，如出现运行能力不足时，能够自动预警。

④ 当企业内外环境条件发生任何影响预设目标的变化时，执行系统能够及时发现。

⑤ 出现任何异常时，企业具有快速的问题处置和修补能力短板的能力。

⑥ 企业完成既定业务目标的资源投入会越来越小。

⑦ 企业能够及时找到、并转向更适合自己生存的经营模式。

企业之所以要设置什么工业 4.0 之类的目标，就是为了实现很多道理很朴素、但实际又很难实现的管理目标。举例来说，上面的第一至第四条，利用机器人来执行的效果是最好的，而第五至第六条则是关于维护和持续改进这种执行系统的能力表述，这就是为什么在构建 IECP 平台的同时，还一定要建立与之相匹配的企业级协同管理机制的重要原因。达到工业 4.0 标准的管理机器在这些方面到底要面对哪些具体的挑战，以下内容是一些初步探索，但它们确实是来自我们多年实战后的一些真切体会，不是一些概念性词汇的简单堆砌。

5.1　智能制造 IECP 平台的设计基础

智能制造的逻辑外延到底包含哪些具体的业务范围，这一点似乎并未界定清楚。但如果不预先界定清楚，就无法针对性地展开业务架构的顶层设计活动。为了简单起见，把企业从接受客户订单到向客户发货的这一过程，定义为与智能制造相关的业务范围，也就是传统意义上所说的供需链管理的范围。这一范围的主要管理对象就是各种物料和实体产品，其管理过程就是这些实体对象的生成和流转过程。这样的定义，可以在智能制造和传统意义上的供需链管理业务之间画上等号，便于进一步理解即将展开的各种前瞻性的讨论。

5.1.1　电子生物和机器人的协同作用

前面曾讨论制造现场中机器人的实际作用，而且如果机器人只是代替人完成某种具体的加工作业，并认为这样的变化和工业 4.0 的宏伟目标没有什么具体的关联作用。这是因为，无论是企业转型升级的目标，还是实现工业 4.0 的目标，绝不仅仅只是为了提高某个执行单元的执行能力，而是为了提高执行单元和执行单元之间的协同能力，是为了整体提高企业在市场竞争世界中的生存能力。因此，即使要讨论机器人，要讨论电子谷物或电子生物的作用，关注重点，也应该放在提升协同能力的方面。举例来说，如在研究制造现场机器人的作用时，应该关注以下一些能够进一步提升现场制造协同能力的课题。

① 哪些场合需要机器人帮助现场的作业人员发现作业异常和运行能力异常（R2P）。

例如，对于一些预设了进度目标或能力运行目标的执行单元，可以通过设置智能化的定时输出监控和显示功能，来提醒相关的作业人员或作业管理人员。把这种智能化设计思路称之为 R2P，即机器人和人之间的意思。这种智能化的数据服务，要大量应用移动端的信息交互技术。

② 哪些制造执行单元之间，需要设置具有定向无线信息交互功能的电子谷物类信息协同装置（R2R）。

例如，中转物流场在指定物料进出流量达到某个限定值时，会发出要求上游生产线生产减速的指令等，又如，采用 AGV 技术实现内物流控制的场合，如何实现根据不同作业单元的实际动态，自动调整 AGV 运货的频次和物流路线的功能等。此类执行单元之间的信息交互功能，具有极大的应用层面的想象空间。

③ 哪些执行单元在怎样的情况下，需要和管理系统之间发生信息交互（R2B）。

例如，某些采用物联网技术监控的重要设备，在某些参数达到临界值时，会自动向上游的备件供给部门的门户系统发出备件更换或维修的指令等。此类应用也属于通过智能化的努力来提升协同能力，以防止重大管理损耗事件发生的范畴，同样属于智能制造的重点关注方向之一。

对于完全没有用过机器人的企业来说，在生产线上投入机器人，以提升加工能力和加工质量的课题，也许属于很时尚的事情。但不要把这种简单投入加工机器人的发展思路，与当今世界所关注的智能化制造方向看成是同一件事。以上的几个例子，反映的就是工业 4.0 的典型特征之一，即"凡是具有明确规则的工作，基本拜托机器人来完成"。

5.1.2　关于纵向集成的认识误区

很多行业专家，在消化了一些知名德国专家的论点之后，肯定地指出，工业 4.0 必须解决企业内部的纵向集成的问题。其实，现在提纵向集成，应该说已经过时了。早在本世纪初，很多企业在导入自动办公系统、ERP 系统或 CRM 系统时，就已经明确地提出了跨部门实现业务协同的目标。只是，当时技术瓶颈的限制作用还很明显，部门之间的协同规则研究才刚刚开始，这种纵向集成的概念未能得到充分的实践而已。更何况，在这里讨论的是工业 4.0 的问题，所以，必然基于工业 3.0 的标准来考虑进一步智能化的需要。专家提到的所谓工业 4.0 纵向集成的本质，就是要使"凡是具有明确规则的工作，基本拜托机器人来完成"的能力特征，除了生产现场之外，还要在由白领人员构成的"办公生产线"上，也得到实质性的体现。既然达到工业 3.0 标准的企业已经完成了一体化的企业协同平台的部署，所以，工业 4.0 的智能化，就是要在已经完成的 IECP 平台上，进一步部署各种能够全面提升 IECP 协同能力的智能化装置。

5.1.3　工业 4.0 IECP 平台的设计难点

已经明确了智能制造的业务范围，就是企业供需链管理的业务范围，因此，工业 4.0 的智能制造体系就是未来企业需要构建的具有智能化特征的供需链管理体系。从业务架构设计的层面来说，智能制造的 IECP 平台设计，就是针对企业整个供需链管理体系展开的智能化协同管理平台的设计，但要实现这样的目标，还需要排除如下一些设计和推进难点。

1. 如何确定智能化改进对象的优先顺序

在说明走向工业 3.0 的过程中，已经描绘了企业必须经历的五大工程步骤，既然已经完成了工业 3.0 的转型升级进程，说明企业已经构建完成了相对完整的 IECP 协同平台，在此基础上，将要逐步在 IECP 平台中，进一步增加智能执行、智能监控和智能决策的各种机器人和智能装置。但应该如何确定此类智能化管理改进的优先对象，对于这一点，没有标准的答案的，可参考以下的基本思考原则。

① 当前哪些模块的智能化，对弥补当前经营能力的短板有直接的影响（具有救急作用的项目优先）。

② 哪些模块的智能化改造具有整体提升关键业务能力的作用（具有全局性改进作用的项目优先）。

③ 哪些模块的智能化改造具有横向推广的示范工程作用（具有示范价值的项目优先）。

④ 哪些模块的智能化改造具有防止重大管理损耗的作用（具有持续节流作用的项目优先）。

⑤ 哪些模块的智能化改造具有改善创新氛围的作用（具有推动创新的项目优先）。

2．新增各种智能化功能模块时，将影响哪些现有的作业模式

随着企业业务模式的不断完善，需要改进现有的业务架构，需要重新调整一些业务能力指标的 BO 模型。因此，在走向工业 4.0 的过程中，不断重新调整现有的系统功能和数据处理方式，将是一个非常烦心，又不得不为之操心的辅助工程。必须始终关注企业基础数据分析和业务架构分析能力的提升，在系统开发、实施和运维层面，也应构建完整的知识管理体系，以达到最大限度地降低改进管理的实施成本。

3．如何界定机器人作业范围的完整性

一旦确定了智能化的改进课题，就意味着现有的某个作业环节的某些作业，需要通过系统化的改造来完成，让一些隐性的"机器人"来帮助完成现有的作业。这些机器人虽然具有无与伦比的执行力，但如果对于让他们执行的业务范围的定义本身存在缺陷，这个机器人便会毫不犹豫地犯下让人哭笑不得的

严重错误。这种现象，在人与人之间的作业交接中，也经常会发生类似的现象，但有一点不同，就是人类这种高级动物主动发现错误的能力远远强于机器人。

4. 如何界定机器人的失效模式并设立防范机制

既然要拜托机器人完成各种具有明确规则的执行事务，就要认真思考机器人接管后的各种实际可能发生的意外情况，如机器人自身的故障、外界条件的强制干扰等。因此，对于一些特别重要的作业环节，应考虑各种导致机器人运行失效的因素，并设置一些必要的监控模块，以确保不会造成机器人连续错误作业或停止作业可能导致的管理损失。

5. 机器人作业的安全环境条件的设计要素

各类机器人也需要一个理想的作业环境，例如，要考虑抗电磁干扰、抗病毒等措施。还应在指令输入的有效性方面，也应设置各种与权限、渠道有关的安全性设计。

总之，在企业的 IECP 平台上部署各种智能装置以提升整体业务协同能力时，应对上述设计难点有所意识，并逐步形成相对成熟的设计标准。

5.1.4 智能制造 IECP 平台的运维方式

本书研讨的是关于提升企业整体协同能力的课题，无论是专业模块自身的作业能力，还是专业模块之间的协同作业能力，都是业务能力的具体体现。而所有的管理改进活动目的，最终都是为了提升企业的业务能力。每到年底，经营层的领导都会开始关注年度目标是否能达成的问题,这关系着他们在面对股东大会的董事时，日子是否好过的问题，但如果经营层领导每到年底，只知道关注最终指标数据的好坏，而不关注企业各个关键业务模块的能力变化情况，并进而做出各种改进努力的话，这样的领导的日子最终是不会好过的。古圣人老子曾说过，上士闻道，勤而行之，中士闻道、若存若亡，下士闻道，大笑之，不笑不足以论道。也就是说，只有在追求理想的道路上，不停地上下求索，方能成为上贤，否则，只能算作平庸之辈。所以，只有始终关注业务能力成长的老总，才能算得上是有智慧的得道老总。到这里，必须回到构建工业4.0IECP 平台的初衷上来，工业 4.0 的企业管理机器必须有一个最为鲜明的能力特征，那就是，其平台中运行的数据流，最终应能成为中高级管理层用之于管理创新的主要资源。为了确保企业的供需链管理平台能达到这样的高度，还必须建立符合工业 4.0 标准的 IECP 平台的运维机制。那么，这样的机制中应包含哪些设计内容，除了需要完成工业 3.0 要求的各种与过程执行力有关的过程监控之外，还要在 IECP 平台中增加有关业务能力指标达成情况的监控，这是一种针对整个平台运行能力的监控，属于面向未来、持续创新的领域，下面举两个例子加以说明。

1. 供需链 IECP 平台的运行能力监控方案设计

什么样的指标数据才称之为反映业务能力的数据，如何才能有效地掌握各个业务能力模块的变动情况，这便是本节讨论的话题。能反映某个业务模块的作业效率、作业质量水平、作业精度、作业目标达成的变动趋势的指标数据便可称之为能力指标数据。例如，生产性指标中的开工率、生产效率、生产计划达成率等；如物流管理中的物料准时交付率、实际库销比达标率；又如营销管理中的客户满意度、产品设计管理中的通用化率、模块化设计达成率、初始BOM 数据准确率等。正是因为这些数据反映出的是每一个模块的实际能力，所以，如要让这些数据成为决策的依据，就必须确保其及时性、真实性和准确性，没有这样的前提，还不如不关注这些业务数据的实际状态。目前，在很多企业，确实存在着利用一些手工处理后提交上来的汇总数据进行决策管理的现象。

企业关注作业能力的变化通常有两种常见思路，一是通过对业务流程中能反映该项业务能力的数据进行连续的采集和统计，并通过同比和环比的方法来掌握该业务模块的能力变化情况。二是通过预设某种作业能力基准，再通过采集实际作业能力的相关数据，并使之与基准值进行比较，来获取作业能力变动数据的方法。这里所说的关注业务能力提升的视角，就是指从连续采集的业务状态数据中发现业务能力如何波动的设计思路,就是通过对流程的监控来发现某种有规律的作业能力或协同能力波动的现象,并据此展开相应的业务架构分析和管理改进活动,最终达到持续提升业务能力的效果。

2．集团层面的子公司资产活力监控方案

一个集团企业的经营是否能够根据市场和内外部竞争条件的变化及时调整自己的经营方针,可以说是一个集团型企业是否已经实现管理转型的最重要的标志,也是一个企业是否能够长存不衰,并成为百年老店的重要保证。很多濒临倒闭的集团型企业不是不想及时转变,而是根本不知道企业自身在何时发生了与发展不符的业务架构问题,这是因为,这些企业的经营者总是习惯于把经营不利的主要原因归咎于外部环境的变化,如国家经济发展不景气、西方发生经济危机、竞争对手太多太强、材料大幅度涨价,等等。但却忘了在变化多端的市场竞争中,自身是否做到了因形而变和未雨绸缪才是经营的根本。例如,有些子公司的经营资产已经出现发展疲态,需要及时调整经营模式;有些子公司处于井喷发展的前期,需要及时注入用于拓展市场的资金等。又比如,是否能够根据市场的变动情况来调整现有销售渠道和产品推广策略,甚至开始谋划企业的战略转型等。但是,集团企业要能够在市场发生变化时,及时发现自身经营的薄弱条件并做出适宜的战略决策,并不是一件想到就能做到的事,这是一个需要做出巨大努力才有可能达成的目标,这同样是一个需要经过精心策划、耐心培育才能逐渐形成的能力。因此,如果要构建的是某个集团公司 IECP 平台,就需要为集团的领导构建用来监控和评估各子公司资产活力的决策舱。这也是一种高大上的运维控制方案的设计。至于如何才能有效评估各子公司的资产活力,如何设置能够触发集团战略决策流程的控制标准等话题,这里不一一展开讨论。构建工业 4.0 的 IEDP 平台,是为了确保企业在市场竞争环境中的适应能力和生存能力,要想法设法为经营层领导提供这样的数据服务,否则,他们就不可能代表全体企业作出及时和精准的经营战略决策。

5.1.5　关于横向集成的推动方式

在很多行业专家的见解中，有一个基本达成共识的观点，那就是，工业 4.0 要克服跨企业的、横向集成的技术瓶颈，这是一个顺理成章的结论。这样的集成设计，从技术上讲（例如系统架构、集成方式等），和企业纵向集成方式不存在需要特别强调的不同点。唯一需要加以重点研究的，应该是如何推动此类大型工程项目的实战思路。推动这样的管理改进基础工程项目，存在以下一些实施难点。

1. 基于同一供需链的合作企业之间，如何在管理改进目标上达成共识

作为一种常识，此类项目应该由主机厂来主导推动，很少企业会在推动此类基础改造项目时，不仅为自己的企业精心策划，同时还能处处兼顾合作企业的能力提升目标。但现在的目标，与当年开发 SRM 之类的单一系统的目标相比，存在着天壤之别。既然要构建跨企业的、而且具有一体化协同效果的集成平台，就应该站在整个供需链的高度来展开顶层设计，也就是说，必须把平台中的合作企业方都看成是协同平台中的协同方，必须确保所有的关联方都能在本次基础改进中受益。因此，主导方必须在顶层设计阶段，做好以下几点。

① 充分调查并掌握各合作方当前的能力改进方向和具体项目。

② 通过共同参与基于整体业务架构改进方向的研讨和价值分析活动，确定当期改进目标和后续发展规划。

③ 必须建立由各方参加的平台方案联合设计小组，确保最终的设计符合各方达成的共同目标。

④ 对于所有的设计输出，必须设置基于平等权益的审查和批准流程。

2. 如何兼顾不同发展阶段企业的实际需求

这也是一个难题，企业处于不同的发展阶段，对智能化的需求也不可能相同。如主导企业决意推动横向集成管理改进项目，就必须意识到这样的现实，

并根据以下设计原则来加以推动。

① 在方案设计阶段，必须基于整体目标，研究确定各协同方同步参与的准入条件。

② 如果存在不合格的协作方，就应推动相关协作方的达标方案。

③ 在所有的合作方都符合启动条件后，再进入整体的顶层设计和项目实施状态。

这样的前期基础项目，也应包括在整体的建设规划中，有计划地展开和推进。在推动这样的大型工程项目时，要有持之以恒的态度和相互协助的意愿。

3．如何构建平等、敏捷和有效的系统运维模式

一旦这种在很多企业之间运行的 IECP 平台开始运行，就需要建立一个能够快速响应的运维机制，这样的运维工作，最好拜托第三方专业团队。但这样的独立单位除了应拥有业务和系统运维层面的专业性以外，还必须保持经营上的、绝对的独立性，以确保它能够逐渐培养出让所有方都满意的运维服务能力。

5.2 跨界合作的协同平台基础

很多企业，尤其是中小企业在面临某种发展机遇时，总会遇到这样那样的资源调度层面的束缚，会感到总是处处受限、难以自由伸展，不得不错过很多发展良机。实际上，这就是一种企业之间缺乏有效协同机制所导致的后果，如果是一个无所不知的上帝，站在天上往下看，一定会为很多企业在资源占有和运用层面所存在的严重不平衡现象而感到可惜，甚至感到不可理解。有的企业人才过剩，有的企业却求之若渴；有的企业缺乏渠道推广能力，有的企业却擅长产品开发；有的企业产能过剩，有的企业却供不应求，错失商机。为此，这也是当今中国制造产业需要重点关注的改革方向之一，其主题词就是跨界合作思维和共享经济思维。但不能只停留在概念阶段，而应开始展开具体的业务

架构设计和平台开发活动，在这方面，重庆的一些小伙伴们正筹划开发这种类型的 IECP 平台产品。

5.2.1　同行企业之间的协同课题

在建立跨界合作思维的过程中，最难克服的认识障碍，就是同行相争的竞争思维。因为是同行，所以一定要置之死地而后快；因为是同行，所以绝对不能施以援手。这样的思维，在大多数制造企业已成定式，几乎听不到反面的声音。但实际情况却"不一定"，天下大势，合久必分，分久必合，并无常式，在很多场合，合起来的竞争能力更强，合起来对于彼此的发展更加有利。在一些有特色的商业城市，会看到一种很普遍的现象，就是很多卖点相同、相似或由互补效应的销售店商会自发地挤在同一个街面，以形成规模效应来吸引客流，这就是一个同行合作取胜的实例之一。在这里介绍的是一些同行、同类制造企业之间如何实现协作、协同，并也能有所受益的思路。

1. 通过构建合作联盟来拓展市场的思路

在为同一类主机厂供应零部件的供应商之间，应该可以采用通过合作来加强配套生产能力，以提高进入主机厂配套范围的准入能力。但以单独一家的制造加工能力，谁都不能达到准入条件，如多家形成有机的合作生产联盟，并在技术标准、物流方式、质量控制和资源共享等方面形成有效的协作和协同模式，就有可能实现同步达到准入条件的目标。要实现这样的目标，需要芈月传中的"张子"来说服大家走向合作取胜之道。即使大家愿意合作，也需要为之构建能够实现跨企业协同作业的协同平台，在这样的平台上（见图5-1），联盟企业之间可以实现上下游之间的作业交接、指令传输以及完工结算等业务协同，也能通过这样的平台实现和主机厂之间的高效协同，这样的平台类似于跨企业的 IECP 系统，也需要采用 BSA 这样的上层中间件工具平台技术来搭建。

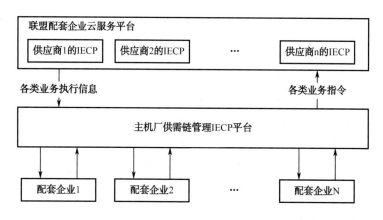

图 5-1　供应商联盟云服务平台的设计思路示意图

2．通过构建合作联盟信息协同平台来推动资源的灵活共享

在联盟企业之间搭建面向同类主机厂的协同平台时，还有一个非常重要的合作优势，就是建立资源共享、产能共享的协作机制。最有价值的协作就是在资源层面的合作，所谓的产能合作，本质上也是资源层面的合作。其中包括材料资源、产能资源、资金资源和人力资源等，因此，在合作生产联盟的平台上，一定要建立这种能够实现各种资源信息的动态共享，帮助各加盟企业实现资产轻量化的协作目标。

3．通过构建合作联盟的协同平台以实现各有专攻、取长补短的合作优势

如果在这样的平台上，还能建立各种技术层面的合作模式，如设置相应的技术咨询或管理咨询栏目，就能有效地扩大人才资源的应用价值，以弥补企业智力资产投入能力的不足。

总之，传统制造行业在走向工业 4.0 的过程中，还应充分关注企业之间的协同方式，应充分理解合作才能共赢的理念，应找到具有张子这样善于战略思维，又有三寸不烂之舌的游说家，还必须具备为合作联盟构建协同平台的设计能力和系统实施能力。

Chapter 5

5.2.2　跨界合作开发的 API 空间

在我们的成长经历中，经常会为其他领域的一些新概念和新模式所启发，并将其用之于自己的本职工作之中，还取得了不错的效果，也许，这也算是一种特殊的、虚拟的跨界合作的实例。当今世界，跨界合作已逐渐成为一种社会发展的主流，在产品开发层面的跨界合作，应该最具代表性，例如，苹果公司就很擅长。但在我国传统制造企业，这方面成功案例还不多。一个希望在我国经济不断转型的发展历程中能够独善其身、百年不殆的企业，必须学会有效利用各种社会创新资源的方法，其中，构建一种能够向制造行业开放不同领域产品开发技术资源和服务资源的 API 平台，是我国传统制造企业走向工业 4.0 之际，需要特别关注的、与发展环境改善直接相关的课题之一。我国的传统制造业要成为真正能够自主沉浮的行业，还必须在开发技术领域实现质的突破。开放的 API 平台技术是 IBM 最近到处宣讲的新概念，把它理解成一种更容易掌握、更容易部署的、面向社会的应用服务管理平台，其本质上就是一种接口总线技术。但这种技术平台的出现，将全面改善传统制造企业有效利用各种社会创新资源的效果。可以设想一个这样的场景，如果说服了很多产品开发公司、研究所、具有对外协作能力的企业和大学院校的创客机构等，并把他们能够对外合作的开发资源和开发项目，通过独立的 API 平台，开放给所有愿意借助社会创新资源的制造企业，并在这样的 API 平台上，为各方建立基于某种战略协作协议规则的合作协同管理平台，就相当于在制造企业和社会创新资源之间搭起了一座开发合作的桥梁。开发如图 5-2 所示的跨界合作平台应包含以下一些基本功能。

① 可展现各开发单元的开发能力项目和可对外协作的闲置能力及时段等信息。

② 需求单位可以方便地和开发方展开招标前的在线技术咨询活动。

③ 可以根据在线开发单元的动态，选择性的组织完成在线招标活动。

④ 平台本身就具有由发标方主导的产品平行开发项目管理功能。

⑤ 平台能够直接完成完工交接和结算等商务操作，实现不见面的产品开发协作项目的全程管理。

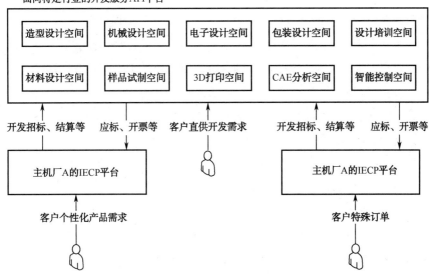

图 5-2　跨界合作开发云服务平台的设计思路示意图

这里只是假想，不追求面面俱到，真正要动手开发这样的公共服务平台，肯定还有很多需要考虑的细节。但要让整个社会的创新资源都进入一种活跃状态，除了不断解放思想之外，还需要为这样的合作创造理想的协作环境。

5.2.3　营销网络的自由拓展

在企业朝着工业 4.0 方向行进的过程中，要进一步思考如何利用更加多样化的渠道，来展开各种营销活动，以达到全面提升营销能力的改进效果。在讨论工业 3.0 的营销网络拓展思路时，提到了不断提高数据分析能力对精准营销的重要作用。但在这里讨论的是如何通过 O2O 的跨界合作推进活动方式，以达到不断扩展不同渠道的"营销合作伙伴共同体"的目的，这样的合作伙伴中，应包括代销伙伴，品牌推广渠道伙伴、维修服务伙伴以及渠道拓展伙伴等。这种跨界合作的思路,是第 2 章中提到的"保有客户合作伙伴转化率"这一能力指标的升级版,希望进一步扩大拓展营销网络的策划空间,除了保有客户会成为潜在的合作伙伴之外,将通过构建一种完全开放的云服务平台,向整个社会展现企业对外开放营销服务的协作模式,并以此进一步提升企业"合作伙伴转化率"这一关键业务的能力指标。在这样的平台上,需要具备以下一些智能化设计,否则,就不能称之为具有工业 4.0 典型特征的 IECP 平台。

① 访客参与合作项目的选择和自助式咨询通道。

② 合作伙伴具体合作模式的选择和自助式咨询通道。

③ 自助式认证流程及准入条件的自动判断。

④ 合作伙伴主数据上载管理中心的操作导航。

⑤ 合作伙伴客户端操作系统下载。

⑥ 合作伙伴之间的业务协同管理。

参与者按照以上在线步骤执行,并按指令完成各种线下的准备工作,便可作为企业营销事业的合作伙伴展开试营业了。这样的系统属于 B2B 的范围,只是由于平台中,设置了合作伙伴之间可进行商务合作的功能模块,所以从形式上看,它是一个具有跨界合作性质的服务平台。

5.2.4　真正的 O2O 模式

2016 年春晚节目中有一个关于 O2O 的小品,让广大老百姓对线上和线下的一体化服务模式的优越性有了一个非常直观的认识。其实,制造企业早已开始实践这种 O2O 模式,例如,海尔设计的一些在线预约的上门维修服务,应该属于这一范围。只是最初大家并未意识到这种互联网+的模式具有更加广阔的应用空间以及更加多样化的设计。在这里讨论的是具有工业 4.0 典型特征的平台设计,对制造企业如何应用 O2O 模式应该提出更高的要求,这样的平台设计,在业务层面应最大限度地体现客户的个性化需求,并同时设置相应的大数据分析和监控功能,确保每次线上或线下服务过程中的客户体验和诉求能够成为企业的知识资产,并能随时启动企业内部和客户关系管理、商品策划分析、质量改进管理等相关内部程序，确保企业能在面对客户个性化需求方面，始终保持敏捷的应对能力。另一方面，这种平台应采用开放的 API 平台技术，以达到联合相关的产品或服务商在平台中为客户提供配套服务的目的，这种通过精心组合的实体产品或服务产品，就能更好地体现企业处处为客户着想的服务理念。例如，如果为客户提供的是手机的上门送货服务，在这种跨界合作的服务平台上，就应该配置各种可自由选择的个性化配件、新旧置换服务选项、无线充电配置、配套遥控家庭机器人以及个性化 APP 上载等各种与手机应用相关的产品或服务。

5.2.5　不同领域的跨界合作模式

通常，最容易形成跨界合作关系的企业，应该是那些容易实现业务层面合作共生关系的企业。通俗地说，就是合在一起彼此都有利的企业。这样的战略合作伙伴，先天就容易相互接触，先天就具有潜在的共同价值观，也就相对容易形成跨界合作的共同目标。海阔凭鱼跃、天高任鸟飞，跨界合作这一概念本身，就具有海阔天空的特征。这其中充满了创新的无限空间，只要能想到，就可以通过各种相互连通的云服务平台，来为客户提供更多、更好的服务，也就能获取更多的商机。未来的制造业产品和服务的创意来源，主要将通过这样与客户直接关联的跨界合作服务平台来获取，哪个企业在这方面做得好，它就能获取更多的产品转型和商业模式拓展的机会，也就意味着企业内部的创新方向能够始终保持和市场需求的一致性。

当这种由企业开始发起的 API 服务平台具有跨领域部署公共服务功能的特征时，甚至，其中还会出现各种与政府平台之间的业务连通需求时，对这样平台的商务模式策划、系统架构设计以及运维能力也会提出更高的要求。这种平台的构建方最终应该变为一个具有独立经营意志的经营主体，以确保它本身能够转型成为一个能够处处为客户提供优质服务的服务商，这样的服务商服务的客户，就是在这个平台上为市场上的客户提供服务的服务商和产品销售商。在未来的虚拟市场上，谁是客户，谁是服务商，谁是产品提供方，很难清晰定位，它们之间的变化和转化，时时在发生。因此，开发和管理这样的平台会面临很多基础设计层面的新课题。

5.3 过程管控和去中间化

工业 4.0 的典型特征中，最容易引起争论的课题，就是所谓的去中间化，而去中间化的业务架构设计，对现有业务体系冲击最大的就是人们常常喜欢提到的"办公生产线"。制造企业即使能够顺利完成工业 3.0 的一体化平台的构建和运维体系的建立，也只能在提高作业效率、减少管理损耗以及逐步通过能力管理和知识管理、整体提升企业协同能力的目标。由于很多业务尚未得到充分的智能化技术的支撑，很多流程节点的业务，需要大量的专业人员负责处理各类办公事务，所以从组织形态上，仍然会基本保持按职能分工的形态。在走向工业 4.0 的过程中，随着各种全新业务模式和系统技术的导入，制造企业的业务流转方式和管控方式会发生巨大变化，最终会出现这里所说的组织形态上的"去中间化"效果。下面分别举几个可能的方向来加以讨论。

5.3.1 C2M 去掉了什么

如果企业面向客户、面向合作伙伴，甚至面向政府的企业级流程并没有完成一体化改造，如果企业尚未实现彻底的纵向集成和横向集成目标，各个关键业务的 IECP 平台还依然处于彼此隔离的状态，将不容易实现具有内外融会贯通的协同能力。因为，很难对很多还处于人工作业状态的流程进行自动的过程数据采集，也就仍然必须依赖大量的具备业务数据处理能力的办公人员，这些办公人员又不得不按不同的专业组成不同的专业管理部门。在传统的制造企业，销售人员获取订单后，会经历如图 5-3 所示的一系列业务部门的处理。在客户和制造部门之间有一个关系复杂、庞大的中间事务处理单元，这个中间单元的作用就是理解客户需求,并最终将这种需求转化为制造单元能够展开制造活动的基本条件(BOM 数据、技术资料、质量标准、各种物料、辅料以及具体制造计划等),这样的转化过程从本质上讲,是永远不会被消灭的,但随着先进管理模式以及智能化技术的不断进步,将大幅度地缩短这样的过程,甚至大幅度地削减中间管理人员,直到从形态上感到这一中间单元的日渐萎缩、出现一种客户直接面对制造单元的场景为止,这便是所提到的 C2M 模式所带来的去中间化现象。

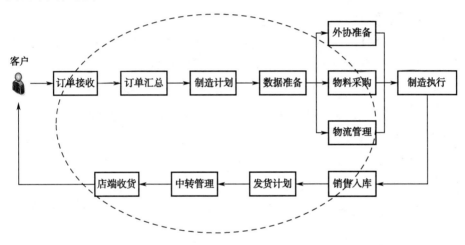

图 5-3　去中间化的业务过程分析示意图

关于这种 C2M 模式的去中间化,不要以为这仅仅是企业为了削减人力成本而努力创新的结果,在深入研究的企业管理机器的设计理论中,经常会提到企业办公生产线中的非理性行为,这些非理性行为又来自于每个具有独立意志的个人。企业内部由于这种非理性行为导致的各种管理损耗,才是企业经营机体容易产生致命病变的主要病源。因此,才会在走向工业 4.0 的过程中提出这样的要求,即应尽可能把各种有规则的工作拜托给机器人去执行。只有这样,企业内部这一中间单元必将带来的管理损耗才有可能被彻底去除,这才是 C2M 模式的真正的价值所在。这种模式还具有全面改善客户体验,削减人力成本等附加的好处。

5.3.2 C2S 的可能性

传统制造企业如能够像青岛红领那样达到 C2M 的境界，应该说已经非常不错了。不过在虚拟市场运行模式高度发展的未来，会出现客户只面对各种虚拟体验的销售渠道的场景，无论是像青岛红领那样的西服个性化的穿着体验，还是像高档赛车商品类的实地驾驶的动感体验，甚至某类复杂的应用系统的实际操作体验，都可在企业提供的具有虚拟服务功能的交易平台上完成，即所有的"重服务"，客户可以在线上一次又一次地进行体验、比较、咨询等活动（这一过程本身会非常吸引客户），并完成此后全部的交易活动。这一过程对于客户来说，甚至会产生一种玩游戏和畅游产品世界的新奇体验。这样的未来商务模式，把它称之为 C2S，即客户和虚拟服务平台之间没有任何其他形式的接触，只有客户和虚拟平台系统之间的反复交互和在线的结算操作。以下一些需要提供各类重服务的虚拟平台在未来将会形成很大市场。

① 企业展示和提供各种概念产品运用体验的智能化环境。
② 用于培养企业管理机器设计师的智能化自助咨询游戏空间。
③ 各类技能、分类知识和技术方法培训的智能导航及学习管理空间。
④ 各类娱乐产品的个人智能化选配、管理平台。
⑤ 住宅装修设计实景体验及下单管理平台。

这样的列举是没有尽头的，因为人类的想象力是无法限制的。当企业可以提供这样的服务时，就实现了最大的去中间化目标。

5.3.3 过程管控的新境界

让过程监控发挥管理作用，并不只是一个流程信息协同方式的优化方案便可以解决的问题，系统的先进性只能体现在促使过程透明方面，但已经透明的过程并非直接等于过程的可控。要让监控信息发挥作用，还需要"守法激励和违法处罚"机制的支持。此类过程管控职责，通常由企业内部的各层级的管理主管人员担当。但如果企业各项关键业务的 IECP 平台都已具有发现执行和运行异常的能力，都具有异常事件的自助导航处理功能，甚至具有自助的咨询指导功能，就可以考虑完全取消中间管理层。在达到工业 3.0 的标准状态，由于企业的知识管理和能力管理的积累才刚刚开始，系统的智能化支持能力还不够充分，还需要建立企业级的协同管理部门来负责企业级 IECP 平台的顶层设计和日常运维，并由这样相对集中，但功能齐全的企业级管理部门来代替当前的按专业分工、按职能分层的各个管理部门，但随着工业 4.0 智能化技术应用的不断发展，这种集中管理部门的规模也会逐渐缩小，这一过程，与 C2M 过程中逐渐去除中间管理单元的过程非常相似。总之，随着过程管控技术的日益提升，去中间化的影响必然会波及企业内部的中高级管理层。

5.3.4　来自机器人的评价和激励

在很多创新型企业，已经基本实现了本小节标题所表示的管理改进目标，即由系统自动计算员工的绩效和知识贡献 KC 积分等，并在此基础上，自动计算定期收入、奖金等，并能定期自动执行业务人员的任职能力级别认定等考核性工作。为什么这样的事情也要拜托机器人，因为，如果评价规则能够体现公平公正的原则，已能够为员工所接受，剩下的事情交给机器人做最省心、最可靠，这个世界上，只有机器人才是最值得信任的执行者，它不会因为你是老板的舅子就给你多发一点奖金。进行这样的系统功能设计，必须坚持以下几条重要原则。

① 所有的评价规则必须经过企业全体员工代表的认可。

② 应根据企业发展的实际条件，定期进行评价规则的评审和修订。

③ 应设置个别例外申诉事件的处理通道。

④ 应设置鼓励先进的先进人物排行榜。

⑤ 应具有全方位的可视化设计。

这样的设计思路如果能在企业其他间接管理部门中加以推广，并辅之以全方位外包业务的变革模式，企业内部的财务部门和人事部门，也会面临大幅

Chapter 5

度缩减的现实。随着跨界合作和共享经济理念的日益普及，以及智能化处理事务能力的不断提升，将来制造企业内部的此类业务，都会通过服务外包的 API 平台，提交给第三方服务公司处理。那时，某个人力资源服务公司同时为数百个传统制造企业提供人力资源服务的场景也会出现。至此，工业 4.0 所具有的去中间化目标，应该说已接近最高境界了。

5.3.5　管理人员都去哪儿了

讨论去中间化，必然涉及一个非常严肃的话题，那就是企业的这些管理人员怎么办？对政府来说，社会的就业率怎么办？难道我们用工最多的制造企业就不需要管理人员了吗？对于这个问题确实需要认真的回答，否则，企业的转型升级，虽然不会遇到天灾，但一定会遇到人祸，企业和政府推动管理转型的决心就不会那么坚决。从前面一系列的研讨过程中，细心的读者肯定已经知道该问题的答案。既然说企业需要转型升级，也就意味着需要搭建全新的业务架构，需要导入全新的 IECP 平台，需要为客户提供更加优质的服务，需要全面拓展市场的接触面和建立更敏捷的产品开发能力。为此，企业的转型升级意味着企业员工的转型升级，如果员工不接受和不学习掌握这些全新的理念、全新的技术以及全新的管理模式，企业也就不可能完成前面所说的工业 3.0 和工业 4.0 的逐级转型。因此，很多现有的间接管理人员通过不断学习和实战项目的锻炼，最终会走向以下一些全新的岗位。

① 业务架构设计人员—负责企业各类 IECP 平台的运行状态的监控分析和平台改进方案设计。

② 平台业务运维管理人员—负责各类 IECP 平台流程管理和系统改进实施项目的过程管理等。

③ 系统技术运维管理人员—负责企业各类 IECP 平台的系统技术性运维管理。

④ 市场活动策划和设计人员—负责各类市场营销活动方案的专业策划和设计。

⑤ 在线营销业务咨询服务人员—负责处理线上的各类客诉、市场舆情、公关事件等。

⑥ 在线的客户关系管理人员—负责各类线上线下渠道销售渠道的运营管理和能力管理。

⑦ 数据中心的数据管理人员—负责建立和管理企业级 MDM 平台及其事务处理。

⑧ 面向个性化客户需求的商品分析策划人员—负责基于大数据分析的商品策划和概念创意。

⑨ 现场智能化系统运维管理人员—专门负责制造现场智能化系统的运维管理。

⑩ 专业的项目管理经理。

以上只是举几个例子，还会出现很多没有想到的全新岗位，企业不会不需要真正能为企业创造财富和发展机会的员工，问题就在于企业如何树立这种以人为本的转型升级思路。

5.4 工业 4.0 和大数据分析

讨论利用系统技术进行过程监控的课题，不能不提 BI 系统技术，这是一个已经炒得足够火热的概念。本书不再详细介绍 BI 技术在提升企业级协同能力中的重要作用等基础概念。图 5-4 是百度网的一张企业驾驶舱模拟效果图，也曾看到过华为公司的企业决策舱的类似图片，这些图片会多多少少给人一种"未来世界"的印象，实际企业的 BI 信息舱，未必就一定要具备这样的视觉冲击效果。企业真正需要的是能够加强过程控制的数据服务，能够提升经营决策及时性和准确性的数据服务以及能够激发企业创新活力的数据服务。前面两种数据服务能力应该在企业走向工业 3.0 的过程中逐步实现，而这最后一种数据服务能力，便是这里讨论的大数据分析能力。

图 5-4　企业驾驶舱模拟示意图

5.4.1　产销协同管理中的大数据分析

在第 2 章和第 4 章中曾讨论过传统制造企业的产销计划协同管理问题，这是一个需要专家持续专研的难题。实际上，前面的分析中已经明确了这个难题的攻关方向，那就是要首先形成相对稳定、准确的市场需求预测能力。我们曾经为自己所在的企业推动过 BRP 管理改进活动，曾经感受过拥有这一能力的难度。从理论上讲，针对产品特点和客户细分数据以及市场环境的变动因素等，建立某种产品的市场需求预测分析模型，并不是一件了不起的事情，很多不同的业务领域都不缺乏喜欢建立各种计算分析模型的理论大师。针对这一类模型，逐步建立起一种能够不断通过监控市场实际反馈数据的变化，来持续优化这种理论模型的机制，才是需要认真琢磨、持续推敲的实事。我们曾经在内燃机研究所工作，并对一种称之为燃烧分析仪的设计原理非常着迷，其中，就遇到过诸如如何确定发动机分析用的零基准的计算模型问题，不管怎样的计算模型，都不可能计算出实际发动机的零基准线，因为，每一台发动机的实际结构、密封状态以及当时的燃油喷射状态等各种环境参数都不同，所以针对每一台实际的发动机，只能根据反复实验的方法来找到实际的基准。同理，我们可以建立预测市场需求的某种数据模型和计算规则，但不能把此类专家们建立的数据模型和计算规则奉若神明之术，而盲目用之，应通过长期坚持分析数据、不断积累修正经验以及持之以恒的实战总结，逐步提高这种市场需求的预测能力，具体的业务架构应按如图 5-5 所示设计。随着各种大数据分析技术的出现，应合理利用大数据分析能力来解决这一问题。

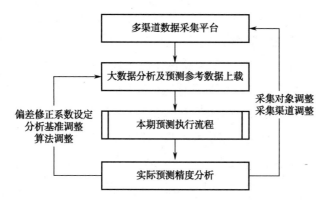

图 5-5　市场需求预测过程中的大数据分析能力

在此之前，应培养以下基础 BO 对象数据采集和基础分析能力。

① 按地区、按时间、按客户细分、按产品细分等维度的客流数据采集和分析。

② 各营销渠道的潜客成交能力相关的数据采集和分析。

③ 细分市场的产品市场占有率的变动趋势分析。

④ 相关宏观经济变动数据的影响趋势分析。

⑤ 竞品上市的负面影响趋势分析。

⑥ 客诉、舆情事件的正、负面影响趋势分析。

⑦ 预定计划中市场营销活动的活动效果预测分析。

⑧ 新品上市活动的成交量预测分析等。

除了上述基本能力之外，还应建立按季节、按地区修正计算经验系数的作业标准，根据各种例外因素随时调整计划目标的实际能力。一旦上述的基础数据采集和基本分析能力有了较好的基础，便可在适当时机，在企业的 IECP 平台中，配置基于大数据分析的市场需求预测模块。

Chapter 5

5.4.2　个性化定制设计中的大数据分析

在第 2 章讨论产品开发的 IECP 平台设计要点时，已对如何快速客户个性化定制的一些设计要点进行过探讨，其中的主要思路是基于配置 BOM 如何快速定位基准 BOM，如何基于模块化设计管理的原理、快速分配设计任务等方面的内容。这样的快速应对思路只对具有明确配置关系的产品有效，而且只能展开至成组的模块级别。如果对于像汽车、飞机这样的大型产品，成组模块本身就有成百上千个，且每个模块都由成百上千个零部件组成时，就很难做到快速定位新产品专用件的基准零部件。根据实际作业状态来了解一下实际的分析过程。

假设根据客户订单中的产品描述，通过初步的配置信息，确定有 50 个成组的模块涉及变更设计，但这些模块中的哪些零件需要变更设计，这些零件一旦变更，会导致哪些零件也要随之变更，这样的判断，是否能通过数据分析来实现，这是可能的，只是，要实现这样的智能化分析能力，需要在 BOM 结构设计上花费更大力气，需要构建颗粒度更细的结构关系，即需要更多层级、更多维度的关系表来描述产品。这样才能根据客户的个性化描述，快速地找到与之最接近的基准产品、基准模块及其所有基准模块中需要更改设计的零部件，包括需要新增和取消的零部件。至于这样的分析和计算是否达到大数据的分析水平，并不能肯定，唯一可以肯定的是这样的计算和分析如果能由计算机来完成，大部分传统制造企业也就有能在某种程度上，实现个性化批量生产这一不可思议的升级目标。

5.4.3　资产管理中的大数据分析

在集成度较高的 ERP 系统中，一般都设置有资产管理这一模块，主要用于管理资产资源的设备、工装器具和维修备件等，管理的内容除了常见的进出库、盘存、维修和采购计划等内容之外，还能对一些大型资产的投入过程进行管理，有点类似工程项目管理的功能。而资产管理中的数据分析需求，通常也只是关注现有资产的统计，稍微复杂一点的，或许是对需维修、采购或报废处理的对象进行定期的分析和统计，并能自动把此类待办的任务推送至相关人员的工作桌面上去。这样的功能，看起来虽然很有智能化的感觉，但实际上，只是如何设置监控标准和计算规则的问题，并不存在复杂的计算和分析。因此，在制造企业资产管理中，似乎并无其他复杂的数据分析需求，怎么会联想到大数据分析的层面上去了呢。

在当前绝大多数企业内部，主要关注的是有效管理资产，尽量避免管理损耗的课题，能在 ERP 系统中配置资产管理功能已经很奢侈了，哪里需要关注什么大数据分析。但在谈到企业在市场世界中挣扎前行时，曾提到需要培养怎样的整体能力的问题。企业在市场中能够生存的前提是其企业内部所有的组合资产都能发挥预期的作用，就是所有的有生命迹象的员工加上所有没有生命迹象的物质资源，都能在达成企业目标中发挥预期的作用，能够发挥很大作用的组合资产，可以说这个组合资产充满活力。而基本处于无所作为的组合资产，可以把它形容为僵死状态的资产。制造企业的每一个成本中心或利润中心是否也可以理解为一个个组合的资产，应该如何评价它们的活力，在获取全面的评价后，企业应该如何应对，这是这里讨论的资产活力的评估和处理的课题，也是未来型企业的财务部门必须面对的课题。

之前曾反复强调企业在市场环境中作为一个完整生命体的生存能力，为此，在讨论企业走向工业 3.0 时，提出了必须加强能力管理的问题，必须在应对当期市场需求的同时，还要为适应未来世界，做好各种能力提升层面的功课。实际上，也就是需要确保企业的每一个组合资产是否能够不断增值的良性状态。当企业要从工业 3.0 阶段，走向工业 4.0 时，未来的市场对制造企业必然会提出更高的能力层面的要求，企业必须随时掌握自己内部的每一个组合资产是否具有相应的活力，必须全面提升企业资产的动态调配能力，以真正做到随时都能敏捷应对市场，按需推动转型、高度灵活地经营。为此，企业需要构建以下对每一个组合资产进行活力评估，并形成动态的调配决策流程。这样的功能对于以那些以创新产品生存的高科技集团企业，就更有实用价值，因为它们随时需要进行战略转型，在作出这种战略转型的决策时，集团所属的各个子公司处于怎样一种状态，是必须精确掌握的重要对象。据此，集团就能针对全新的战略目标，对现有的各类资产作出合理的拆分、合并、废止或新增的决策。

5.4.4 精准营销管理中的大数据分析

精准营销需要可细分的客户数据分析的支持，这属于企业工业 3.0 的转型升级课题。如果企业能够通过构建面向营销的 IECP 平台及其企业级的运维机制，就基本能达成预期的设计目标。在这里考虑的是未来的市场形态，以及未来客户需求的多样化趋势，企业在产品创新、客服形式创新以及客户接触方式的创新方面的更高要求，也是与时俱进概念，在精准营销方面的自然体现。为此，需要在客户数据分析方面进一步提高能力。大数据在精准营销管理中的运用，应该有个限度，应该会在很多方面受到制约，如个人隐私等法律方面。但如果企业把分析的重点不集中在针对特定客户的客户行为以及客户行为结果的分析层面，且把分析的结果主要应用于自身的产品创新，主动服务方式创新以及渠道推广创新等方面，大数据分析便可成为全面提升企业未来生存能力的重要工具。目前的大数据分析课题，主要有以下几点，仅供参考。

① 基于企业潜客及保有客户数据的多维度行为和特征分析。

② 基于通过公共媒体舆情监控获取的客户喜好动态数据展开的产品发展方向分析。

③ 基于通过客诉、舆情、点赞主题等监控获取的数据展开的客服方式发展趋势分析。

5.4.5 智能化经营决策的大数据分析基础

BI 技术是一种提供智能化数据服务的界面展现技术，是一种具有提升可视化管理效果的工具平台。很多企业现在就已经在过程管控，经营形势分析等方面使用这样的先进工具。无论企业发展到什么阶段，BI 决策舱的设计都要追求实际展现的效果，BI 决策舱的展现效果的设计原则，应该是简洁、直观、耐看和实用，如果还要进一步归纳的话，那就是，要能确保领导有较高的点击率和"回头率"。为此，BI 决策舱的内容设计始终应该放在第一位，同时也建议各位 BI 项目的推进者，借鉴一下孔子老先生关于"质胜于文则野，文胜于质则史"的观点，在 BI 展现方案的设计中，始终应追求"文质彬彬"的境界。

现在再来说一说面向未来的企业，在经营决策能力方面，会有一些怎样的变化。与分析其他工业 4.0 的发展需求一样，在这方面，要站在工业 3.0 的基础上，来考虑各种可能的发展模式。既然已经完成了工业 3.0 的基础工程，也就意味着企业的三大关键业务已经全部实现了高度协同，所有的业务对象、过程管控对象以及运行分析对象都已实现了数据化，而且，这些数据，已经用于实现过程控制的可视化管理，用于部门级的能力管理等。总之，制造企业一旦实现了全部 BO 的数据化，就已经具备了企业整体经营层面的智能化决策基础，真正要实现敏捷应对市场需求的动态变化，并准确预测未来市场前景的发展目标，必须不断提高数据分析能力，采用怎样的数据分析技术，并无任何必然性，大数据也好、小数据也好，只要管用，什么都好！

第6章　BSA 的加速作用

　　本书的书名称之为《若水之道——工业 4.0 智能平台构建策略》，在阅读过程中，只要稍加注意，就会发现我们的描述中，似乎有一点自相矛盾的地方，一方面我们希望加速企业的变革，以尽快实现转型升级，另一方面又希望企业能达到善治若水、顺其自然的境界，这正是我们希望看到的一种企业精神的体现。在企业管理转型的各种挑战中，最具挑战意味的莫过于如何确保创新变革和健康经营的平衡，企业总是希望尽快加速变革，尽快提高各种关键业务的管理水准，但又必须同时确保企业的正常运作，必须确保自主变革的思路和企业实际发展的需求相匹配。实战经验告诉我们，在企业推进管理转型的过程中，任何涉及业务架构的变化，都会导致系统架构的变动。而任何系统的变更，又都会影响正常的业务运作，这是由于传统的单一系统本身就存在着不易发展，不宜变动的问题，因为，一有变动就会导致操作不习惯、不适应的问题。更何况，基于单一系统的改进过程，从来都是老牛拉破车——令人心焦的过程，所以，在基于传统的单一系统的管理环境中，都很反感频繁地升级和改造系统。因此，如果系统架构技术没有根本的突破，如果现有的系统架构不能敏捷应对业务层面的变革需求，就很难实质性地加速推进企业管理转型。所以，在本章中，开始探讨企业管理转型推进过程中，必将面对的系统架构转型升级的技术问题。如果读者只想关注业务协同平台的基本应用，本章的内容也许可以不予关注，但在现代企业管理中，要想真正有所突破，就必须充分认识现代企业管理机体中的"神经系统和血管系统"的重要作用，也就是说，必须关注现有信息系统架构的合理构建和持续优化的问题，并且，必须认真研究业务架构和系统架构的相互关系。本章将围绕这一课题展开讨论，不过，也请读者放心，在本章中，虽然讨论的是有关上层中间件工具平台的技术问题，但不会有任何晦涩难懂的技术性术语，也不会展开任何 IT 专用技术课题的讨论。我们将尽可能采用通俗的表达方法，来描述利用上层中间件工具平台的应用特点和技术特点。

作者虽然曾经做过一段时间的工控微机技术，也有近 20 年主导企业应用系统的开发和实施工作经历，但仍然不自认为是系统技术专家，但通过长时间的实战开发和应用实践，还是有一些值得和大家分享的心得，至少，我们希望能表达清楚这样一种发展趋势，那就是正在走向前台的上层中间件技术,例如,我们前面已提到的 BSA 工具平台，必将成为企业推动系统架构改造的关注热点。读者或许知道以 ARIS 为代表的流程管理设计系统，这一系统能通过强大的建模功能，将组织、岗位、角色、权限、风险、绩效、制度、标准、术语、系统、活动、服务、表单等各种管理要素组合成一套完整、关联和动态的管理体系模型。但这套模型只能用来告诉我们流程的逻辑结构，只能用来告诉协同平台的开发者应该将怎样的流程固化到执行系统之中。虽然 ARIS 的广泛应用，极大地提高了企业业务架构设计和分析管理体系的能力和效率，并将企业的标准化、规范化、精细化和协同化管理提升到了一个新的境界。但不管怎么说，它依旧只能解决流程模型的设计问题，并不能解决流程技术的系统部署问题，更不能解决前面反复提到的提升企业级流程的实际连通能力和信息协同能力。还需要建立这样一种系统环境，在这样的环境中，能很轻松地将这些模型转化成为实际可运行、可监控、可维护的协同流程系统。

说到这里，必须先说一说前几年曾兴旺一时的中间件系统，如 BPM 系统等,为了说明中间件系统对于整合系统以及搭建灵活的系统架构所具有的重要意义，当时，各大软件厂商还提出了面向服务的系统架构（SOA）的概念，并声称唯有基于中间件的 SOA 系统架构，才能形成具有灵活应对业务变革特点的系统基础。我们的企业也很快采用了中间件技术，并在不知不觉中和 SOA 的系统架构理念打上了交道。也正是这个原因，从此开始被这一技术课题中的各种炫目的内容所吸引，开始了自己关于企业业务架构和系统架构关系的研究和实践之旅。2005—2012 年，我们主导了基于 PORTAL 和 DB2II 技术的企业信息中心门户的建设项目，并利用 IBM 公司的 BPM 类中间件技术构建了一系列企业协同流程系统。尽管这样的实践对于解决企业既有的信息孤岛现象确实起到了一定的作用，但这一段经历，也同时使我们充分认识到中间件技术在应用层面的各种局限性，充分认识到实践 SOA 理念必将面临的各种困扰。这一段经历，实际上，再一次证明了这样的一个朴素的真理，那就是永远也不能轻易相信"媒婆"的忽悠，中间件技术即便经过了 SOA 的包装，也不能掩盖她自身固有的缺陷。经过多年的总结，虽然中间件技术在整合系统方面确实实现了前所未有的突破，和传统系统架构相比，利用中间件搭建的系统确实具有架构层面的优越性，例如，标准组件的重用性、基于标准接口技术的灵活性以及跨平台整合界面、数据和流程的方便性等。但可惜，和这种优越性相关的经济效益只能体现在系统技术的提供方，并不能体现在最终用户一方。也就是说，这种优越性能够帮助技术提供方（软件商、实施商）以更低的成本完成开发和实施，而我们系统用户如缺乏对这种优越性的认识，就仍然需要为此支付可观的费用。这是一个无法回避的问题，无论软件商和开发商如何宣传，都很难从根本上让最终用户体会到上述优越性，这正是至今为止中间件没有在我国制造行业得到广泛应用的主要原因。所以，无论产品技术有多么先进，如果这些先进性不能让最终用户受益，则这种先进技术只能算是实验室阶段的半成品，还未达到市场充分认可的阶段。所以，目前的中间件，虽然代表着系统架构发展的方向，但它还处于发展的初级阶段；目前的中间件还需要从封装标准组件的技术层面，尽快跃升至标准组件的自由装配的技术层面。一言以蔽之，目前中间件的优越性，还不能对我们企业的管理转型过程产生直接的加速作用。

值得高兴的是，一些眼光敏锐的中间件软件商和开发商已经意识到了中间件自身的局限性，他们正在研究和开发一种名为上层中间件的工具系统平台，这是一种真正面向最终用户的全新系统。目前，在国内 IT 行业，关于上层中间件技术还处于概念研讨阶段，但在这方面，重庆的一些公司已取得了实质性的进展，图 6-1 是重庆斯欧公司当年开发的 STS2.0 工具平台的系统架构图（目前已升级为 3.0 版）。它已基本具备未来成熟的上层中间件工具平台的主要功能，或者说，它就是未来中间件技术平台的雏形。在本章，我们将利用该公司开发成功的平台为例，讨论上层中间件在系统开发和应用方面的优越性，并力图说明这种工具对于企业管理转型的加速作用。

　　显然，看到图 6-1 这样复杂的 IT 系统架构示意图，有些业务人员出身的管理人员也许会产生知难而退的想法，但读完本小节的解释，就会发现，原来上层中间件工具平台并不像想象的那样复杂难懂，它实际上是一个配置系统功能的工具平台，而且是一个简单易用、并不需要深厚 IT 技术底蕴即可掌握的工具平台，通俗地说，就是一个业务人员经过适当培训，就能用来为自己配置系统应用环境的工具平台。计算机系统技术的历史从一开始就无不充满着神奇色彩，所以对于以下的介绍，会给你带来一些全新的感受。

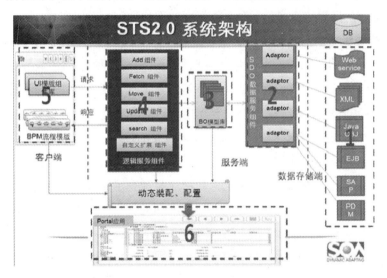

图 6-1　典型的上层中间件系统架构示意图

　　重庆斯欧信息技术公司开发的 STS2.0 的系统架构，它已初步具备上层中间件的各种主要系统功能的配置能力，先来认识一下它的主要结构和工作原理。如图 6-1 所示，图中 1 表示的部分，是指已经开发的系统或部署在信息门户中的各种应用功能模块，开发完成的协同流程，可能需要从这些系统或功能模块中调用数据，同时，协同流程的输出则有可能需要导入这些系统的数据库中。通俗地讲，这些系统有点像协同流程处理对象的"仓库"或"集散中心"。图中 2 表示的部分，是协同流程连接上述系统的接口组件，它们就像电器装置中的接插件，起着连通和传输的作用。但这里要注意和传统单一系统之间接口的区别，传统的接口需要专门编制很多接口代码程序，不能简单地定义这种连通时传输信息或指令的逻辑。但上层中间件可以通过非常简单地界面操作，就可完成协同流程和单一系统之间连通逻辑的定义。图中 3 表示的 BO 模型库，即业务对象模型库，这里说的是业务对象，而不是简单的数据。它们实际上就是一些业务流程的操作对象，如设计变更协同管理流程的业务对象就是设计变更通知票，但业务对象还包括该业务对象的主属性和管理属性字段。在图 6-1 左方，5 表示的部分是指将配置在客户操作端的各种功能组件，其中的 BPM 流程模板，是指用该工具平台预先配置而成的协同流程功能组件，可以非常直观、方便地将它们组装成实用的流程模板。其中的 UI 组件，是指各种和流程活动节点有关的界面模板。当执行了某种流程操作后，系统中的业务对象数据将按怎样的规则进行处理，需利用到这一工具平台系统中的逻辑服务组件（图 6-1 中 4 表示的部分），它的主要作用就是响应流程操作的指令请求，并进行相应的数据处理等操作。在图 6-1 中，最重要的是动态装配和配置这一部分，可以把它理解成一套可根据业务需求来组装流程组件、业务对象组件，以及界面应用组件的工具系统。可以用它向系统加装预先定义好的服务组件，或从系统拆卸各种功能组件，这一部分是上层中间件工具平台的主要特征，其本质就是形成了一套更高层次的、具有进一步组合系统整合服务能力的配置工具。应该这样理解，利用中间件，可以整合流程、整合数据和整合界面，而利用上层中间件，可以对已经配置完成的流程组件、数据服务组件和门户展现组件，进一步进行自由组合，形成功能更加复杂的业务流系统。图 6-1 下方用 6 表示的 PORTAL 应用就比较简单，它是一个展现上述不同整合服务的信息窗口。正如我们多次强调的那样，没有这种开放的门户技术支持，这种可自由扩展的更高级的系统整合工具平台也就失去了表现的舞台。

　　一般来说，研讨 BPM 或具有自主配置协同系统功能的上层中间件的技术特点，应该属于系统架构师的工作，我们并不具有这样的能力，但正如"久病成名医"这样的俗语所表达的含义一样，作为一名有近 20 年经历的企业管理系统的资深应用者，以及长期专注于系统技术影响力和应用范围研究的管理人员，我们希望在此表达出自己对于上层中间件技术发展方向的某些认识。客户的体验心得应该作为开发商的创新之源，所以，以下的一些归纳和总结，也会得到某种程度的关注。本书更重要的目的是探讨如何加速推进管理转型的课题，以下的所有讨论仍旧围绕这一主题展开。

6.1 BSA 的灵活性

加速推进企业管理转型，意味着必须加速提升协同管理能力，然而，是否能够自主灵活地搭建协同平台，则是提升协同管理能力的技术基础。本节将重点介绍上层中间件在搭建协同平台方面的灵活性。这里所说的灵活性，是指在搭建协同作业平台时，能够根据业务变更的需要，方便、快捷地在门户中部署协同流程，能够方便、快捷地调整协同流程的节点构成、节点操作功能、活动规则、触发下游流程的规则和流程数据的服务方式等，而且，这种调整不会给业务人员带来系统功能变更导致的不适感。更为重要的是，这种方便快捷的流程配置及其调整作业，可由业务管理人员自己动手完成。这就意味着，当业务模式发生变更时，将大大减少发生在业务人员和 IT 人员之间的、关于系统变更方案的研讨和实施的迭代时间，从更高的层面来说，这样的进步将大大促进业务变革和系统改进的同步能力。要实现这样的灵活性，需要采用类似上层中间件的工具平台来做这一点。采用组件化的开发和标准化封装方式也有利于加强这样的灵活性，这些偏于专业的理论已在《自主变革的基石》的一书中有所提及，这里就不再重复了。本书的阅读对象主要是企业的业务架构分析人员和管理人员，没有必要过多地关注系统开发本身的灵活性。但应该关注以下各小节的具体内容，以便能更具体地认识 BSA 此类上层中间件面向业务的各种灵活性，即业务人员在配置企业级协同平台时应体现出的方便和快捷的特点。

6.1.1　业务对象（BO）的动态配置

在介绍典型的上层中间件的主要架构时，提到了业务对象（BO）模型库的概念，业务对象模型，就是业务流程所管理业务的构成要素，如从数据管理的层面来解释，可以理解为某个数据库的结构。举一个通俗的例子，当销售人员向客户介绍产品时，如只能介绍，这个产品多少钱，那个产品多少钱，其他却一概不知的话，客户肯定无法接受这样的销售方式。如从业务对象模型分析的角度来看，相当于在店面介绍产品这个流程节点上，规定这个销售人员只向顾客介绍产品价格。这是一个非常不完整、不合理的业务对象模型。应该要求他，不仅要介绍产品名称、产品价格、产品配置、产品性能、产品优惠等。为他设计的这种业务对象模型应该以满足客户需求为前提。同理，在设计协同平台时，也需要设定不同流程节点的业务对象模型。通常情况下，会选择某个应用系统数据库的某些数据对象格式作为业务对象模型，需要通过适配器，或采用开发系统接口的方法实现流程操作和系统的数据交互。同时，根据业务发展的变化，需要经常改变这种业务对象模型的内容，否则，也就不可能确保业务能力的与时俱进。

为了确保业务流程能达到既定的管理目的，在配置各种企业级协同流程平台之前，应该完成所有业务对象模型的详细分析和最终方案的设计。但据多方调研、咨询以及和同行的深入讨论，认为目前很多企业在研讨建立企业级协同平台的需求时，没有先行完成完整的关键业务架构分析，并进而建立企业级业务对象模型的习惯。为什么会出现这种开发顺序上的问题，这里面存在两个重要原因，一个是习惯意识问题，另一个是业务对象模型的完整性和合理性问题。

首先，必须指出的仍然是本书多次提到的专业化管理的影响。过去，任何企业在发展初期，都会把提升专业化管理能力作为主要的努力方向，各个业务部门会分别根据自己业务发展的需要，来设计和固化业务管理模式。业务管理模式的基础就是形成各自的业务对象模型，而要准确表达这种业务对象模型，还需要建立这种业务对象的数据模型。但是，如果只是站在部门业务的立场上，建立的只是部门级业务的业务对象模型，在这样的情况下，不同部门的业务对象模型中，只要存在着相同的对象，就有可能发生对象定义不一致的问题。

为了说明这一点，先来讨论一个实例。企业的产品主数据管理模块，可用如图 6-2 所示的简化图来表示，如把图中每一个方块都看成一个业务对象，实际上得到的是一个反映业务对象之间的不同层级的关系图，也可把更低一层的对象作为上一层对象的属性来看待，但需要对其进行单独管理时，实际上，它们都是一个个独立的业务对象。例如图中的"设计完成日期"，当把这种日期信息作为开发流程中的进度控制对象进行管理时，它们就成了十分重要的业务对象。在实际的业务流程运行中，很多业务对象之间发生的关联关系，要比图中的关联关系复杂的多，如从数据模型的视角来看，它们彼此之间的关联关系就更加复杂、更加难以直观地表达。令人遗憾的是，在专业化发展时代，一般不会有人想到应该站在企业级的高度，预先建立企业级的业务架构及其对象模型业务。为此，当真正需要构建企业级的协同平台时，会想当然地认为需要管理的各种业务对象早已明确，并不存在需要重新统一定义和调整处理规则的问题，不会意识到即将出现严重的业务对象数据关系混乱的问题，甚至直接导致数据计算错误等现象。例如，图 6-2 中的零件信息模块，就应该是一个标准组件，无论是设计 BOM、工艺 BOM 还是 ERP 系统中的供货 BOM，都应该采用同一个零件信息模型。实际上，很多企业在专业化发展初期，各个专业部门会建立各自独立的零件信息维护机制，乃至造成各自系统中这一业务对象彼此不一致的现象。总之，业务对象的种类很多，同一个业务对象在不同的业务管理模块中分别加以应用的场景也很多，如销售模块和售后服务模块中的经销商，就应该作为同一个业务对象进行管理。因此，第一个结论是，当需要建立某个企业级协同流程时，必须进行业务对象及其关联关系的分析，以确保业务对象及其关联关系完整、准确。

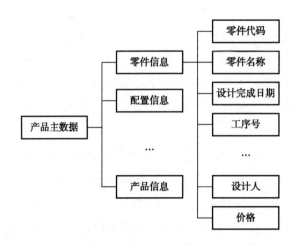

图 6-2　产品主数据业务对象关系分析示意图

这里指出的习惯意识的影响问题，它只能用来说明出现上述现象的可能性，不能用来解释出现上述现象的必然性。例如，在实施具有财务业务一体化功能的 ERP 系统时，当在多个流程中存在同一业务对象，且存在定义不一致等问题时，会在功能设计或测试环节暴露出来，不会产生什么严重的后果。但是，上述现象的后果，不仅仅只是数据层面的问题，而是关系到开发出的协同系统是否能达到企业级协同管理水平的问题。很多企业之所以没有形成企业级的、针对业务架构及业务对象模型的分析机制，从根上说，是缺乏原动力的问题，是因为管理需求不够强烈的问题，如有意识地进一步展开分析，就会对已经得出的最终结论有所顾虑，因为这个结论有贬低企业领导印象的嫌疑。这是因为企业经营层领导暂时还没有这样的迫切需求，即要求执行层为其提供各种实时经营数据支持的需求，至少，在其下意识里，还没有认识到会对其产生任何实质性的影响。任何一个 CEO，只要他还是一个拿工资干活的角色，就不可能真正做到优先关注业务能力的好坏，而不去重点关注经营绩效的高低，在这两者的需求出现不平衡时，他们肯定倾向于后者。毕竟，具有足够魄力和能力说服董事会的 CEO 还是不太多见，而始终把提升企业协同管理能力作为关注重点的董事会就更是凤毛麟角。为此，企业内部的执行层一定是以完成业务为导向，至于反映业务对象关系的数据模型是否完整、准确，业务协同能力是否需要尽快改进，则要看具体情况而定。因此，第二个结论是，在企业未全面启动企业管理转型活动之前,企业不会对各个关键业务的企业级协同作业能力提出具体的目标和要求,肯定不会有人主动去研究和企业级协同作业能力相关的业务架构以及业务对象模型的完整性和合理性。当然，如果有人愿意做，且所耗费的资源代价又是在企业允许的情况下,相信企业领导一定会对此表示赞许，在这一点，正是 BSA 技术可以发挥重要作用的地方。

对于上层中间件的第一个期待，就是希望能实现业务对象及其数据模型动态配置和在线动态管理的目标，尤其是当需要利用 BSA 技术建立诸如具有企业关键业务管理能力的综合系统时，就更需要拥有这样的能力。图 6-3 就是利用 BSA 的配置功能，自由配置和管理业务对象及其数据模型的操作环境，在这个环境中，能实现业务对象及其数据模型配置方面的灵活性。这种灵活性体现在系统数据模型的自由选配和绑定功能方面，能够在无代码编制的前提下，实现和系统数据库的交互操作定义和规则设定。图 6-3 是重庆斯欧信息技术公司 STS2.0 系统的业务对象配置和管理的环境。从图中可以看到它具有设置树状的多层业务对象的环境，也有设定业务对象数据列表的功能，因为对于每一层的业务对象都有可能存在不同管理维度的下层业务对象。如将"零件主数据"这一业务对象改为"产品系列"时，其下层的业务对象应该是"产品"，而产品的业务对象下面可能有工艺路线对象，也可能有物料对象。所以，需要对产品这个业务对象设置不同的数据列表，而对每一个数据列表，还应该设置具有新建和编辑列表基本信息功能的窗口。通过这个窗口的编辑性操作，就可实现和单一系统之间数据对象关系的定义功能。总之，这样的环境，是一个可自由编辑多层业务对象结构的环境，是一个可自由调用不同维度的下层业务对象数据列表的环境，对于每一层的业务对象，不仅应设置能调用业务对象基本信息的编辑窗口，还应设置具有管理其自身功能的新建和编辑窗口，从图 6-2 的示意图来看，最好还能设置编辑和管理"零件信息—ZK"表文件的信息窗口，当需要管理这一文件的版本、维护日志等信息时，就可利用这样的窗口功能。

Chapter 6

221

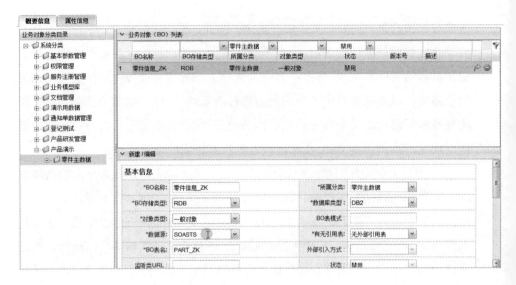

图 6-3　业务对象动态配置环境示意图

其次，就是如何才能利用这样的动态配置环境来确保协同平台业务对象的完整性和准确性。随着市场变化以及企业自身变革的需求，企业的业务模式随时会发生变化，所以，不可能存在一成不变的业务对象模型，业务对象模型的完整性和准确性，也只能是一个相对的概念。如要建立跨平台运行的企业级协同平台，必须具有随时动态地调整业务对象模型的能力，只有这样，才能确保协同流程能够具有相对的完整性和准确性。利用上面的配置环境，虽然可以实现动态地配置和调整业务对象模型，但在动态配置和调整时，如不注意做好如下几点，也可能出现各种数据管理问题。

（1）业务管理模式发生变动时，必须进行严谨的业务架构以及相关联业务对象模型的分析活动，确保不存在同一对象在不同系统应用中的不一致现象。

（2）实施系统在线配置前，必须首先在调试环境完成业务对象模型的系统调整和测试，确保不存在任何由于业务对象模型变更造成系统操作错误。

（3）如存在关联对象的 BO 发生变化时，必须在停止业务运行的状态下，同时完成业务对象模型的调整。

（4）对于一些较小的调整，虽然可以采用在线配置和部署的方法，但应建立关联对象的初期运行监控机制，确保不会造成意外的数据处理错误现象。

总之，采用 BSA 技术，能够实现灵活地在线配置业务对象模型及其数据交互模式的功能，这就解决了在搭建企业级协同平台时，快速配置和及时调整业务对象模型的技术瓶颈。

6.1.2 流程模板的动态配置

为了确保能够敏捷应对业务的变更，业务人员要能够根据业务需求，随时配置出所需要的协同平台。最初，业务人员也许只能配置一些单一表单的工作流，但应该相信，通过持续的努力，随着 BSA 技术的快速发展，业务人员一定能够逐渐配置出包含多个业务管理对象的业务流。所谓业务流，可以理解为各种管理单一业务对象的工作流的有机组合。对于已经配置好的现有流程，能够随时根据业务变更的需要，及时调整流程的逻辑结构。实际上，如果企业能够具备以下一些基础条件，可以说，由企业业务人员自主搭建各种应用管理系统的基础能力已经基本形成，企业就随时可根据业务策略变更的需要，迅速地搭建或调整相应的协同平台。所以，BSA 技术应该具有面向业务的流程模板配置功能，企业则应导入具有这样功能的工具平台系统，例如 IBM 公司最新开发的 BPM 系统，或者类似于上述 STS2.0 的工具平台系统，这样的工具系统在流程功能配置方面具有如下特点。

首先，可以由业务人员利用工具，随时配置如图 6-4 所示的与流程配置有关的标准组件，以达到自由调整协同流程业务架构的目的。流程系统可视为管理信息系统的骨架，能否灵活配置和调整流程系统，是在系统技术上能否实现灵活应对业务变革的最重要基础。

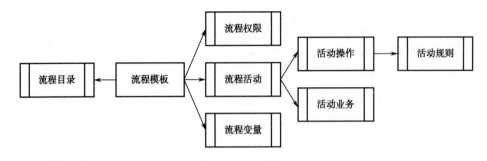

图 6-4　流程模板装配关系示意图

从图中可以知道，每一个流程模板是由右边的三大功能组成，即由流程权限、流程活动和流程变量所组成，而流程活动又是由活动操作和活动业务所组成，对每一个活动操作都需要定义其活动规则，不同流程模板的组合又可构成流程目录。所以，不仅要能够利用这种 BSA 系统配置出各种各样的独立标准组件，如各种流程活动、流程变量组件，而且能够灵活利用这些组件配置出各种流程模板。同理，也可利用这些不同的流程模板来构成颗粒更大的协同流程服务组件，在上层中间件的开发管理平台上，如开发了足够多的流程模板，虽然，最初得到的只是一个由这些协同流程构成的流程目录。但当需要构筑某个大型企业级协同流程时，就可以在这个目录中找到适合的模板作为组建这个大型流程的构建"材料"，在很多情况下，这些"材料"还需要经过必要的调整才能使用。总之，希望 BSA 能根据业务需求，非常灵活地配置各种不同的流程模板，为自由搭建协同平台准备好各种可装配的标准组件。

其次，在配置流程模板的功能模块中，应有一个可随时调用的浮动窗口（见图 6-5），一个针对流程活动节点的功能调整和编辑窗口，在该窗口，可以调整活动规则、监控变量的设置、触发下游流程的规则、协同信息发送范围等。如果说，需要上述的流程模板配置功能，用于搭建业务架构的话，这种活动节点编辑窗口，则是为完成每一个流程节点的具体功能设计。由于，将来需要随时调整已经投入运行的协同流程，而大部分调整都必然和流程节点的操作内容有关，如改变活动规则、改变不同协同流程内部子流程之间的连接关系，或改变协同流程之间的连通关系等。这一功能最能体现 BSA 技术在构筑协同平台时所具有的灵活性，相当于在流程的每一个节点上，都可随时根据业务变更的需要，及时改变与外部系统的作业协同方式和协同信息方式，尤其是流程的入口和出口两个节点，应该设置各种灵活的与其他流程、其他应用之间的协同规则编辑功能。要赋予流程灵活性，必须要考虑设计这种面向业务人员的节点应用编辑功能窗口。

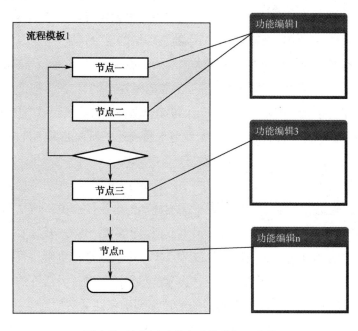

图 6-5　流程活动节点功能编辑示意图

从图 6-5 看到的是一个随时可增加应用或服务的节点功能编辑窗口，有了这样的功能，就能确保及时应对任何一个任务操作人员变更操作方式的请求。如可以随时改变某类资料归档时的信息发送范围，可以随时改变该节点提交时的限制条件，也可随时改变某个节点任务提交后的后续触发流程，还可改变该节点监控变量的阀值大小等。如果技术上可行，还可以随时改变流程节点的界面表单等应用，流程表单是各个操作流程节点，进行任务操作时的信息编辑界面，通常也是流程的输出记录之一。当业务模式发生变化时，也需要调整不同节点处理信息的内容，从业务视角来看，就是要调整作业标准，如增加不同的

Chapter 6

字段、调整字段信息传输的范围等。在很多传统的单一系统中，根本不可能实现可随时调整各种界面和界面操作功能的愿望。所以，能否灵活地调整流程的操作表单，也体现出协同流程灵活应对业务变更的能力。

　　另外，在流程触发、流程的输入输出以及流程的节点操作等不同的功能点，都存在设置各种作业规则的需要。但传统的应用系统的作业规则，都是通过编码方式固化在程序之中的，当业务条件发生变化时，必须 IT 人员才能解决问题，而企业中经常会出现 IT 高手随意跳槽的现象，所以天长日久，很多企业应用系统的维护和调整能力将大大削弱。而基于 BSA 系统平台开发的协同平台的各种规则，可以视为经过标准封装的组件，它们将被有序的管理起来，不仅可以方便地被调用，而且，像一个可编辑文件一样，可随时方便地打开进行修订和调整。这样的功能，对于企业追求面向业务流程的灵活性来说，十分重要。

　　与上述规则维护相同，很多单一系统，如 ERP 系统，很难对其模块或界面的操作权限进行调整，如真要调整，实施商的专家便会说，这是标准模块，不能调整，除非定制一个界面等，很不方便。但利用 BSA 构筑的协同平台，就可以方便地对其不同的任务模板或节点操作等权限进行自由设置。而且，可以由经过训练的业务人员自主完成，这一点，对于流程调整灵活性的影响很大。

　　从上面的描述中，可得出这样的结论，要确保能灵活应对业务变更的能力，必须保证在配置协同平台时，能够随时选择、调整和组装不同的流程模板或信息协同组件，针对不同流程模板，能随时配置、调整和组装不同的活动组件、变量组件、权限设置组件，针对不同的活动组件，能够随时配置、调整不同活动操作功能，对不同的活动操作，可以选择和编辑不同的活动规则。总之，确保流程系统具有应对业务变革的灵活性，必须确保对流程模板的不同构成部分，具有可配置不同标准组件的灵活性。这是上层中间件技术极其重要的发展方向之一，这不仅使希望加快推进管理转型的广大企业受益，对在这方面不懈努力的软件开发商来说，也一定会带来具有颠覆性影响力的市场价值。

6.1.3 界面应用的动态配置

前面介绍的协同流程的动态配置功能，解决了协同流程的作业节点构成、作业顺序以及作业流转方式的问题，而业务对象模型的动态配置功能，则可用于灵活设置和调整协同流程需要处理的作业对象，以及与反映这些对象作业状态有关的数据模型。从业务管理的角度看，已明确了基本的管理流程和管理目标，但在实际作业中，还需明确在每一个流程节点如何作业的问题，就是通常理解的建立具体的作业标准问题，从协同平台功能配置的角度来看，就是要建立每一个操作节点的界面应用（UI）。所谓界面应用，是指在业务流程系统中处理各种业务活动的界面操作功能。这种界面应用功能设置的完整性和合理性，将影响业务作业的规范性和达到业务目标的可控程度。这种界面应用功能设置的方便性，将影响业务变革时的系统应对能力。对很多参与过信息化建设的管理人员来说，一定有这样的经验，就是一旦作业被固化在系统中后，虽然业务的规范性和作业效率会有改善，一旦业务需要变化，关于界面应用的调整也是一个影响业务变革进程的重要因数。尤其是很多 ERP 系统的界面，不是想变就能变的，先不说业务对象模型分析和调整的影响，即使只想调整一下某个界面应用都会遇到很多困难。所以，建立强大的界面应用动态配置功能，对于 BSA 技术的发展来说，是一个想象空间广阔，非常具有挑战魅力的领域。

现在具体讨论一下界面应用应在哪些方面体现出面向业务的灵活性，在不断提升协同平台的 UI 动态配置能力方面，首先需要了解存在哪些类型的界面应用，其次应该掌握每一种界面应用类型的动态配置需求特点，主要存在以下不同的界面应用。

1. 树状结构业务对象关系的界面展现和操作（Tree）

根据前面的内容，应该知道这种树状结构的业务对象展现方式的含义（见图 6-3），这种业务对象的结构树，可用来浏览和选择操作对象，这种操作功能标准组件的设计开发虽然相对简单，但却具有提纲挈领、影响全局的作用。例如，前面曾介绍过的协同流程待办任务明细、数据服务查询明细以及业务异常监控分类事件的展现和操作，就可以采用这种方法。同时，对于这种树状节点对象的分段关联表达、色彩区分、快速定位以及状态区分等的预设功能，对业务人员提高对象识别和操作效率的影响也很大。比较理想的做法是，预先配置好各种不同风格的树状（Tree）组件，以便在构建协同平台时，可灵活地调用并完成组装，如同图 6-6 中所表达的思路一样。

2．业务对象数据列表的界面展现和操作（Table）

同一个业务对象可以采用不同的管理数据列表来表达其具体的管理对象，这种不同的管理数据表实际上是由不同领域的下一层业务对象所构成的。例如，某个虚拟库存组织对象可以采用生产性物料列表和非生产性物料列表来表达其不同的管理领域。数据列表配置方面的灵活性，主要体现在列表对象本身的编辑和调整、列表模板的自由调用，以及展开界面的属性字段的导入、增减、字段值的调整和一些特殊管理属性字段的设置等方面（见图 6-6）。

图 6-6　数据列表的动态配置示意图

3．任务处理表单的界面展现和操作

和前面两种界面应用相比，最能体现业务处理价值的，就是任务处理表单界面的动态配置功能。所谓的任务处理表单界面，就是在某个流程作业节点

需要进行的操作界面，这些操作在我们分析需求时，通常会采用活动图来加以表示。或者是一些必要的非流程任务性质的独立操作，例如，图 6-7 中的列表基本信息的编辑窗口，就是一种可调用的表单类界面功能设置组件。可以说，关于任务表单应用配置的灵活性设计，是 BSA 实现业务变革灵活性最重要的攻关方向。目前，在这方面相对成熟的思路主要有如下几种。

　　首先，是在系统平台中应具备配置不同表单格式的功能。其次，如图 6-7 所示，应具备预设、调用和管理各种任务表单模型的环境，这对于加快协同平台的动态配置速度，十分有利。当然，更需要全面加强的灵活性，主要应体现在对每一种表单模板本身的功能设计和调整方面。例如，可以在表单上设置 TAB 键或各种功能按钮，可以设置用于绑定数据库的功能字段，也可设置各种类型的字段维护栏目，还可以设置各种数据查询操作功能、设置任务提交时的文档上载功能，以及流程操作时的信息发布内容、发布范围等。另外，还应该可以检出现有的表单格式，并对检出的表单进行功能调整后，重新命名和归档，需要时，可以随时替换不同版本的表单模块。对于每一种表单，还应该可以设置关联的下层表单，或者称之为嵌套使用表单模块。当然这种嵌套关系还可以是一对多的关系，即一个父表单可以配置多个下层子表单，而且，应该是一种子孙无穷尽的设置关系。

图 6-7　任务操作表单界面组件调用的示意图

4．单一系统应用界面的配置功能

由于 BSA 系统具有很强的单点登录、数据整合以及界面整合功能，所以，在协同平台中，也可直接调用单一系统的操作界面。这样的集成，必须促成与单一系统厂家工程师之间的技术合作，必须有效识别单一系统中 UI 操作界面的入口代码。更加理想的做法是，将这些单一系统的 UI 封装为协同平台的标准组件，以便随时可以灵活地调用。实际上，如将企业所有单一系统的 UI 模块都加以标准化封装，便完全可以通过 BSA 技术，实现自由地搭建跨平台运行的协同平台（见图 6-8）。

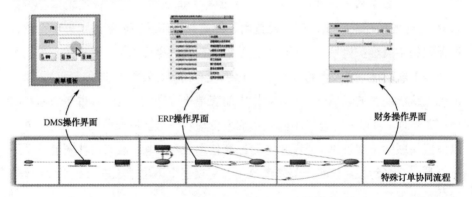

图 6-8　协同流程中跨平台调用 UI 的示意图

在界面应用的动态配置方面，还有很多可以展开的话题，例如，和流程操作有关的一些辅助性功能设计，这种应用服务可通过在信息门户界面上设置菜单或浮动的操作页面等方式来启动。这种流程应用服务的配置功能对提升业务协同能力有积极影响，例如，表单编辑前的数据查询服务功能键的设置等。

在这里必须认识一下 UI 建模的概念（见图 6-9），在上层中间件的配置环境中，仅仅能配置和管理上述这些界面应用组件，还远远不能体现其灵活的"空中换机翼"的自由度。需要强调的还是不同类型组件的装配功能。对各种界面应用组件，还可进行各种形式的组合模板设计（见图 6-9），界面应用的组合设计就是 BSA 动态配置的主要特征。其中，也可体会到一些 SOA 标准化和组件化装配的设计思想。

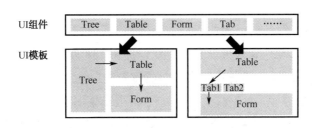

图 6-9 上层中间件 UI 建模示意图

　　总之，随着上述各种动态配置功能的日益完善，这种面向业务的协同平台的配置技术，将很快成为系统开发技术的主流。

6.1.4　数据服务的动态配置

　　在介绍协同平台监控方案的一章中，反复强调了协同平台过程可视化管理的技术特点，而且，充分说明了这种特点就是通过提供各种类型的数据服务来实现的。这里说明采用 BSA 技术，对提升这种数据服务灵活性的积极影响。所谓数据服务的动态配置，是指数据服务组件配置时的快捷性和方便性。这种数据服务的配置，无代码编制的服务，而且，比传统的面向对象的桌面操作技术更加友好、更加灵活。在《自主变革的基石》一书中，也对如何利用中间件技术提升数据整合服务能力的内容，进行过较为详细的说明。但本章介绍的是 BSA 技术的灵活性，所以进一步说明利用 BSA 技术提供数据服务时的优越性。

6.1.5　BSA 和协同平台

　　前面关于流程模板、业务对象模型以及界面应用建模的动态配置技术的通俗描述，是为了更好理解本小节的内容所作的必要铺垫。为什么一定要把 BSA 技术的应用和加快企业管理转型的能力结合起来描述，是因为现代企业的业务整合能力、自主变革能力以及协同管理能力等管理转型的课题，无法回避信息技术的支撑能力。需要从总体上说明采用 BSA 技术对构筑开放的、灵活的系统架构的重要性。

Chapter 6

在展开本主题之前，先比较一下传统开发思路和利用上层中间技术的开发思路的差别。从图 6-10 可以看到，由于采用 BSA 技术的开发方式是面向业务人员的开发方式，所以传统意义上必然发生的系统设计、编码等开发步骤将基本消除，也就是说，发生在业务人员和 IT 人员之间的迭代时间将基本消除，这样的灵活性才是真正充满价值的灵活性。当然，要实现这样的灵活性，还必须确保这种面向业务人员的业务分析和业务建模过程达到可以充分信赖的程度，这需要一个学习提高的过程。

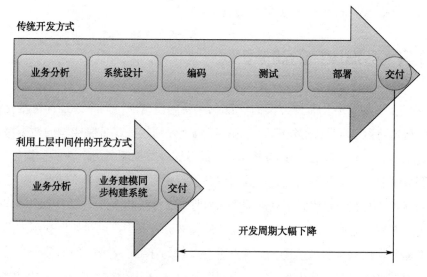

图 6-10　与传统开发方式的主要差别

现在再来讨论如何利用 BSA 技术搭建企业级协同平台的问题。在当前条件下，企业级协同平台只能基于各种单一系统来搭建，只能是通过系统整合技术来弥补单一系统的各种作业协同缺陷和信息协同缺陷。但是，随着 BSA 技术的不断发展，随着基于 SOA 系统架构理念的深入运用，企业应该尝试各种组件的标准化封装和系统化的管理，并逐步走向面向业务的企业级协同平台开发和管理的时代。值得重点提出的是，一旦所有的流程组件、BO 组件、UI 组件以及各种辅助的功能组件都被纳入 BSA 系统平台的管理范围，到底能够搭建出怎样的系统架构，这才是一个真正值得系统专家充分考虑的问题，如果一位管理专家，就可重点关注如图 6-11 所示的价值分析和运用特点的说明部分，下面关于系统灵活性部分的通俗说明，将得到一个有关 BSA 技术特点的更完整印象。

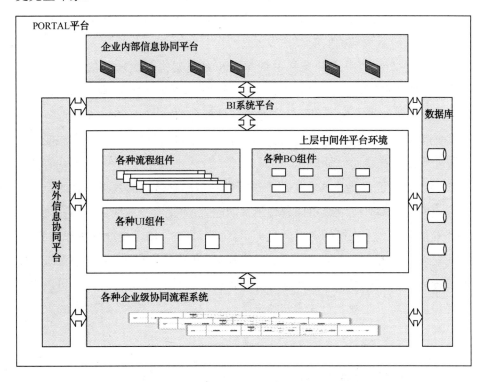

图 6-11　利用上层中间件平台搭建企业系统架构的示意图

现在来认识一下如图 6-11 所示的具有面向未来意味的企业级系统架构。首先，可以看到，所有的工具类系统平台及其配制的标准组件、企业级协同流程系统、数据库访问组件以及信息协同系统都将部署在门户平台之中。也就是说，所有的系统开发以及管理都可在统一的门户系统上进行。其次，再也不会看到任何用特定名称命名的单一系统，取而代之的是下方的各种企业级协同流程系统，这就意味着，企业各个部门的业务人员只能在协同流程的待办任务明细窗口中启动或处理自己的待办任务,不需要去打开特定系统的特定界面进行操作。原有系统访问的概念也就一去不复返。根据前几节的介绍，应该知道，

Chapter 6

图中的协同流程以及内外信息协同平台中的数据服务，都是利用示意图中央的上层中间件和 BI 系统这样的工具平台配置而成的，当需要调整这些已经配置完成的系统服务功能时，只要通过这些工具平台进行动态地调整即可，也就是说，可以按需进行系统功能的实时调整，这便是关于 BSA 这种上层中间件灵活构建企业级系统架构的简要说明。

当业务人员利用这种兼具系统配置和系统架构维护功能的综合系统平台，自由搭建和管理各种形式的企业级协同平台、实时地根据业务需求调整系统架构、及时地为管理层和经营层提供各种类型的数据服务时，企业业务架构和系统架构的建设活动就真的融为一体了，但这样的系统架构搭建方式能为企业带来什么，简单总结如下。

最主要的价值就是具有加速推进管理转型理念落地的效果，具体地说，就是具有迅速提升企业级协同管理平台的能力，对提升企业应对市场变化的协同作业能力将产生直接的影响。另一个直接影响是，将为企业真正理解 IT 能力也是企业核心竞争力的理念奠定坚实基础。由于实现了面向业务的系统配置和管理方式，自然将全面、持续地降低企业在 IT 领域的资本投入，可以说，这是最能打动企业领导心弦的归纳总结。

6.2　BSA 的开放性

这里所指的 BSA 开放性，也是把利用 BSA 构建的系统架构和传统的、基于单一系统的系统架构特点进行比较后提出的概念。传统的系统架构以及系统架构的运行状态，通常只有有经验的 IT 人员才能掌握，未经 IT 人员分析处理，未经通俗化地说明，业务人员是无法掌握的，也是无法据此进行相关系统改进决策的。也就是说，上述的系统架构及其运行状态对于业务人员来说，是不透明的、不开放的，这不利于业务人员，尤其是不利于业务架构分析和管理人员主动参与到系统建设的活动中来。在传统的系统开发和改进管理方式中，存在着业务人员和 IT 系统人员之间的反复迭代的时间浪费问题，如果业务咨询人员能充分掌握系统架构自身的能力状态，就能随时根据业务发展的需要，及时且针对性地提出系统能力的提升计划,并自主地推进具体的系统组件开发和改进项目，这对于加速企业管理转型，也是一个极其重要的有利因数。

另外，还应注意到利用 BSA 开发的协同平台具有的开放性，由于这种系统的流程部署在开放的门户之中，且这种流程是以任务待办明细的方式提供给终端用户，用户不再需要进行繁琐的系统界面搜寻和访问操作。不仅如此，由于 BSA 开发的协同平台具有很强的过程状态数字化处理功能，这种流程的运作状态和实施效果对于业务人员来说，也不再是一个隐秘的、不可控的过程，如能不断加强数据分析和 BI 展现能力，就完全可实现业务过程的可视化管理目标，而所谓业务过程的可视化，就是一种面向业务人员的、完全开放的作业场景。

6.2.1 标准组件的可视化管理

首先来讨论一下系统功能组件的可视化管理问题，也就是所谓系统功能模块的可视化管理问题。一个可维护和查询的流程功能组件的环境，应包含如下分类的功能组件明细和说明，当需要利用上层中间的系统环境配置某种协同流程或调整现有协同平台时，业务分析人员也能通过该环境进行匹配功能组件的搜索、调用、解冻、编辑、重命名、新增组件归档等一系列操作，这将大大提高业务人员快速应对流程优化和重组需求的能力。

- 各种可调用的流程模板；
- 各种可调用的流程表单组件；
- 各种可调用的流程数据服务组件；
- 各种可调用的流程信息服务组件；
- 各种可调用的文件上传、下载服务组件；
- 各种可调用的界面应用功能组件；
- 各种可调用的 UI 模板组件等。

上述环境能否有效应用是有前提的，首先，所有的系统组件必须基于组件化封装的方式开发；其次，应该建立专用的分类查询表，从中根据分类和组件名称进行模糊和精确查询，并可得到所有组件具体功能的描述。对于业务人员来说，有了这样的管理环境和与系统功能配置能力相关的信息，就处于一种完全开放的状态。

6.2.2　流程的可视化管理

流程执行状态的可视化管理比较好理解，在第 5 章中，介绍了协同平台具有过程数字化的特点，所以，很容易对其执行过程的状态进行统计和监控。相对于单一系统的流程功能来说，利用 BSA 开发和管理的协同流程的执行状态，更容易实现可视化管理。从业务人员控制过程的角度来看，协同平台比传统应用系统的开放性更好。

与流程执行状态的可视化管理的道理相同，由于协同流程具有和各应用系统的数据库之间有很强的数据交换能力，且更容易实现各种协同流程作业输出状态的实时监控。所以协同流程所管理的业务对象的目标达成情况，相对于单一系统而言，不再是一种封闭在黑匣子中的状态。也就是说，从掌握关键业务运作效果的角度来看，利用 BSA 开发和管理的协同流程的开放性更好。

6.2.3　门户化部署的开放性效果

在 6.1.5 节中已经介绍，利用 BSA 技术搭建的企业级协同平台，如有可能，应该部署在独立的门户系统之中，无论是系统组件的配置功能模块，还是配置完成的系统功能应用服务，都应部署在同一个开放的门户系统环境之中。由于这样的环境，具有集系统功能配置、运行监控和业务管理功能于一身的特点，而且，所有的系统操作都具有面向业务的特点，所以这样的门户系统环境对于业务管理人员而言，确实具有全方位开放的意境和效果。

另外，随着门户技术的广泛应用，很多企业开始将协同流程和 OA 办公流程一起部署在门户之中，由于协同流程的展现方式和 OA 流程一样，只要打开门户，就知道需要处理哪些业务，哪些业务处于紧急待办的状态，哪些业务的进展没有达到预设的进度标准，领导或协作部门发了哪些临时指令等，这是因为门户具有为每个操作用户配置特定工作页面的优越性，具有集中展现业务人员的业务信息能力，与工作有关的一切，仿佛都毫无遗漏地展现在眼前，所以，不再需要为应该做哪些事，或为厘清作业的轻重缓急而烦恼，这便是协同平台门户化部署的开放性效果之一。

6.2.4　是实战演练还是纸上谈兵

前面之所以需要比较详细地介绍 BSA 在动态配置系统中的各种灵活性，就是为了最终说明 BSA 此类上层中间件面向业务人员的应用特点。如果 BSA 技术的发展达到了这一境界，必然在如下业务管理层面带来直接的改善效果。

首先，由于业务人员已经掌握了 BSA 动态配置业务系统功能场景的能力，所以各种业务改进，将可直接面对 BSA 的系统环境展开。例如，当需要研讨业务对象模型的调整方案时，可以直接调用并打开某个业务对象模型的界面，当需要研讨某个协同流程时，可以直接在 BSA 的环境中，调用并打开某个流程模板的图形编辑画面（见图 6-12）。总之，各种管理改进是基于一个真实的系统对象环境展开的，而不再需要一段"纸上谈兵"式的需求确认过程。简而言之，BSA 具有把业务改进的系统对象全方位、直观地开放给业务管理人员的特点。

其次，由于 BSA 的部署是由业务人员直接根据业务需求配置完成的，所以，对于部署完成的系统模块的功能调试过程和效果评价过程，也可由业务人员直接面对系统架构模型进行。例如，当需要编制调试方案时，可以直接利用流程模板、BO 模型以及 UI 模板的界面图案来进行，这样编制出来的调试方案，自然更加直观、形象和真实。系统上线后的效果评价方法也一样，由于无论是 IT 人员还是业务人员，都习惯于利用业务架构分析的素材，以及上 BSA 的系统环境来描述改进前后的作业效果，所以，那种针对传统的采用编程方法完成的系统评价方法也将发生很大变化。对于业务人员来说，那些原来非常朦胧的 IT 作业场景，都将变得不再那么神秘和难以言传。

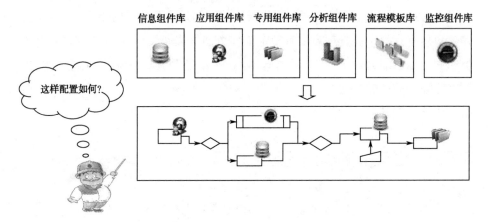

图 6-12　业务人员"指点 IT 江山"的示意图

6.3　BSA 的经济性

利用 BSA 配置企业系统架构所能带来的经济效益，是非常值得反复强调的是特点，如果没有这方面的显著优势，对于很多制造企业的老板来说，也许就不会产生特别的兴趣。今后如果需要在企业内部说明 BSA 或开发协同平台的价值时，应该强调这样一个事实，那就是，与其说明这种工具平台的灵活性和开放性，还不如说明这种工具平台在经济性方面的先天优势。企业的决策者肯定对这种导入系统平台的经济性会更感兴趣，可以说，任何一个制造业的老总对于任何少花钱、多干事的东西都有先天的敏感性，在这一点上，无论是对那些始终关注企业协同能力的、真正具有远见卓识的老总来说，还是对那些凡事只看当前效益的老总来说，不会有太大的差别。对于前者，也许其考虑的优先度会有所不同。但不管怎样说，对于 BSA 在经济性方面所能体现出来的各种特点应该有所了解为好。

实际上，只要理解了前面的内容，自然知道采用 BSA 工具平台来部署 IECP 系统，为什么具有十分明显的成本控制优势。但这里还要加上一个更加重要的理由，以便进一步认识 BSA 技术的这一特点。不妨先看一下图 6-13，在图中把传统单一系统的导入过程和采用 BSA 工具平台部署 IECP 的实际过程作了一个直观的比较，在单一系统导入时，提供商并不会因为企业暂时不能充分应用系统的功能而降低平台的价格。

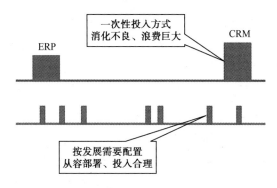

图 6-13　单一系统部署和 BSA 配置方式的区别

另一方面，一旦企业的实际需求和标准功能有所差别，企业仍然要为之额外支付定制开发费，而造成这种不合理现象的根本原因，是因为所有的单一系统都企图为企业一次性地提供体现最佳实践理念的标准系统。而这恰恰是单一系统的致命缺陷，在这个世界上，永远不会存在什么最佳实践，只有不断变化中的市场，以及不断发展中的企业。这一点，已经在很多场合反复强调过，所以，单一系统的开发模式本身，就没有表现出处处以客户为中心的设计理念。还有一个更严重的问题是，如果企业要一次性集中部署单一系统的全部功能，必然要为之付出更多的资源，一旦投入不充分，就会出现消化不良的问题，甚至会出现因为应用效果不好，最终导致推动失败的严重浪费事件。这也是很多企业在两化融合的过程中，经常出现反复的重要原因。如果采用 BSA 来部署 IECP 系统，完全是基于客户的实际需求来配置的，企业就只需支付相应的开发成本即可。更重要的是，企业较容易上手，有利于企业不断提升推动两化融合的信心，而这才是最能体现 BSA 经济性特点的地方。

6.3.1 功能组件的可重用性

如果已经基本了解 SOA 的系统架构理念和组件化开发的概念，就一定知道利用中间件或 BSA 系统开发的各种协同流程的功能组件是可以反复利用的，企业开发的标准化组件越多，后续的系统开发成本就越低，这一点和任何实体产品的开发原理都一样。甚至可以提出这样的预言，一个企业如果在运用 SOA 以及 BSA 等新理念和新技术方面，始终保持不停探索的步伐，该企业在信息系统上的开发成本，肯定将逐步进入一个相对稳定的状态，一个仅以系统维护预算为主的状态。如果这样告诉任何一个在提升经营能力方面具有远景目标的老总，一定会给予足够的重视。如何才能逐步做到这一点呢？是否只要导入 BSA 这种工具系统，就可以全面提高系统功能组件的重用程度呢？结论是否定的，还应该做好以下基础工作。

需要再次强调基于业务架构分析为基础的系统架构分析能力的重要性，而且这种系统架构分析活动一定是以 SOA 系统架构理念以及组件化开发思路为基础展开的。无论是流程能力的分析、数据服务能力的分析，还是各种界面应用功能的分析，都习惯以标准化组件为对象，并始终坚持优先采用现有组件的思路，以及优先采用现有组件族的思路。所谓组件族，即功能非常类似的一组组件，它们通常是通过借用设计形成的，类似于机械设计中的通用化设计和模块化设计思路。

当然，为了提高上述通用化设计的能力，还应该为业务系统管理人员提供良好的组件管理服务，也就是前面提到的系统功能组件可视化管理服务环境。在这里，对这种可视化服务提出如下具体的要求。

1. 应建立一套合理的功能组件分类编码体系

这一点和管理某个业务对象是一样的，为了快速检索和方便识别，应该建立这样的编码体系，当业务人员在启动配置某个协同平台时，便可打开组件管理库，并通过代码或关键字段来查找并检出现有的功能组件进行改型设计或直接调用。

2．提供定义重用关系的基本功能

当在某个新增的协同平台中调用了某个现成的标准组件时，应该确保在组件管理库中，能自动定义和记录这一组件的直接重用次数和直接重用关系。这一功能对于企业评价系统标准组件重用率时将发挥作用。这实际上是一种标准化率的目标管理思路，在系统组件规范化管理中的一种体现而已。

3．提供自动定义借用组件的基本功能

对于通过调整现有组件功能来建立新组件的操作，系统应能自动赋予该组件族一个新组件的代码，确保今后此类组件的方便查询。例如，在某个查询的生产性物料界面操作标准组件（A）上，再增加一个"是否调用离散工单编辑任务"的选项功能，将其改造成一个生产性物料工单的生成器（B）。虽然，这一变动产生的新组件 B 的功能，与原组件 A 的功能完全没有可比性。但由于该组件是从 A 借用设计而来的，从界面设计来看，它们就只有一个选项框的差异。所以，它是属于 A 的同族组件，也许可以命名为 A01，如图 6-14 所示。

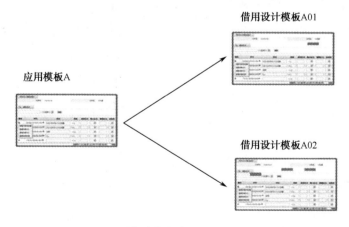

图 6-14　标准组件借用设计的示意图

此类关于系统组件管理方面的思路肯定不止以上 3 条，这里只是象征性地提一提，不是什么标准答案。但对于任何计划采用 SOA 架构以及 BSA 技术开发路线的企业，必然会自然而然地开始关注这一课题。

Chapter 6

6.3.2 流程组件的可装配性

最近很多推销上层中间件的开发商都经常会提到一个"空中换机翼"的概念，他们实际上想表达出一种灵活应对业务变革的形象化的意境。但就其本质而言，是想说明在系统开发中，可以通过自由、灵活地装配各类功能组件，来实现快速配置和调整系统模块甚至系统架构的能力。常见的实现自动装配的步骤如下。

（1）分析业务对象模型，建立数据模型并完成数据建模。

其本意是明确流程要处理的对象，图 6-15 是一个选择某个零件表作为本次协同流程将处理的数据模型的例子。

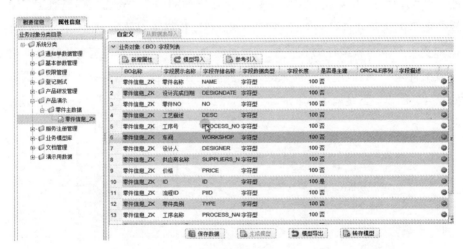

图 6-15　数据建模的示意图

（2）选择流程节点操作的界面应用模板，其本意是确定流程节点的活动内容（见图 6-16）。

（3）建立应用模板和业务对象数据模型的关系，其本意是建立界面操作活动项目和数据对象的交互关系。

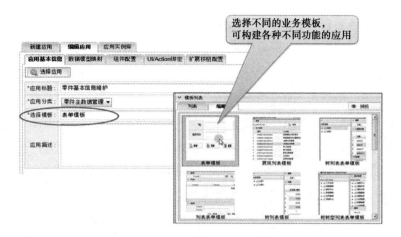

图 6-16 选择流程操作表单模板的示意图

图 6-17 是一个具体的例子，它表达的是表单中"设计人"这个选项操作和产品部门这个业务对象的数据模型绑定后的效果。

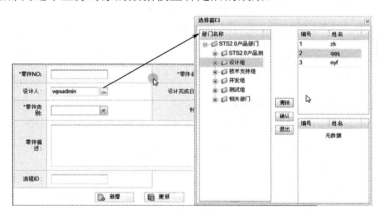

图 6-17 界面应用和 BO 绑定关系的示意图

（4）选择调用或建立流程模板。

如果现有的流程模板中，有非常相似的流程模板，只需调用现成的流程模板即可。但在 BSA 的配置环境中，必须具备随时、方便地配置新模板的功能。

Chapter 6

243

（5）确立流程节点和应用模板的绑定关系，其本意就是建立流程与所处理业务对象的联系，确保流程执行完成后，相应的业务对象数据能按既定规则得到准确处理。

上述是一个典型工作流的"装配"过程，对于普通的业务人员，也许有点难以理解，但只要按照普通的机械装配过程来理解就可以了，其基本原理就是，先明确部件单元的结构关系（对象建模），再准备好零件（配置应用组件），然后按上述关系装配好不同的动作部件（应用建模），最后，按产品总图（流程建模）完成产品装配（应用和流程的绑定）即可。当然，为了搭建更复杂的业务流，还需要 BSA 系统提供装配不同的"工作流"的功能。所谓的业务流只是流程的延长、流程的交叉或并行等结构上的变化，其本质依然只是一个"装配"过程。但这种"装配"的理念，还可以进一步加以拓展。如把很多单一系统也看成一个个可调用的组件资源的话，实际上可以配置出更复杂的应用系统。也就是说，通过协同流程的连通作用或数据整合组件的信息协同作用，可实现不同平台之间的业务协同和信息协同关系。而且，这样配置出的系统不仅具有系统架构上的灵活性和开放性，在开发成本控制方面，也具有无可置疑的价值所在。图 6-18 是利用产品开发协同流程来实现集团层面的跨地域、跨企业的产品开发项目管理的案例，这样的系统可以在花费很少资源的情况下临时配置而成，项目完成后可以不再使用，也可稍加调整后用于下一个不同协作对象的产品项目管理之中。

从上面这个案例，可以理解到这种协同流程的可装配性，确实在成本控制上具有无可限量的前景。但这种前景是否真正值得期待，完全取决于 BSA 的可装配性能发展到什么程度，现在有一些先行的软件企业在这方面已经有了较大的突破，例如，重庆斯欧公司的 STS3.0 的 BPM 工具系统等。但何时才能真正实现全面的突破，还需要较长时间，也许 2～3 年会有惊人的飞跃，到那时，系统整合的成本一定可以降低到让所有老板都满意的程度。

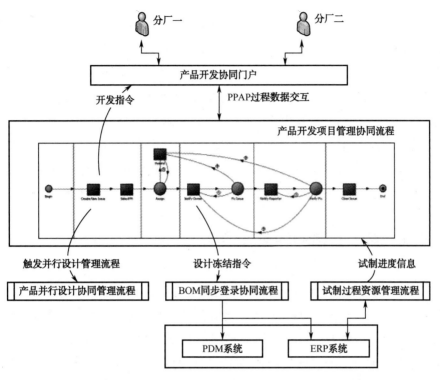

图 6-18　企业产品开发协同流程在集团层面扩展应用的示意图

6.3.3　需求确认的模拟化

采用传统的系统开发方法，必然会经过如图 6-19 所示的系统开发周期，业务人员才能知道最终的应用场景会是一个什么样子，即使在基于现成的 ERP 软件系统进行系统实施的场合，其中每一个模块的应用场景体验，也需要经过一个较长的实施周期，短则半年，长则一两年。即使进入了实质性的开发阶段，也存在业务人员和 IT 人员、IT 人员和软件公司之间反复确认需求所造成的时间损耗。

图 6-19　系统开发周期

对于任何希望尽快实现管理转型的企业来说，最需要改善的地方，就是要缩短这种迭代时间上的浪费，这种时间上的浪费和大量资源的浪费又是成正比的，这是一个令人痛苦的现实。所以，无论是 SOA 系统架构理念也好，中间件的整合功能也好，如果不能改善这种状况，最好不要随便提什么业务变革的敏捷性之类的概念。但最近出现的上层中间件 BSA 平台，已经显示出改善这一问题的发展潜力，也就是说，如果这种工具能进一步发展的话，很有可能达到根据业务需求，快速部署一种可模拟实际需求的系统场景的能力，这样就能大大缩短前面所说的系统开发特有的迭代时间，如真能实现这一点，其所具有的经济性就十分可观。

6.3.4　面向业务的经济性效果

由于 BSA 技术是朝着由业务人员主导系统配置开发的方向发展的，所以，在不远的将来，肯定会出现由业务人员运用这样的工具系统直接配置协同平台的景象，这就意味着原有的 IT 开发费用和 IT 人员自身的资费就可节省下来，IT 人员的工作重点将逐渐转向各类标准组件的配置。BSA 能否成为业务人员的常用开发工具，还需要经过一段时间的发展，并应逐渐形成以下的基本条件。

（1）业务人员应通过充分的培训，使之逐步具备基本的业务需求调研、分析和编写能力。

（2）业务人员应通过培训，逐渐掌握流程建模、应用建模、动态配置、系统调试等开发方法。

（3）各种典型的功能组件库已配置完成，具有充分的标准组件资源可供调用，并已形成完备的功能组件库管理机制。

6.4　BSA 开发平台的前景

为了确保 BSA 能真正起到企业管理转型的加速器的作用，企业方面需要随时关注和跟踪这种全新技术的发展状态,需要学习和掌握这种工具平台的使用方法。但是,BSA 技术本身的发展也非常重要,不然上述的诸多优越性就难以得到充分体现。BSA 应该在哪些方面继续发展,以下的一些想法可以借鉴。也许软件商暂时无法提供此类系统技术的解决方案,但利用这样的思路,通过半自动或甚至手动的方法,也是有效果的。

6.4.1 协同流程配置的导航器技术

希望业务人员能迅速掌握全新的工具平台,并全方位地用于企业管理转型的各项管理改进活动中。为此,在 BSA 技术的发展方向上,应充分考虑业务人员的学习和技能训练的需求功能。软件商应该开发直观易用的导航器功能,利用这样的导航器技术,业务人员可以方便地练习配置工作流、业务流和各种流程服务以及数据服务组件的技能,这种导航器应具有以下一些基本功能。

(1)在配置工作流等标准组件时,可提供按菜单顺序执行的导航功能。

(2)选择单一服务组件进行节点任务界面装配作业时的作业导航功能。

(3)流程及节点操作权限设置时的作业导航。

(4)上游流程节点触发下游流程启动的作业导航。

(5)每一步导航操作应具有图文并茂的说明窗口。

(6)配置完成后具备流程模拟调试的功能。

简单地说,应该为业务人员开发出一种能够迅速掌握此类工具平台的实战练习系统。而且,如能把这种工具平台部署在某个 API 云服务平台上,让所有的创客,或企业的协同管理人员自由地加以应用,或按预定协议下载他们自主配置的应用系统,这样的培训工具平台本身,也是具有市场价值的实用产品。

6.4.2 流程建模和实体装配作业的一体化

前面介绍过一种仅能进行流程建模、文本输出等管理性质的流程管理工具平台,这种工具实际上就是一种采用图形建模技术和文本编辑以及数据管理技术的混合体,其管理效益主要体现在标准化和规范化方面,并不能代替实际可运行的流程。如果这种建模技术和实际流程组件的装配作业能够浑然一体,即在图形建模过程中,可进行组件的调用和连接,当流程模型需要调整时,系统就能进行智能化提示,以便开发人员进行相应流程组件的更换或重新装配等操作,其主要作业场景如图 6-20 所示。建立这样一体化开发的作业环境,还需要以下一些先决条件。

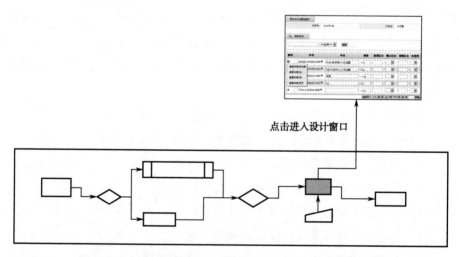

图 6-20 流程建模和流程组件装配一体化方式的示意图

（1）各种功能组件已完全实现标准化的封装。

（2）各种功能或系统组件已完全实现了可智能查询和调用的数据库化系统管理。

（3）各种可用于配置的常规功能组件已基本开发完成,足以业务人员的实时调用。

（4）要完成从图形建模点内嵌配置功能模块的开发,或通过选择建模点,再通过菜单操作方式，实现组件的调用。

（5）反之，也要能够从建模点撤销这些配置操作模块的功能开发，以实现相对方便地流程模型的编制和修订。

当然，还有很多细节需要研讨，本书不研讨系统开发技术，不继续展开。

6.4.3　业务流装配的桌面拖曳技术

在智能化配置协同平台的过程中，通常是要在不同的操作界面中，按照预先定义的过程来操作，这种过程非常复杂，对于训练有素的 IT 人员来说，也许非常的简便，但既然要实现系统开发由业务人员主导的目标，就必须进一步提升配置操作的智能化程度。这里提出的业务流装配操作时的桌面拖曳技术，应该是一个努力的方向。所谓桌面拖曳技术，在当前各种计算机应用环境中都可以看到，如平面设计、3D 设计以及手机等手持终端桌面操作中都可以看到。在利用 BSA 技术配置协同流程时，以下一些作业如能实现这样的拖曳技术，将大大提高业务人员配置协同平台的工作效率和趣味性。

（1）流程建模图形要素的自由拖曳和定位。

（2）POLLET 界面大小变化以及在虚拟 PORTAL 界面上的拖曳和定位。

（3）功能组件在界面中的自由拖曳和定位。

（4）流程操作节点 POLLET 界面上功能组件图符的拖曳和定位。

（5）工作流节点之间连接操作时，连接线的拖曳和定位。

这样的想象应该不是虚幻的，因为，现实中，这已是随处可见的场景，希望软件商，能将这样的技术运用在 BSA 的工具平台上，以大幅度提高 BSA 智能化和可视化开发的影响力。在这一点上，传奇的乔布斯已告诉我们，这种极端理想化的客户服务理念，将会给 BSA 技术带来怎样的市场前景。

6.4.4　"云"中漫步的感觉

在实践过程中，遇到不少和软件的应用环境有关的困扰。例如，门户访

Chapter 6

问速度不理想、流程启动太慢、流程系统经常走不通等。但更令人感到不方便的是缺少一种环境，一种可自由地部署和调试各种整合组件的环境。随着 BSA 技术的不断应用，开发的各种可供装配的功能组件将会越来越多，随着发展的需要，很有可能在集团层面或在行业协会层面形成更庞大的可选配的标准组件库，为此，必须建立一个可供不同的部门或不同的企业自由选配的标准组件库。同时，在企业内部，很多部门都有可能需要在同一个时间部署和调试不同的功能组件，但大多数企业是很难随意购置大量的备用服务器等硬件资源。为此，必然需要一个可供自由扩展使用的、而且使用费是经济实惠的功能组件的设计、装配以及调试应用环境。这正是云计算技术可以大展身手的方向。只有上层中间技术和云计算技术的高度融合，才能最终为企业带来完全自主配置协同平台的自由。目前这一切都还只是一种美好的设想，要实现这一设想，还需要以下一些前提条件。

（1）需依赖 BSA 技术平台的软件商和云计算服务商之间的高度合作，并建立一种向企业客户开放的云计算开发服务平台，在这个平台上，可以形成一种由平台管理方、标准组件提供方以及服务设计提供方共同参与的互利互惠的商务合作模式，这种合作模式必须具有足够的集聚行业智慧效应以及运作透明的特点。

（2）在这种面向企业客户的云计算开发服务平台上，应部署以下一些应用环境。

- 云开发服务客户体验环境（客户前期配置兴趣培养）；
- 云开发服务案例浏览环境 （客户成功样板学习环境）；
- 云开发服务参与申请登录环境 （企业客户和平台管理方的初次接触）；
- 云开发服务设计环境（环境搭建、组件选配、设计、模拟运作等实战体验）；
- 云开发服务提交和评价环境（功能开发标准组件成果鉴定）；
- 云开发服务的云中应用环境（直接应用云中的系统平台，但需在彻底解决安全问题的前提下）；
- 云开发服务商务交易环境（成果共享）。

总之，在不远的将来，上述环境应该能够成为现实，所以，企业应该开始关注这样的前景，并在系统架构搭建和管理机制改进方面，并提前做好相应的准备。

6.4.5　BSA 的加速作用

现在 IT 行业的很多解决方案，都在考虑利用互联网以及手持终端的电子通讯技术来拓展系统的应用空间，协同平台也不应成为例外。近年出现的手机 APP、微信、QQ 聊天等移动应用思路，非常符合协同平台的应用拓展方向。目前，此类手机功能只能用于方便地组成聊天群，并采用发送语音或文字信息的方式，实现某个团队之间的信息协同，但还不能方便地配置按规定路径进行信息传递和业务处理的工作流或业务流，界面的操作功能也过于简单，另外，数据处理速率、数据安全等方面也存在很大的限制。但可以预见，随着云计算等各类新兴技术的普及应用，此类手机终端的应用技术也必将取得长足进步，到时，一定会出现将企业的各种协同流程同时部署在手机平台上的场景。最初，限于数据处理速率等技术限制，可能只能部署一些简单的审批工作流，但相信很快就会逐渐出现一些较为复杂的业务协同流程，最终，诸如 ERP、CRM 等各种企业级协同平台也将逐渐摆脱桌面系统应用的限制，实现"一掌定乾坤"的理想作业场景。

在谈到提升协同管理能力的课题时，强调了两个概念，一是强化跨部门跨平台之间业务交接的及时性和有效性，二是在业务过程控制和经营决策管理方面，全面提升及时和准确的信息协同能力。所以，BSA 技术最后的发展目标，应该是为企业的业务人员提供能同时实现界面整合、数据整合以及流程整合的系统服务配置环境。也就是说，在同一的配置环境中，可以在不编任何代码的情况下，由业务人员根据业务逻辑，自主地在各种专业门户中，自由地配置上述三种系统整合开发功能。而具备这种自主的系统配置能力，是企业加速实现企业管理转型的重要保证之一，这也是本书阐明的基本观点之一。

Chapter 6

第 7 章　从善如流，师法自然

如果读者坚持读完了前面几章，应该基本理解了我们关于企业如何加速走向工业 4.0 的主要观点，但也许会因为本文的主题过于宽泛、内容过于繁杂，留下主题模糊的印象。所以，在此进行如下归纳，以便得到一个完整、清晰的认识。

首先，大部分中国企业先必须完成走向工业 3.0 的转型升级，为此，需要建立面向客户的端到端的企业级流程，但这种企业级的协同流程，不只是意识上的存在，也不只是用流程编辑工具搭建而成的流程模型或成套的程序文件，而是通过前述的五大工程，构建完成的、实实在在的、可以高效运行的、全程可控的 IECP 平台。

其次，为了确保能逐渐构筑完成上述各种跨部门、跨企业和跨平台作业的企业级协同平台，并确保这些企业级协同平台能够不断地得到改进，全面提升企业的协同管理能力，还需要在企业内部建立专业化的协同管理机制，而且，应该在企业内部达成这样的共识，那就是，没有这样专业化的机制，企业的管理转型必将是一个漫长而曲折的过程，甚至会变成一个遥不可期的目标。

为了能快速、灵活地应对企业提升管理协同能力的需求，还需要全面加强自主的系统整合能力，在这方面，最近出现的上层中间件、云计算、大数据以及新媒体等全新技术，将带来重大的机遇，带来完全自主地构筑 IECP 平台的能力。没有这样的技术上的突破，企业的转型升级之路，同样将成为一个难以落地、代价难以估量的过程。

归根结底，企业要加速走向工业 4.0，必须先在企业内部建立一个机制，即企业级的协同管理机制，同时还要形成一套有效的方法，即如何利用各种全新的系统技术和推进策略，来加速构建 IECP 平台五大基础工程的方法。这两点便是企业管理转型的"加速器"，是企业改善自身智商和品格的重要基础。但我们很多企业在管理转型这项重大挑战面前，却总显示出一种浅尝则止的迹象，似乎总是愿意停留在关于流程重组、优化的意识教育阶段，尤其是在各种意识和方法的培训方面，甚至给人一种你方唱罢我登场的热闹景象，但至于这些时尚的概念如何才能转化成企业的、实实在在的协同管理能力，始终看不见具体的成果。所以，我们需要一种继续向前的动力，但这种动力应该来自何方，当然不敢简单地把本书关于企业级的协同管理机制的理解作为一种最终的结论，应该相信上述"一个机制和一套方法"对产生这样的动力会起到重要作用。在实践过程中，经常会产生一种自我怀疑的态度，因为，在任何企业里，对任何一个管理改进课题，都存在难以达成共识的问题，都存在各种莫名其妙的干扰。而导入上述的"一个机制和一套方法"本身，就是一件很难的事情，更别说此后即将面对的各种协同管理的严峻挑战。

我们经过长期地学习、实践和反省，已经意识到，打造一条办公生产流水线的难度，比打造一条机械加工生产线要难得多，因为在这条面向客户的办公生产线上工作的员工，都是一些独立意识特强、自我感觉特好的人员，都是一些已习惯"一方诸侯"思维习惯的人物。很难为他们设置清晰、有效的、进一步提升协同能力的目标。所以，如何产生加速管理转型的驱动力，确实是一件需要集中大家智慧的难事。下面是在这方面的一些思路，如读者也有类似的感触，也许会从中发现一些感兴趣的内容。

7.1 协同意识和权责冲突

如果曾为如何提升公司内部的协作意识而煞费苦心过，一定会产生这样的感叹，让企业内部不同部门之间形成高度的协作意识，几乎是一件不可能完成的工作。在这里，最容易让人想到的是"人不为己、天诛地灭"这一成语，在某种程度，提高协同意识甚至和马斯洛夫需求理论都会产生某种理念上的冲突。企业不同部门之间的协作形式，和人与人之间的相处形式具有相似的地方，也就是说，一般不会发生无缘无故为他人付出的行为和意识，人类做任何事，一定是有动机的，由内心意志驱动的。而在建立或管理企业面向客户端到端流程的过程中，需要不同部门的主动协作精神。在我们推进各种企业级流程重组和优化项目过程中，感到最困难的是关于如何协调部门之间的协作权责方面的问题，尤其是在需要对现有管理模式进行全面改造时，这种权责冲突现象就更加难以处理。有一些擅长讲国学的讲师，喜欢用一些古代的名家格言来渲染自己的讲课效果，甚至会把上述原因归咎于中华民族几千年的历史文化传承方式上去。但最容易接受的事实，就是在国内很多企业中，对于'权'的敏感和对于'责'的迟钝现象，如果流程再造或优化会影响某些人的'权'，或增加某些人的'责'，这样的变革一定会受到掣肘之苦，天下真有吃苦在前、享受在后的人吗，也许有，但肯定非常罕见。所以，必须基于这样的客观现实来考虑如何解决企业变革时的权责冲突问题，如果，企业的决策层和推进主管不知道如何有效地应对这种权责冲突的困惑，肯定难以顺利实现企业级协同平台的建设目标，大多数情况下，必然会出现反反复复，盘桓不前的状态。下面，来讨论几种也许可行的方法，当面对权责冲突时可以参考。

7.1.1　协同能力等同于企业的生存能力

　　作为本小节的结论，我们应该坚持这样的观点，那就是，如果企业正处在卖方市场的时代，则企业并不十分需要强化内部的协同管理能力，即使对市场的需求不十分敏感，也不会影响企业的生存，就如同一种生活在具有足够自然资源环境之中的生物，不需要做出任何迁徙或争斗的努力就可以生存一样。但如企业面对的是买方市场，而且必须和大量的竞争对手在红海市场中竞争，就必须强化自身的应变能力才能生存，这时，企业必须确保组织机体对任何市场的变化都十分敏感，并需要不断强化自己满足市场和应对市场竞争的内部组织基因。其中，提升企业内部的协同能力，便是当前发展阶段中最为重要的生存要素之一。为了生存而做出的努力，不再只是部门之间的分工问题，不再只是经营层领导可以漠视的枝节问题，不再只是偶尔在经营会上争吵一番，再由领导决策就能解决的问题。为此，如果企业已经感受到生存的危机，而且已经将管理转型设定为企业的奋斗目标，就应将提升协同能力作为企业当前阶段需要为之全力以赴的经营目标，提高企业整体协同能力应该成为企业经营理念中的关键词。

如将提升企业一体化协同能力宣布为事关企业存亡的经营目标，自然会对任何有利于该目标的行为持赞许的态度，因为这样的行为会给大家带来安全感。反之，自然会持唾弃的态度，因为这样的行为是危及大家饭碗的可耻行为。但是，只是氛围的改善并不会产生直接的制约作用，企业必须确保每个具有影响协同能力的员工无法执行任何不利于协同管理的行为。话虽如此，但企业内部每天都在发生很多不利于协同作业的扯皮现象，大家并不会感到这是一种危及企业生存的行为，也许还会对某些为了部门利益而不顾全局利益的部门领导持某种肯定的态度，因为，这样或许能让你少干一些活，少承担一点责任，或许还能让大家多得一点小利。总之，如在企业内部，大家对此现象都见怪不怪的话，企业也许正在慢慢走向衰退。

7.1.2　直面权责冲突的艺术

企业内部面向客户和市场变更时所表现出的协同作业能力，往往取决于公司部门之间的默契配合和快速响应程度，但要建立这种收放自如的默契配合和迅捷果敢的应对能力，需要经历一个极其困难的过程，在这个过程中，企业需要从按部门职能分工的管理形态，转变为一种面向企业级协同平台的协同管理形态，即企业实现管理转型的过程。但为什么说这是一个极其困难的过程，原因如下。

要建立针对 IECP 平台的管理形态，必须经过一个全局性的流程重组过程，全局性的流程重组，必然会导致一个权责重新分配的过程，在这个过程中，除了让公司老总亲自来指挥外，恐怕无论由谁来推动，都将遇到诸多的困扰。其原因，前面有所提及，但毕竟太过复杂，这里不再详述，但重要的是应该明白其后果,即这些困扰肯定会给按时完成变革的目标带来很多消极的影响。另外,全局性的流程重组过程,必然要改变现有的作业模式,也就是说会影响现有作业人员的作业习惯。更多的情况是,会和现有的固定思维发生冲突,这时就会产生各种形式的抵制心理和行为,这种抵制心理和行为,自然会给这种全局性的流程重组过程带来困难。

对此,应该在企业的业务模式发生变革或推动 BPR 等管理改进项目时,建立企业内部的管理权责冲突的协调机制,这种机制的主要作用是缩短权责冲突带来的延迟时间,它并不能解决权责冲突中产生的态度问题。所以,它应包含三个部分,一是应授权给项目推进主管在发生权责冲突时的初次决定权,原则上,各部门应按此执行。二是应授权给某位经营层领导以最后的决定权,如某部门仍不服项目推进主管的决定,则应立即提交该领导,由其做出最终的决定,如仍有不服从者,则应予以违纪处理。为什么我们不赞成在发生权责纠纷时,允许大家采取某种民主协商的形式,这是因为历史经验已经告诉我们,凡是权责方面的冲突,越花时间讨论,大家的心情反倒越不好,关于权利和职责的问题,还是正式的授权为好。既然,当前的变革有利于公司的发展,为何不公开地进行授权,这便是这种机制应包含的第三部分内容,即一旦做出了最终决定,就应以公司正式文件的方式,进行公开的授权信息发布,让所有相关部门准确掌握权责发生变化的内容,这种方式不仅有利于迅速解决项目推进主管的烦恼,也有利于被授权者大胆行使相应的职权。但这种权责冲突协调机制还有一个更重要的作用,就是培养一种良好的习惯,一旦发生冲突,大家不是先发生争吵,而是自觉等待决策。这种习惯对于形成良好的协作意识,也会产生积极的影响。

7.1.3 谁是企业的协同管理专员

协作意识的培养应成为公司领导和人力资源部门的重要课题,大家都明白,一个国家或民族是否能日益强盛,其重要的特征就在于其内部是否能够团结一心,从达成团结的目的来说,其国家领导层和管理层的团结作用则更是至关重要。企业也一样，要在企业内部逐渐形成良好的协作意识，不能没有各级领导的长期示范作用。所以，如何确保企业的管理层领导都具有良好的协作意识，也应成为重点关注的研究课题之一。我们看到很多企业并未采取应有的措施，各种冲突和扯皮现象依然盛行不止，所以应该都来关注一下才好。那么，如何才能确保管理层领导都能表现出良好的协作意识，应关注以下两点。

首先，应把管理层领导的协作意识作为最重要的素质来评价。在企业管理转型的过程中，最需要提倡的是协作意识，所以，在第一阶段，重点需要提升的是各管理部门领导的协作意识和协同管理能力，为此，人力资源部门或主管领导，应该特别关注各级管理层领导在这方面的实际表现，并将当前考核协作意识的重点和方法向大家做出清晰的说明。只有这样，管理层的领导才会注意到自己应在哪些方面进行改进，才会注意到自己原有的状态将和企业管理转型的要求不相适应，才会注意到只有主动协作，主动配合公司扫除各种习惯思维的阻碍作用，自己的职业生涯才会出现好的转机。

其次，应将部门信息协同能力作为能力考核项目之一。在推进管理转型的过程中，加强部门之间，部门和经营层领导之间的信息协同能力也是反映管理层领导协作意识强弱的重要标志。但协作意识不能仅仅根据发生冲突时的态度来评价，有的人天生脾气急，喜欢一吐为快，这样的人并不一定协作意识不好。如某个部门领导能主动提供信息，能为其他部门的作业和上级领导的及时决策提供信息，并能对此主动组织相应的管理改进活动，则说明该领导具有全局意识，具有为创造良好的协同作业环境主动策划和实施改进项目的意识和能力。甚至可以从一个最简单指标来衡量，如某个部门始终不注意进行数据库化和系统化管理能力的提高，该部门领导的协作意识一定不会太好，即使看起来态度始终不错，那也不过是表面文章而已。这样的领导在企业管理转型过程中，要改变的毛病一定很多，要做的功课一定也会比其他部门的领导多。

总之，榜样的力量是无穷的，如果企业没有好的办法来解决管理层领导的协作意识问题，企业的管理转型一定也是举步维艰的。至于对应的方法肯定还有很多，上述建议只是点到为止。但有一点是肯定可以坚持的，那就是，不

Chapter 7

论企业采用何种方法，都必须长期坚持并形成有效的制度才行。

7.1.4　鼓励协作、唾弃扯皮的平台

如果企业内部已建立企业文化推广宣传的信息平台，则应建立和鼓励协作和唾弃扯皮现象的案例展示栏目。这种把好的和坏的典型都拿出来晒晒的做法，对企业内部形成良好的协作氛围一定会产生积极的影响。在这方面，如海尔等先进企业做得很不错，值得后进的企业学习。我们在这方面也有过类似的实践体验，虽然这种体验存在局限性，但确实是有效果的。在发布不协作案例时，还存在策略选择的问题，例如，是采用温和的非记名方式，还是采用激烈的记名方式等。但最需要解决的还是事件的通报、记录、编制以及发布机制的问题，以确保各种案例能够及时发布。这一点和产品质量归零流程的思路有相似之处，即一旦发生某种不协作事件，就和发现某个产品质量问题一样，必须有一个闭环的处理流程。另外，如这种企业内部的案例发表制度再和企业内部的任职管理通道的评价机制有所结合，一定会产生更加明显的效果。

本节主要是阐述协同意识培养方面的意义，企业进一步提升协同能力的动力，首先应该来自意识层面的变化，但意识层面的变化也需要通过客观的体验来引导。

7.2　协同能力和人才培养

企业发展的任何阶段，在企业推进任何一项管理或系统改进的基础项目时，都必须坚持以人为本，这是一条众所周知的定律。但在企业管理转型的实际运作过程中，这样一个需要严格遵守的定律往往最先被忘记。这不是因为企业忘记了这一点，而是大多数企业目前还不具备有效评价部门协同能力的机制，同时，也没有刻意将协同能力的培养列入到企业人才培养的重要课程之中。

也许，有的企业会有意识地培养一些项目管理人员，或将项目管理作为某些管理岗位的必备技能之一。但项目管理只是有利于提高管理人员的过程控制能力，还没有达到提升企业协同管理能力的高度。前面我们多次提到，为了实现有效的企业管理转型，需要把协同管理作为一门专业来加以研究和掌握，所以，要提升企业的协同能力，必须重视培养这样专业人才的课题。

7.2.1 专业协同管理人员的能力构成要素

怎样的人才应该归类于企业级的协同管理人员，很多企业会指定一些项目经理去推动诸如 ERP、SRM 或 CRM 等信息系统开发或改进等项目工作，他们为了顺利完成此类任务，需要组织和参与与业务架构、流程以及作业标准相关的调查和研讨活动。这些项目经理如经过多个项目的锻炼，可以被认为是一些具有较高专业素质的协同管理人员。另外，在有些企业，会在经营管理部门或战略信息部门设立一些专门从事流程分析和管理的人员，这些人都具有一定的业务分析能力，所以，也可以被看成是企业的协同管理人员。当然，各个部门的行政领导应该也具有这样的职责和能力，如果他们经过必要的培训，应该可以成为企业协同管理团队的主角。那么，企业的协同管理人员到底需要具备怎样的专业能力，在《自主变革的基石》一书中，曾对企业的业务架构分析人员的能力构成提出过一些想法，并对此进行过较为详细的描述，这里再次简单归纳如下，仅供参考。

（1）需要精通业务架构和系统架构分析和设计的理论，需要经过这方面的系统性培训。

（2）应学习掌握各种典型的企业管理理论。

（3）应熟悉企业各种典型业务的基本运作过程。

（4）应基本掌握业务改进方案的编写能力，尤其是关于系统功能改进方案的编写能力。

（5）应基本掌握必要的 IT 系统技术应用理论，最好具有应用系统开发的主管经验。

（6）应具有项目管理的实战经验，具备较好的沟通和协调能力。

在经历了各种企业级系统开发项目之后，对企业级协同管理人员来说，更重要的是建立全局观念，即建立企业管理转型所必须的全局一盘棋的意识和信念，没有具备这样的意识和信念，不可能成为合格的企业协同管理的专业人才，这是因为他们研究的主要对象就是企业级协同平台的协同机理，他们的奋斗目标应该是全力提升企业整体的协同能力，所以不能没有出色的全局意识。因此，上述企业级协同管理人员，实际上就是本书多处曾提到的、具有分析和设计"企业管理机器"能力的专业人员。这样的专业岗位在现在大部分企业中并未设立，是因为大部分企业都尚未展开真正意义上的企业管理转型的改进活动。

7.2.2　专业的协同管理人员是怎样炼成的

培养专业的协同管理人员的最好途径不是一系列的培训，而是一系列实战性的锻炼，培训只是入门知识的学习，在提升企业协同管理能力的各种实战过程中，即使你具有博士级的知识水平，也会在面对各种粗暴、蛮横的不协作态度时束手无策。所以，我们应该从具有项目管理实战经验的人员中选择专业协同管理人员，同时，如果已经成立了此类专业管理机构，就应该通过设立各种管理改进项目，并让该部门的不同级别的专业管理人员去主管此类项目，通过设置如下基本程序，以确保大家能不断提升自己的协同管理能力。

（1）事前要求设定具体的、可量化的管理改进项目目标。

（2）事前要求提交业务调查或业务系统架构分析的报告。

（3）事前要求设定具体的过程控制目标和相应的控制方法。

（4）事前提出注意保留和提交过程控制证据的要求。

（5）实施项目里程碑阶段改进目标和项目完成后改进目标的阶段性评价。

（6）实施项目里程碑进程控制和项目总体进程控制效果的评价。

（7）展开案例分析和项目总结发表活动，以提高大家自我总结和阶段归纳的能力。

总之，不要期望这样的复合人才是培训出来的，应该是在不断推进企业业务管理改进活动的过程中成长起来的人才。

7.2.3　项目过程控制 VS 管理改进目标控制

在前一节中，注意到了关于改进目标的评价要求，由于协同管理改进项目往往会涉及权责的冲突和业务的重新分配等问题，会发生部门利益和全局目标不一致的问题等，所以在推动此类管理改进项目的过程中，经常会发生改进目标调整、降低，甚至暂时取消某些改进目标的现象。在培养专业协同管理人才的过程中，应特别强调这种管理改进目标意识的培养，这一点和普通的项目过程控制能力有着较大的差别。项目过程控制通常是指基于时间基准的监控作业，管理改进目标的控制则和时间不太相关，主要关注改进前后协同能力的变化情况，其具体内容可参考以下几点。

（1）始终以协同能力改进点为项目推进方向，遇到任何性质的阻碍，都不能终止推进过程，所以，此类改进活动在时间上的限制较小。在遇到暂时无法推进的情况时，可以记录在案，并进行相应的可行性分析，然后制定后续的推进方案。总之，协同管理相关的改进项目是没有止境的，需要随时关注其推进的实际效果。

（2）在发生和实现目标有冲突的事件时，应要求协同管理人员按照既定的冲突协调机制，展开闭环的协调和决策管理活动。即使在没有明确的协调机制的情况下，也应自主地设定协调和决策的路线图，并坚决地加以推进。总之，就是要培养这种不达目的、誓不罢休的专业素质，对专业协同管理人员而言，这是一种是非常重要而且不可或缺的素质。

（3）要注意随时进行目标达成状态的评价，无论是在管理改进活动的推进过程中，还是在项目的完成阶段。进行此类评价的目的，是为了确保能够按照既定的推进目标前进，而不是在方向已经偏移时，依然懵懵懂懂地前行。

所以，应该了解这种过程控制和目标控制能力的区别，要意识到，没有这种特定的素质和能力就很难成为一名合格的协同管理人员。

7.2.4　任职能力评价的智能化

如果企业已经实行了专业任职能力评价机制，就应该为协同管理人员设置一个专业任职能力通道，可以称之为业务分析人员，也可叫流程分析人员。名称并不重要，重要的是是否已在企业内部形成了这种专业通道人员的能力评定标准。由于此类人员经过一定时间的培训和实战训练，会迅速成长为管理素质和能力都较强的人物，如缺乏一个合理评定和稳定的激励机制，此类人物很容易离开企业，成为竞争对手的人才。所以，应在成立此类专业机构的同时，及时建立这一通道的任职能力评价标准。而设计此类标准，需要考虑很多边际条件，这里不再展开，可以参考以下的基本思路。

（1）不同级别应知应会的考核成绩。

（2）不同级别和领域的业务经历。

（3）不同级别的项目主管经历。

（4）不同级别的企业数据应用和管理基础。

（5）不同级别的规划编制经历。

不同企业会有不同的设计，也可到一些已基本完成管理转型的先进企业去对照学习，但不管怎样，必须为企业的协同管理人才设计好有利于他们不断成长的通道。

本节主要讲述了协同管理人才培养方面的问题，企业进一步提升协同管理能力的动力，还应该来自人才结构的变化，只有拥有一批充满激情，具有全局意识，坚韧执着，而且具有足够专业水准的协同管理人才，企业才有可能维持和提升转型升级的原动力。

7.3 协同文化和企业成长

前面讨论了企业需要培养协同管理人才的问题，并强调了这样的人才战略对加速企业管理转型的意义。但必须在此申明，企业不可能仅仅依靠专业的协同管理团队，便能达成既定的目标。实际上，任何一个企业都不缺乏睿智的人才，但拥有顶尖的人才，未必就意味着企业管理转型必然一帆风顺。同样，每个员工都有他所独有的才能，问题在于如何才能激发出这些员工的才能，并使之有利于推动企业管理转型的终极使命对此，自然会提到企业文化这个概念，因为，企业文化与激发员工智慧和汇聚团队意志的环境有关。所以，本节内容将转向如何培育企业文化的课题，如何培育企业文化似乎是一个永远说不完、道不尽的主题，随着企业的不断发展，企业文化建设的主题也应该有所调整。那么，在管理转型的漫漫征途中，应该如何来确立企业文化建设的主题，以下一些经验，可供参考。

7.3.1 协同氛围和服务意识

如果希望在推动各种协同管理改进课题时，能得到相关部门的鼎力配合，那么在企业文化建设的主题设计中，应包含培养服务意识的内容。上下游之间顺畅的作业交接，需要彼此提供良好的作业条件，如上游应注意为下游提供及时的信息服务，以确保下游提前进入作业准备状态，缩短各种作业提前期。而下游应为上游提供良好的交付环境和及时的信息反馈服务等。这种处处为他人着想的服务意识，是企业管理转型过程中，最需要培育和提倡的员工意识。

问题在于如何才能做到这一点，其实，本章第一节的内容已经对此做了回答。在此，需要从企业文化建设的角度，进一步加以抽象和归纳。首先，在设计企业文化建设的方案中，应该设法识别出各种协同管理中正反两方面的行为要素,并加以高度地抽象和提炼,以形成各种形象生动、便于记忆的主题词,并将它们运用于各种宣传场景之中。其目的是让大家充分明确什么行为是有利于增强企业协同能力的行为,什么行为是有损企业协同能力的行为。其次,要在每一次的推动管理改进活动中,提前将可能存在的具体不协作行为要项识别出来,并在各种项目活动中加以强调和监督。因为,只有概括性地口号,没有具体行为要项的识别是不可能产生具体效果的。如能长期坚持这样的做法,各种管理改进课题中的正反两方面的行为要项就会逐渐被大家认识。

制造企业有很多典型的协同管理难题需要通过部门之间相互支持方能解决。例如,物流部门希望实现回冲到工位,以实现动态掌握线内库存的信息时,必须得到生产技术部门及时、准确地维护工艺 BOM 的支持;售后服务部门面对客户质量投诉,需要及时答复客户时,需要得到质量部门和技术部门快速应对的支持;而品质部门在跟踪解决产品质量问题时,需要得到生产技术和开发部门的及时信息反馈的支持;财务部门为掌握各成本中心的成本信息,需要各部门严格执行存货交接等流程,并及时完成系统操作;销售部门需要获取某些特殊报表时,需要得到信息技术或数据中心部门的及时响应等。只要对这一类具体的协同作业中的协作要项,能加以明确定义,便可据此得出各种需要警惕和反对的不协作要项。另外,如果在构建 IECP 平台时,能够通过系统化的努力,实现自动识别和自动通报这些不协作现象,就能达到更加理想的协同效果。因此,在企业管理转型过程中,开始分析、定义和明确识别各种具体管理改进课题中的不协作要项,并通过采用流程系统固化协同规则的方法,确保部门之间的高效协同,应该才是企业文化建设中的真正需要关注的重要内容。

7.3.2　协同规则和守法精神

如果读者对经济学有兴趣的话,一定知道所谓"纳什平衡"的概念,而且也自然知道在人类经济社会的发展形态中,存在各种各样的"纳什平衡"模式。其中,能推动经济发展,并具有自我强化特征的"纳什平衡"信任体系,离不开两种外部强制力量的影响,一种是具有外部强制作用的法治影响,另一种是具有共同强制作用的社会规范的影响。识别协同管理中不协作的要项，并抵制此类影响全局的行为，其实，就是在企业这个小社会内部建立某种形式的协同规范。充分利用具有强制作用的法治影响的国家，其经济发展要远远好于仅依靠社会规范来加以约束的国家。所以，在企业内部也一样，要真正建立行之有效的协同文化体系，还必须建立具有强制约束作用的协同作业规则以及有效执行这些协同规则的管理机制。

无论是前面提到的上下游作业交接之际的作业规则，还是与部门权责定义有关的规则，以及与部门之间、上下级之间相互提供信息或数据服务有关的作业规则，都属于协同管理需要重点关注的协同规则的范畴。在企业管理转型期间，不断调查和发现各种协同作业规则中的问题，也是协同管理改进以及协同流程开发过程中需要持续关注的课题。在我们参与或主导推动的很多案例中，发现很多非系统化的协同流程，都存在虽有规则，但执行不力的问题，这一方面是因为存在执行过程本身不透明、难以监控和督促的问题，但更多的还是因为缺乏严格执法机制的问题。所以，在推动管理转型期间，如希望形成良性的协同文化，在企业文化建设的主题设计中，还应包含和严格遵守协同作业规则相关的内容。这一点，在企业的产品生产线上，通常都做得较好，这是因为在大多数企业已经形成了一套行之有效的现场作业标准，以及与之配套的管理标准。一旦现场出现某种违反协同作业规则，便很快就会被发现和被纠正，例如现场的"安灯"系统就有这样的作用。但在由各种高级知识分子构成的办公生产线上，则还存在缺乏明确的协同作业标准的问题，所以，在打造面向客户的 IECP 平台时，必须建立和产品生产线类似的作业标准，并应通过严格的监控和管理，确保所有参与流程作业的办公人员都能严格执行协同规则。

7.3.3　协同机制和创新动力

企业的管理转型可以说是一个在不同的业务领域持续展开 BPR 管理改进的过程，而 BPR 管理改进活动必然涉及组织、流程以及系统架构的变革，如希望加速这一过程，必须意识到企业自主改革和创新能力的重要性，必须学习

Chapter 7

265

和掌握能够不断增强这种变革和创新动力的方法，为此，在该阶段的企业文化建设中，还应包含这一部分的内容。

根据我们的经验，最直接有效的方法，就是要让大家明白企业管理转型的每一项变革需要实现怎样的目标，也就是要引导大家，从希望推进的目标中，找到创新和变革的方向。这种思路，实际上就是采用业务架构分析的思路。关于这方面的内容在《自主变革的基石》一书中有过一些介绍。其主要内容就是从分析、研究各关键业务的目标开始，进而展开各业务组件的能力评价，直至最终完成流程层面、操作层面的问题定位为止。如企业有意识地鼓励和加强培养这样的自我咨询能力，天长日久，自然就会逐渐形成一种大家主动发现问题和解决问题的创新氛围。

从管理转型的定义中，已知道企业需要搭建各个关键业务领域面向客户的端到端的企业级流程，并建立面向这种流程的企业级的协同管理机制。但这个机制不是一个循规蹈矩的机制，也不是一个机械、重复的机制。它应该是一个不断激发创新活力的机制，一个能持续产生变革创意的机制。这一机制本身就是以不断产生变革创意为目的而设置的，所以，需要在此再次强调设置这种管理机制的重要性。同时，在推动企业文化建设的主题设计活动时，应该考虑充分利用这种协同管理机制所特有的创新元素。例如，这样的机制强调"面向客户"的意识，海尔公司为此提出了"真诚到永远"的服务品牌理念。这样的机制强调打通部门之间流程连通壁垒的问题，华为公司对此提出了"反对不具有全局效益的局部改进"的原则。这样的机制一定会强调不断创新对提升协同管理能力的重要性，所以，在展开业务架构的顶层设计时，会主动考虑知识管理、能力管理的设计要素。

7.3.4　战略管理和成长意识

在当前大多数企业内，都已经形成了某种形式的战略管理机制，不但会要求编制企业的整体战略，还会要求各个部门编制基于公司整体战略规划的 5 年或 3 年的发展规划。但据多方咨询和调研，目前企业的战略管理都是经营指标导向性的，即以达到某种理想的经营指标作为战略目标，然后，再考虑具体的投资策略和经营策略。由于是纯粹意义上的经营目标，所以，各级部门在策划具体的规划时，未必一定需要深入考虑基础能力建设问题，因为，在很多时候，为了确保眼前的目标，并不需要过多地关注基础改造。况且，在公司的战略中也并没有明确指出基础能力提升的路线图和量化的指标。所以，很多企业的战略管理往往在最初几年会有一定效果，但很快便会出现逐渐衰退的迹象。如再深入地进行分析，会发现这些最初的光鲜效果往往是由各种透支行为所带来的，并非是由于企业自身经营能力提升所带来的结果。随着时间的推移，企业的经营层会发现自身基础能力不足的问题，并开始表现出一种希望迅速加以改进的态度。由于这种态度往往具有临时抱佛脚的色彩，所以有时难免会陷入"性急吃不了热豆腐"的尴尬境地。如企业真的希望推动管理转型，真的希望从改变自身的经营能力开始做起，就必须在编制单纯的经营性战略的同时，还应编制提升基础能力的战略，如和提升产品设计、品质管理、企业资源管理以及企业协同管理能力相关的战略。所以，在企业管理转型的推进阶段，在推进企业文化建设的主题设计中，应强调企业经营能力成长的重要性，而不只是经营指标的成长。

以上四小节，是在推进企业管理转型的过程中，如何同时做好企业文化建设的一些体会。企业进一步提升协同管理能力的动力，需要来自企业文化的进步。企业就是一个小社会，在不同的发展阶段，应该随时注意自身软实力的发展，否则，很难真正做到与时俱进。

7.4　从善如流的企业管理

关于如何实现企业走向工业 4.0 的转型升级目标，到此，已进行了较为充分的讨论，应该可以告一段落，但以上很多观点和推荐的案例，并没有经过充分的实践，也没有经过时间的考验，也许会给读者留下某种想当然的错觉，所

Chapter 7

以，为了给读者留下更多自由想象的空间，并对此展开不拘一格的自由讨论，在此有必要再次强调推进企业转型升级的艰难之处，以及应该采取的正确态度。

7.4.1 一以贯之的专注力

根据常见的经验，在企业内部推进协同管理，最容易出现挫折感的原因，往往在企业上下缺乏清晰一致的认识，以及在目标设定时忽东忽西的不确定感。这里的原因很多，有决策模式上的问题，也有资源限制的问题，当然还有不同领导的不同喜好带来的目标迁移等原因。但这些原因都是无法避免的，也不是协同管理人员能够左右的问题。还有一个更容易发生，而且更容易造成推进人员灰心丧气的问题，那就是在打造企业级协同平台时，无法确保所有的关联部门都给予必要的关注，即使在一段时间内，通过充分授权，通过加强团队之间的沟通，能够引起大家一时的关注，但很快就会被彼此无法协调的业务节奏给打乱。还有一种常见的现象也很容易令人气馁，那就是，打造 IECP 平台需要一个不断优化的过程，经常会由于某些部门的不协作，从而造成系统改进项目总是不能达到预期效果的现象。所以，这是应该给予充分关注的第一个推进难点。

一个人做事如能达到一以贯之的境界，在古代将被视为具有圣人的风范，而要让一群人同时在某件事情上做到一以贯之，就更是难上加难的事，而要让不同性质的多个团队在某件事情上做到一以贯之，那恐怕就是很少有人会相信的事了。在企业内部打造关键业务的 IECP 平台就是这样一件难事，打造企业级的协同平台，并不是所有部门都会关注的事业，因为这样的平台往往只会惠及一两个主要部门，其他的部门往往会被"拖累"，不但没有好处，而且还要为此多做很多没有成就感的工作。所以，千万不要以为只要立了项，有了领导支持，就可万事大吉。

7.4.2 不破不立的全局观

打造企业级的协同平台，肯定会打破习以为常的传统，甚至某些一直坚信不疑的经典也会被撼动。例如,有时必须要牺牲一点效率来获取必要的信息,这些信息对提升经营层决策的及时性和准确性将发挥更大作用,这种局部的牺牲将换来全局更大的效益。又譬如有时需要增加某些管理成本来提升模块化、通用化和协同化设计管理能力,以达到全面缩短产品开发周期的大目标,为了达成这一目标,需要完成大量的基础数据清理和规则定义工作,有时这些工作会严重影响正常业务的开展,在这种时候,如果是推进主管,一定会听到很多部门主管的牢骚和充满讽刺打击意味的言辞,这将迫使这些主管领导面对一大堆他们不知如何处理的新业务,他们还需低下身段学习很多新的业务知识,方能保持自己作为部门领导的指导能力。在这一点上,也请准备推动企业级协同平台建设项目的主管应保持清醒的认识,要有充分的心理准备。总之,如何在推进过程中,让所有参与的部门都能建立这种不破则不立的大局观,应该是值得仔细琢磨的课题。

7.4.3 善治如水的自然流

鉴于上述一些难点的存在，已经意识到这样一个事实，那就是打造企业级的协同平台是一个企业必须跨越的障碍，虽然，肯定会有各种曲折，肯定会有痛苦，但却是必须面对的现实，如知难而退，企业则一定成长无望，如犹豫彷徨，企业则一定步履蹒跚。所以，在推进过程中。要注意研究应对各种困难和挫折的方法。尤其是企业的经营层领导，一定不能采取拔苗助长的激进方针，更不能采取一有问题，便一棒打死的态度，必须按照协同管理机制的业务规律办事。围棋理论中的"高山流水不争先"所表达的一种棋理，似乎可用于推进企业管理转型的方法论中，打造 IECP 平台需要精心策划，更需要耐心构建，既要努力推进，又不能急于求成。就所谓，弱者强之、暗则明之；因形而循、上下求索而已。

7.4.4　自然选择的进化论

　　最后，来讨论一下物种进化和自然选择的问题，这个世界上的任何物种，都有一个根据自然的变化逐渐变异的过程，这便是这个世界存在如此之多的物种的原因，一方面是适者生存的结果，另一方面是自身遗传特征的进化。从本质上讲，不同的企业也是一个个生命体，企业在不同的市场环境中成长，如果企业不具备适应市场变化的能力，则犹如物种无法适应环境的变化一样，很快会在这个市场上消失。所以，企业主动改良自己的组织基因，以提高这种适应能力，实际上是一种生存本能。这种本能，可以确保企业和那些成功生存下来的物种一样，在其生存的每一个阶段都能取得一定进步。所以，企业在推动企业管理转型的最后一个难题，就是如何在推动过程中，不断修补和替换组织机体中的退化基因问题，动态地根据发展需要，实时完成组织结构本身的优化以及协同能力的评价和调整，绝对是一个企业管理转型过程中的最大难题，理论上，可以形成清晰的破解之道，但这绝对不是一个能想到就能做到的事情，也不是企业内部的人力资源部门单独就可以应付的难题，在这一点上，可充分发挥自己的想象，看看是否真的存在什么"简易之道"。

　　以上四个难题，就留给读者自行破解为乐。总之，推进企业管理转型，提升企业整体的协同能力，是当前我国企业进一步转型发展的重大挑战，也是我国企业进一步接近甚至赶超世界先进企业的重大课题，需要集中大家的智慧和能量。本书就算我们对此提供的一点参考素材，敬请大家参考和指正！当然，如果想就以上某个方面的内容，与我们展开进一步的交流，可以登录连长的企业协同技术咨询网站（www.cqlianzhang.com）和连长工作室取得联系。

编　后　语

　　虽然，完成本书的编制仅用了几个月的时间，但书中的很多想法和观点却已伴随连长很长时间，近两三年内，自己一直在潜心研究制造企业"管理机器"的设计方法。虽然，最初只当作业余爱好，自娱自乐而已。但近年来，国家经济突然进入一种急于转型、非常浮躁的状态之中。无论是政府、制造行业，还是 IT 界都在热炒工业 4.0 的概念，连长通过对自己近 20 多年在制造企业推动两化融合过程的各种反思。认为在目前的这种浮躁之中，存在着很多需要大家冷静思考的东西。所以，连长决定把自己近几年无意之中完成的研究心得介绍给大家，这就是之所以要在这个时间点和各位同行展开这方面交流的主要原因。

　　当前我国经济正处于所谓发展的转型期，很多传统的劳动力密集型企业都需要实现某种程度的转型升级，但所谓的企业转型升级，未必一定就意味着马上要着手部署工业 4.0，未必就一定意味着要全面实现智能制造。连长认为，对于所有传统制造企业而言，最重要的是要尽快建立推动管理转型的自觉意识，并逐步构建具有处处以客户为中心的一体化协同平台。通俗一点说，就是要尽快促使企业的管理机器进入一种能够敏捷应对市场需求，内外高度协同的理想状态。为此，在面对其他新兴国家的严峻挑战时，作为我国支柱产业的制造业必须有所思考、有所调整以及有所创新，必须加速提升我国企业应对全球市场需求的能力。而要培养这种迅速应对全球市场变化的能力，需要加速推进企业内部的管理转型。因此，连长认为，如何推进企业管理转型的课题应该就是当前我国制造业的首选课题，连长并不认为自己对此有足够的发言权，但正所谓积跬步而致千里、汇小溪而成江海。如我们制造业的同行都能主动贡献出自己的经验和创意，则相信对于我国制造业的加速转型一定会产生积极的影响。

　　编著本书另一个原因则与连长自身有关，由于在日资企业工作的时间很长，对日本制造业的发展历程和综合实力有一定了解。虽然，经过近 30 多年的改革开放，我国制造业在很多层面已经取得了巨大进步，有些领域甚至已经有所超越，但从总体上来说，我国企业的综合管理水平还仍然落后于日美等发达国家，如我们仍然保持亦步亦趋的跟随战术，没有自己的独立思考，则很难在经济转型的过程中实现预期目标。在当前复杂多变的国内外形势影响下，相信各位同行都在为自身企业的发展前景而有所担忧，也希望能够通过本书，把我自己内心的一种和大家相似的忧虑情绪释放出来。

　　正是因为上述原因，我们必须集中精力，开始研究如何找到最佳实践之路的方法，而不是照抄别人为我们描述的最佳实践。为此，在大家热炒工业 4.0 的概念时，我们不应该盲目跟进，应该集中精力解决我们企业当前的发展瓶颈，首先解决如何走向工业 3.0 的管理转型问题。另外，本书的很多内容之所以略显前卫，甚至有一点无拘无束、天马行空，也是因为连长相信，基于各种现实条件的限制，如没有全新的开拓思路，如没有勇于突破传统的决心，如没有加速自主变革的明确思路，我们的企业还会长期处于起伏不定、盘桓不前的状态。基于这样的前提，连长相信，各位明智的读者一定也会体会到和本人一样的急迫心情。

连明源（连长）